Mythes et réalités
sur la course à pied

Éditrice: Élizabeth Paré
Infographie: Chantal Landry
Révision: Brigitte Lépine
Correction: Anne-Marie Théorêt

Les illustrations contenues dans ce livre aux pages 40, 89 à 92, 94-95 et 102 proviennent de www.Physigraphe.com, qui propose plus de 3500 images et plus de 1500 vidéos et animations d'exercices physiques. Physigraphe est conçu spécialement à l'intention des professionnels et des spécialistes de l'entraînement musculaire et thérapeutique.

Catalogage avant publication de Bibliothèque et Archives nationales du Québec et Bibliothèque et Archives Canada

Lussier, Martin, 1973-

    Mythes et réalités sur la course à pied

    ISBN 978-2-7619-3975-1

    Comprend des références bibliographiques.

    1. Course à pied. I. Toussaint, Pierre-Mary, 1973- II. Titre.

GV1061.L87 2014   796.42   C2014-940269-4

04-14

© 2014, Les Éditions de l'Homme, division du Groupe Sogides inc., filiale de Québecor Média inc. (Montréal, Québec)

Tous droits réservés

Dépôt légal: 2014
Bibliothèque et Archives nationales du Québec

ISBN 978-2-7619-3975-1

DISTRIBUTEURS EXCLUSIFS:

Pour le Canada et les États-Unis:
MESSAGERIES ADP*
2315, rue de la Province
Longueuil, Québec J4G 1G4
Téléphone: 450-640-1237
Télécopieur: 450-674-6237
Internet: www.messageries-adp.com
* filiale du Groupe Sogides inc., filiale de Québecor Média inc.

Pour la France et les autres pays:
INTERFORUM editis
Immeuble Paryseine, 3, allée de la Seine
94854 Ivry CEDEX
Téléphone: 33 (0) 1 49 59 11 56/91
Télécopieur: 33 (0) 1 49 59 11 33
Service commandes France Métropolitaine
Téléphone: 33 (0) 2 38 32 71 00
Télécopieur: 33 (0) 2 38 32 71 28
Internet: www.interforum.fr
Service commandes Export – DOM-TOM
Télécopieur: 33 (0) 2 38 32 78 86
Internet: www.interforum.fr
Courriel: cdes-export@interforum.fr

Pour la Suisse:
INTERFORUM editis SUISSE
Case postale 69 – CH 1701 Fribourg – Suisse
Téléphone: 41 (0) 26 460 80 60
Télécopieur: 41 (0) 26 460 80 68
Internet: www.interforumsuisse.ch
Courriel: office@interforumsuisse.ch
Distributeur: OLF S.A.
ZI. 3, Corminboeuf
Case postale 1061 – CH 1701 Fribourg – Suisse
Commandes:
Téléphone: 41 (0) 26 467 53 33
Télécopieur: 41 (0) 26 467 54 66
Internet: www.olf.ch
Courriel: information@olf.ch

Pour la Belgique et le Luxembourg:
INTERFORUM BENELUX S.A.
Fond Jean-Pâques, 6
B-1348 Louvain-La-Neuve
Téléphone: 32 (0) 10 42 03 20
Télécopieur: 32 (0) 10 41 20 24
Internet: www.interforum.be
Courriel: info@interforum.be

Gouvernement du Québec – Programme de crédit d'impôt pour l'édition de livres – Gestion SODEC – www.sodec.gouv.qc.ca

L'Éditeur bénéficie du soutien de la Société de développement des entreprises culturelles du Québec pour son programme d'édition.

 Conseil des Arts du Canada   Canada Council for the Arts

Nous remercions le Conseil des Arts du Canada de l'aide accordée à notre programme de publication.

Nous reconnaissons l'aide financière du gouvernement du Canada par l'entremise du Fonds du livre du Canada pour nos activités d'édition.

Martin Lussier • Pierre-Mary Toussaint
Préface de Bruny Surin

Mythes et réalités sur la course à pied

Une société de Québecor Média

TABLE DES MATIÈRES

Préface 11
Avant-propos 13

LES COUREURS
Pour mieux comprendre les coureurs 16
Ton ado veut courir un marathon? C'est de la folie! 21
Comme le bon vin, le champion marathonien s'améliore
   en vieillissant 25
Après 35 ans, impossible de compétitionner avec les plus jeunes 30
La course à pied : dur dur pour une femme 39
Bientôt, les femmes seront plus rapides que les hommes! 45

LES MÉTHODES
Pour mieux comprendre les méthodes 52
Oublie l'entraînement continu. Les intervalles, c'est
   ce qu'il y a de mieux 55
En pleine forme en 4 minutes grâce à la méthode Tabata! 65
En intervalles, les repos se prennent en courant! 70
Quand je m'entraîne en montée, mes performances grimpent en flèche .. 75
Courir à jeun pour être plus performant 82
On améliore ses temps en courant et non en soulevant des poids 86
On améliore ses temps en courant et non en pédalant 97

LA TECHNIQUE ET LA PERFORMANCE
Pour mieux comprendre la technique et la performance 106
Cours avec la même technique que le champion du monde 108
Courir, c'est facile pour toi : avec tes grandes jambes,
   tu fais de longs pas! 114
J'atterris sur le talon pour mieux absorber les chocs 118
Tu manques d'entraînement avant la course? Mets les bouchées
   doubles! 123

Ne pars pas trop vite, sinon tu vas en payer le prix 131
C'est en respirant mieux qu'on devient un bon coureur 137
La course : plus monotone que ça, tu meurs 143

LE CORPS
Je sue à grosses gouttes, je maigris à vue d'œil ! 151
Tu devrais perdre du poids avant de commencer à courir 157
La course à pied, ça use les genoux ! 162
Le marathon : dur dur pour le cœur 170
La course en ville : adieu, poumons roses ! 175
La course, une drogue qui fait voir la vie en rose 180
Le Kényan part avec une longueur d'avance 186

LA FATIGUE ET LA RÉCUPÉRATION
Pour mieux comprendre la fatigue et la récupération 194
La fatigue en course à pied, ça se passe dans les jambes ! 195
La fatigue en course à pied, ça se passe dans la tête ! 203
La formule idéale : un jour d'entraînement, un jour de repos 208
Tu cours tous les jours ? Tu vas t'épuiser ! 215
Bain froid et compression pour récupérer plus vite ! 223

L'ALIMENTATION, LES BOISSONS, LES SUPPLÉMENTS ET LES AUTRES PRODUITS
La veille de la course : des pâtes, pas un gros steak ! 233
Pendant la course : des boissons sportives, pas des bananes ! 239
Il faut boire sans avoir soif, sinon c'est la catastrophe ! 245
Un bon jus de betterave pour courir plus vite 251
Un bon café pour courir encore plus vite 256
Avec le jus de cornichon, finies les crampes ! 263
Il doit bien y avoir un produit pour m'aider à améliorer mes temps ... 269
Les champions coureurs sont propres, les cyclistes professionnels
    sont dopés 276

LES ÉQUIPEMENTS
Nous sommes nés pour courir avec des chaussures minimalistes 285
On court plus vite avec des chaussures minimalistes 292
La montre GPS : un gadget inutile 298
Le cardiofréquencemètre : encore plus inutile que le GPS 304
Les bas de compression : les essayer, c'est les adopter 312
Courir sur un tapis roulant, c'est vraiment pas la même chose ! 318
Quand j'écoute de la musique en courant, je file comme le vent ! 323

Remerciements 327

« Croyez que vous pouvez courir plus longtemps ou plus rapidement. Croyez que vous êtes assez jeune, assez vieux, assez fort pour accomplir tout ce que vous voulez faire. Ne laissez pas les vieilles croyances vous empêcher de vous dépasser au-delà de vous-même. »

JOHN BINGHAM

PRÉFACE

La course est à mes yeux l'activité physique la plus naturelle et la plus pure qui soit. J'ai eu l'immense privilège d'en faire un métier, où je me suis investi avec passion et plaisir. Il n'y a rien comme la sensation qu'elle me procurait lorsque je survolais la piste à toute allure, porté par le mouvement frénétique de mes jambes et de mes pieds ; j'aurais aimé que cette sensation soit sans fin.

J'ai toujours voulu transmettre cette passion et ce plaisir de courir au plus grand nombre de personnes. C'est pourquoi je n'ai pas hésité une seule seconde lorsqu'en 2007, les organisateurs du Marathon de Montréal m'ont demandé de devenir le porte-parole de cet événement rassembleur. J'ai rempli ce mandat pendant cinq ans, et j'ai moi-même foulé les parcours pour découvrir les joies et les défis que représente la course d'endurance.

Voilà qu'aujourd'hui, Martin et Pierre-Mary m'offrent une occasion qui s'inscrit tout à fait dans la mission dont je me sens investi : vous partager ce qui m'enflamme pour que vous puissiez à votre tour attraper la fièvre de la course à pied, peu importe votre âge, votre niveau d'expérience ou vos objectifs. Écrire ces lignes pour introduire cet ouvrage qui deviendra, j'en suis sûr, une référence en la matière, me donne une autre occasion de rejoindre les amants de la course, présents et futurs. Écrit par des spécialistes de l'entraînement qui mettent à profit leurs connaissances et leurs talents de pédagogues et de vulgarisateurs, cet outil très pratique vous permettra de voir plus clair dans toutes les informations, vraies ou fausses, qui concernent le monde de la course. Comme moi, vous aurez envie de dévorer les sujets variés qui y sont traités et qui sont au cœur des préoccupations des coureurs.

Je suis convaincu que vous vous empresserez de mettre en pratique les précieux conseils que renferme ce livre, et qu'ainsi, vous deviendrez un coureur mieux renseigné, mieux outillé, mieux préparé, et surtout, plus enthousiaste.

Bonne lecture !

BRUNY SURIN
Médaillé d'or olympique en sprint et ex-porte-parole
du Marathon de Montréal

AVANT-PROPOS

En tant qu'enseignants, professionnels de la santé et passionnés du sport et de l'activité physique, nous savons qu'un mode de vie actif procure une foule de bienfaits à ceux et celles qui l'adoptent. Nous nous réjouissons de constater à quel point la course à pied connaît une popularité croissante auprès du grand public. Chaque jour, femmes et hommes, jeunes et moins jeunes, s'adonnent à cette activité si accessible.

Voyant la masse de sportifs expérimentés et de néophytes qui ont choisi la course dans leur pratique d'activités physiques, c'est avec plaisir que nous avons décidé de partager avec eux, à travers ce livre, une multitude de connaissances pour les aider à discerner le vrai du faux dans les innombrables théories qui concernent ce sport.

Comme les deux précédents livres de cette série, *Mythes et réalités sur l'entraînement physique* et *Mythes et réalités sur la musculation* – qui remportent un vif succès auprès des sportifs et des entraîneurs –, cet ouvrage aborde près de cinquante thèmes qui touchent un grand nombre de coureurs. Le titre de chacun d'entre eux correspond à une affirmation que les coureurs entendent ou lisent fréquemment. Vous pourrez enfin apprendre, grâce aux explications claires présentées, lesquelles sont des mythes, des demi-vérités ou des réalités. Le contenu de chacun des thèmes s'appuie sur les connaissances scientifiques les plus récentes et est écrit de façon compréhensible. Ces réponses vous informeront sur les différents aspects qui touchent la pratique de la course. Vous serez ainsi en mesure de faire des choix judicieux en ce domaine, ce qui vous permettra d'atteindre vos buts de façon efficace et de rendre votre activité préférée encore plus motivante.

Les thèmes sont regroupés en sept grandes catégories, sous forme de chapitres : les coureurs ; les méthodes ; la technique et la performance ; le corps ; la fatigue et la récupération ; l'alimentation, les boissons, les suppléments et les autres produits; et finalement les équipements. Les thèmes sont indépendants les uns des autres et peuvent être lus dans l'ordre qui correspond le mieux à vos préoccupations et à vos champs d'intérêt. Les termes et concepts clés sont également présentés au début de certains chapitres dans les rubriques « Pour mieux comprendre ». Ces définitions simples vous fourniront les bases nécessaires pour mieux saisir les explications plus approfondies que l'on retrouve tout au long de l'ouvrage. N'hésitez pas à vous y référer pour rafraîchir vos connaissances en cours de lecture. Enfin, vous trouverez, en conclusion de chaque sujet, des thèmes connexes que nous vous proposons et sur lesquels vous voudrez certainement en savoir plus.

Nous espérons que vous aurez de nombreuses occasions d'appliquer les conseils contenus dans ce guide pratique et qu'il vous inspirera dans votre entraînement en course. Nous croyons qu'il contribuera à faire de la pratique de cette activité une expérience enrichissante et bénéfique.

MARTIN LUSSIER ET PIERRE-MARY TOUSSAINT

MYTHES ET RÉALITÉS
LES COUREURS

Courir est une activité naturelle pour l'être humain: dès qu'il marche avec assurance, le bébé essaie d'accélérer la cadence en riant aux éclats. C'est aussi une activité accessible à presque tous, dont les enfants, les adolescents et les aînés. Plusieurs questions se posent néanmoins concernant les différentes personnes qui pratiquent la course. Cette activité physique comporte-t-elle plus de risques pour les enfants, les adolescents ou même les femmes? Les sportifs qui prennent de l'expérience en vieillissant sont-ils plus endurants que les jeunes qui ont moins de vécu? Les femmes pourront-elles, un jour, réaliser les mêmes performances que les hommes? En lisant ce chapitre, vous trouverez les réponses à ces questions et une foule d'informations intéressantes sur les particularités des coureurs.

POUR MIEUX COMPRENDRE LES COUREURS

Principaux facteurs déterminant la performance du coureur

Le système aérobie

Le **système aérobie** permet de produire de l'énergie à partir de l'oxygène pour réaliser des activités cardiovasculaires telles que la course à pied, le vélo ou la natation. Pendant la course, le système aérobie est fortement mis à contribution lors d'un effort continu de plus de 5 minutes ou de plusieurs efforts répétés entrecoupés de courtes pauses. Le système aérobie comporte deux composantes qui influencent la performance du coureur: le VO_2max et l'endurance aérobie.

Le **VO_2max** représente le volume maximal d'oxygène consommé par unité de temps lors d'un exercice aérobie. Il est généralement exprimé en millilitres d'oxygène par kilogramme de poids corporel par minute (ml/kg/min)[1]. Il permet de mesurer l'efficacité combinée du cœur, des poumons, des vaisseaux sanguins et des muscles actifs pour transporter ainsi que pour utiliser l'oxygène. Plus la durée de l'effort se rapproche de 6 minutes, plus le VO_2max s'avère important pour la performance, et plus la durée de l'effort est courte (moins de 2 minutes), moins la contribution du VO_2max est importante pour la performance. Dans certains cas, il est possible d'associer une vitesse de course au VO_2max. Cette vitesse est appelée **vitesse maximale aérobie.** En d'autres termes, c'est la vitesse de course à laquelle le corps consomme un maximum d'oxygène.

---

1. Afin de simplifier la lecture, les unités ml/kg/min seront utilisées dans ce livre pour exprimer la consommation d'oxygène. Il serait plus juste d'écrire: $ml \times kg^{-1} \times min^{-1}$.

L'endurance aérobie est la capacité de maintenir un effort le plus longtemps possible à un pourcentage relativement élevé de la consommation maximale d'oxygène (VO_2max). Dès que la durée de course en continu est supérieure à 5 minutes, l'endurance aérobie influence la performance. Plus la durée d'effort est longue, plus l'endurance aérobie devient importante pour performer.

Voici un tableau facilitant la compréhension des pourcentages de VO_2max.

% du VO_2max	Vitesse (km/h)	Allure (min/km)	Perception d'effort (sur 10) à la fin d'une course de 6 min	Distance de course (km)	Exemples d'entraînements
110	17,6	3 min 24 s	Impossible pour lui de courir 6 minutes à cette vitesse	≈ 1	Intervalles effort : 20 s repos : 1 min
100	16 *	3 min 45 s	10	1,5	Intervalles effort : 40 s repos : 1 min
90	14,4	4 min 10 s	9	3 à 5	Intervalles effort : 2 min repos : 1 min
80	12,8	4 min 41 s	8	10 à 21,1	Continu 30 min
70	11,2	5 min 21 s	7	42,2	Continu 60 min
60	9,6	6 min 15 s	6	50 à 100	Continu 90 à 120 min
50	8	7 min 30 s	5	-	Échauffement Repos actif (intervalles)

* Le tableau présente l'exemple d'un coureur intermédiaire ayant une vitesse de 16 km/h lors de l'atteinte de son VO_2max.

Le coût énergétique

Le coût énergétique est la quantité d'oxygène consommé à une vitesse de course donnée. Pour une même vitesse de déplacement, le coureur qui consomme le moins d'oxygène est celui qui obtient le meilleur coût énergétique. En clair, consommer moins d'oxygène pour une vitesse donnée, donc avoir un meilleur coût énergétique, signifie fournir moins d'efforts pour courir à cette vitesse. Différents facteurs influencent le coût énergétique du coureur ; les principaux sont :

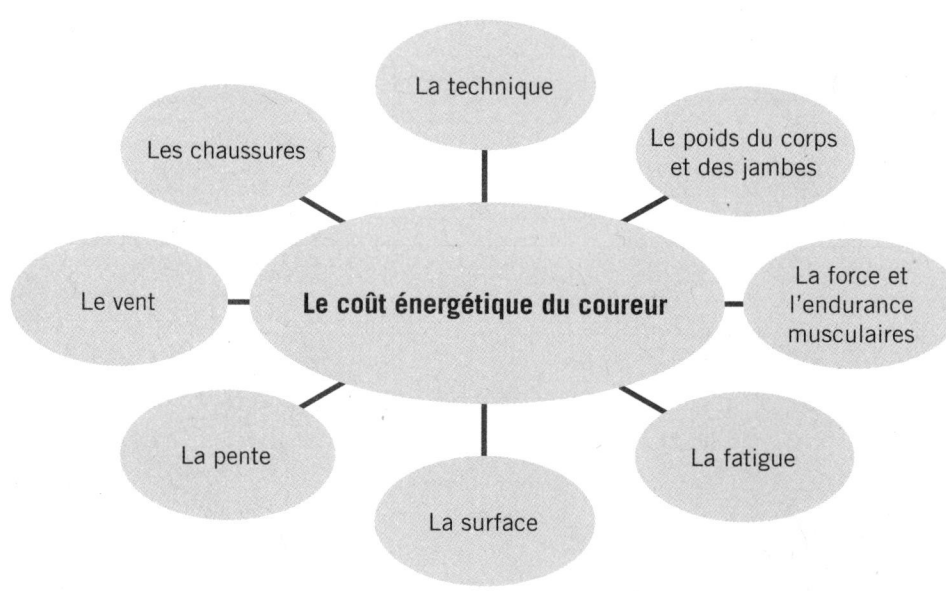

Le système anaérobie

Le **système anaérobie** permet une production élevée d'énergie pour des efforts courts et intenses, sans que l'oxygène ne participe. Bien que le système anaérobie soit beaucoup moins utilisé en course d'endurance que le système aérobie, il peut tout de même contribuer à la performance lors d'une accélération, de la montée d'une côte ou d'un sprint final. Dans ces cas, l'énergie produite par le système anaérobie s'ajoute à celle du système aérobie.

Les blessures

Les coureurs ne sont pas à l'abri des blessures. On estime que de 50 à 75 % d'entre eux se blesseront au moins une fois au cours de l'année. Voici les blessures auxquelles les coureurs sont les plus exposés :

La **fasciite plantaire** est une inflammation de la bande fibreuse (aponévrose) située à la voûte plantaire (cambrure du pied). Elle se manifeste généralement par une douleur sous le pied qui est surtout présente dès les premiers pas du matin et également en fin de journée.

La **tendinopathie d'Achille** se manifeste par une douleur derrière la cheville souvent causée par de légers dommages à ce tendon, fortement sollicité lors de la course.

L'**entorse de la cheville** est une élongation, ou une rupture partielle ou totale, d'un ou de plusieurs ligaments de cette articulation. Elle survient toujours à la suite d'un traumatisme (ex. : torsion à la cheville) qui surpasse la capacité limitée d'étirement du ou des ligaments.

Le **syndrome de stress tibial médial,** qui est communément appelé périostite tibiale ou *shin splint,* se manifeste par une douleur localisée au tibia. Il serait le résultat d'une inflammation de l'enveloppe de l'os (périoste) du tibia ou des transformations à cet os en réponse au stress qu'il subit lors des impacts produits durant la course.

Le **syndrome des loges** est une augmentation anormale de la pression à l'intérieur d'un ou des compartiments de la jambe (espace où sont logés des muscles, des vaisseaux sanguins et des nerfs) causant généralement une douleur à l'avant de la jambe.

La **fracture de stress** est une microfracture superficielle d'un os. Chez les coureurs, elle touche plus souvent le tibia, les os du pied et parfois même ceux de la hanche.

Le **syndrome fémoro-patellaire** désigne un ensemble de douleurs touchant le genou.

La **tendinopathie rotulienne** se traduit par une douleur au tendon du quadriceps sous ou au-dessus de la rotule.

Le **syndrome de la bandelette ilio-tibiale** est une irritation du gros tendon qui lie la hanche au haut du péroné (os de la jambe). Le frottement de ce tendon pendant la course causera généralement une douleur sur le bord externe du genou ou plus rarement, à la hanche.

La **tendinopathie de la patte d'oie** est une inflammation des trois tendons qui forment la patte d'oie causant généralement une douleur sur le rebord interne du genou.

L'**arthrose** se manifeste par la détérioration du cartilage présent sur les os d'une articulation. Chez le coureur, elle touche plus souvent le genou et la hanche, mais aussi le bas du dos.

La **chondromalacie** est le premier signe d'affaiblissement du cartilage et correspond au ramollissement et à la fissuration des surfaces articulaires des os du genou (rotule, tibia et fémur), provoquant des douleurs. La progression de cette usure mène à l'amincissement du cartilage et de l'os sous-jacent, qui entraîne des raideurs articulaires.

MYTHE? | TON ADO VEUT COURIR UN MARATHON? C'EST DE LA FOLIE!

La grande majorité des gens considère qu'un marathon est une épreuve sportive très difficile. La distance à parcourir est si longue qu'elle épuise le corps de sorte que seuls les adultes devraient se lancer dans une pareille aventure. Malgré tout, certains adolescents aimeraient eux aussi pouvoir relever le défi de courir un marathon. Devrait-on permettre aux adolescents ou même aux enfants de participer à ce type d'épreuve? Quelle est l'opinion scientifique sur le sujet?

Le marathon : les risques

Différentes opinions coexistent dans les écrits scientifiques concernant la participation des enfants et des adolescents à des courses d'endurance comme le marathon. Toutefois, aucune donnée scientifique ne démontre à ce jour que les jeunes s'exposent à des risques plus importants que les adultes. En effet, certaines études ont compilé des statistiques à ce sujet. Par exemple, on apprend que 300 jeunes de 7 à 17 ans ont terminé le réputé Marathon de Twin Cities aux États-Unis de 1982 à 2005. Seulement quatre d'entre eux ont eu besoin d'assistance médicale après la course et aucun n'était considéré comme un cas sérieux. Les auteurs confirment d'ailleurs que le risque d'avoir besoin d'une assistance médicale lors d'un marathon est légèrement moins élevé chez les jeunes que chez les adultes. De plus, plusieurs milliers d'adolescents ont déjà complété le Marathon de Los Angeles (1744 en 2005) : aucun cas grave n'a été recensé.

La préparation : les risques

Lorsqu'un jeune (ou moins jeune) a dans sa mire un marathon, il doit s'y préparer en s'entraînant adéquatement. Quel que soit l'âge, le risque de blessures est proportionnel à la durée de la course et à l'intensité de l'effort. Comme la préparation à un marathon exige davantage d'heures d'entraînement qu'une course plus courte, elle n'est pas sans risque. Sans qu'il existe de preuves soutenant cette hypothèse, on estime que, pendant la poussée de croissance d'un adolescent, le risque de blessures sportives s'accentue. Il pourrait être lié, entre autres, à un manque de coordination ou de flexibilité occasionné par les transformations rapides du corps à cet âge. Toutefois, si ce risque existe, il n'est pas plus important en course à pied que lors de la pratique d'autres disciplines sportives comme le soccer, le football, la gymnastique, le tennis ou le patinage artistique. L'important est de doser l'entraînement et de l'augmenter progressivement, ainsi que de varier le type d'activités physiques pratiquées.

Un marathon : pourquoi pas ?

Certaines conditions devraient être respectées afin qu'un enfant ou un adolescent participe à une course de longue distance comme le marathon :

> - Le jeune doit le décider de son propre chef et être suffisamment motivé pour s'y préparer.
> - Le jeune doit être encadré par un kinésiologue ou un spécialiste en course à pied lors de son entraînement.
> - L'entraînement doit être axé sur la participation et le plaisir de relever un défi, et non sur la réalisation de records ou de temps rapides.
> - Le jeune ne doit pas se blesser ou ressentir des douleurs aux articulations, aux muscles, aux tendons ou à une autre partie du corps au cours des entraînements, le lendemain ou les jours qui suivent.
> - Le jeune doit maintenir une croissance et un poids normal pendant la période d'entraînement.
> - Le jeune doit demeurer en bonne santé, maintenir de saines habitudes alimentaires et dormir au moins 9 heures par jour.
> - Le jeune doit garder des relations sociales saines et un bon rendement scolaire pendant la période d'entraînement.

- La jeune fille doit avoir des cycles menstruels normaux.
- L'enfant doit être accompagné d'un adulte qui jouera le rôle de modérateur plutôt que de motivateur lors du marathon. Il s'assurera que le jeune est bien en tout temps.
- Le jeune ne doit pas amorcer un marathon ou un entraînement de longue durée lorsque la température et le taux d'humidité sont trop élevés. Pour qu'il puisse participer, la température ne devrait pas excéder 15 °C au moment du départ, si le marathon se déroule en matinée, et elle ne devrait pas grimper au-delà de 20 à 25 °C durant la journée.
- Le jeune devrait idéalement être suivi par un médecin sportif qui peut lui expliquer, ainsi qu'à ses parents, les risques relatifs à une préparation et à une participation à un marathon.

Si ces différentes conditions sont respectées, rien n'indique que l'adolescent, ou même l'enfant, s'expose à des risques plus importants pour la santé qu'un adulte lors de la participation à un marathon.

L'Indien Budhia Singh serait le plus jeune marathonien de l'histoire. On rapporte qu'il aurait couru 48 fois la distance de 42,2 km avant l'âge de 5 ans. Son histoire débute lorsque son entraîneur de judo, Biranchi Das, qui devait s'absenter quelques minutes, lui ordonna de courir jusqu'à son retour. Il l'aurait oublié et, à sa grande surprise, aurait constaté qu'il courait toujours 5 heures plus tard!

En 2006, Biranchi Das, depuis lors entraîneur et père adoptif du jeune coureur, a presque causé sa mort en l'obligeant à participer à une course d'ultra-endurance par une chaleur torride, tout en l'empêchant de boire. Après 67 km, celui qu'on nomme le « Forrest Gump indien » s'est effondré, épuisé et déshydraté. Heureusement, il a été sauvé par une femme médecin. Par la suite, l'entraîneur a été arrêté et plus tard, assassiné. Au moment d'écrire ces lignes, le mythique coureur indien devenu adolescent était toujours actif, mais plutôt sur des distances de sprint comme le 100 et le 200 m.

LA RÉALITÉ EN BREF

Contrairement à l'opinion populaire, la participation d'un adolescent à un marathon ne devrait pas être exclue pour des raisons de risques pour la santé. En effet, selon plusieurs scientifiques, les jeunes qui décident de leur propre chef de participer à un marathon devraient pouvoir le faire tant et aussi longtemps que leur entraînement ne perturbe pas leur développement social, psychologique, physique et scolaire. Notons toutefois que certains auteurs suggèrent de réserver la participation à un marathon aux adultes. Ils proposent que les enfants et les adolescents patientent jusque-là et se contentent de distances plus courtes. Ainsi, ils seraient moins exposés aux risques liés à la préparation et à la participation à un marathon. D'autres études sont cependant nécessaires pour mieux connaître les effets à long terme des épreuves d'endurance de course à pied sur la santé des jeunes.

Vous avez aimé ce sujet ? Lisez :
> Après 35 ans, impossible de compétitionner avec les plus jeunes (p. 30)

MYTHE? COMME LE BON VIN, LE CHAMPION MARATHONIEN S'AMÉLIORE EN VIEILLISSANT

Forger son corps pour une performance hors du commun comme celle de courir le marathon est souvent perçu comme une longue traversée qui ne peut être achevée qu'après plusieurs années d'entraînement méthodique. La plupart des coureurs croient que les meilleurs marathoniens sont plus vieux que les champions des distances plus courtes. En fait, la trentaine est souvent considérée comme l'âge idéal pour parcourir rapidement 42,2 km. D'ailleurs, on recommande fréquemment aux coureurs dans le début de la vingtaine de patienter avant de faire leur premier marathon sous prétexte que l'endurance prend des années à se développer! Qu'en est-il réellement?

Laissons parler les exploits

Tout d'abord, constatons l'âge de plusieurs marathoniens ayant réussi des performances exceptionnelles :

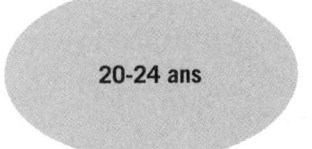

Marathonien : Stephen Kiprotich (Ouganda)
Titre : médaille d'or aux Jeux olympiques de Londres en 2012
Performance : 2 h 08 min 01 s
Âge au moment de la performance : 23 ans

Marathonienne : Tiki Gelana (Éthiopie)
Titre : médaille d'or aux Jeux olympiques de Londres en 2012
Performance : 2 h 23 min 07 s
Âge au moment de la performance : 24 ans

25-29 ans

Marathonien : Patrick Makau (Kenya)
Titre : record du monde établi au Marathon de Berlin en 2011
Performance : 2 h 03 min 38 s
Âge au moment de la performance : 26 ans

Marathonienne : Paula Radcliffe (Grande-Bretagne)
Titre : record du monde établi au Marathon de Londres en 2003
Performance : 2 h 15 min 25 s
Âge au moment de la performance : 29 ans

30-34 ans

Marathonien : Wilson Kipsang (Kenya)
Titre : record du monde établi au Marathon de Berlin en 2013
Performance : 2 h 03 min 23 s
Âge au moment de la performance : 31 ans

Marathonien : Haile Gebreselassie (Éthiopie)
Titre : record du monde établi au Marathon de Berlin en 2008
Performance : 2 h 03 min 59 s
Âge au moment de la performance : 35 ans

35-39 ans

Marathonienne : Constantina Tomescu (Roumanie)
Titre : médaille d'or aux Jeux olympiques de Pékin en 2008
Performance : 2 h 26 min 44 s
Âge au moment de la performance : 38 ans

Le constat est clair: ces performances exceptionnelles sont le fait d'athlètes d'âges variés! Bien que cette fourchette soit importante (23 à 38 ans), elle n'est pas si surprenante. On observe en effet qu'avec un entraînement approprié, les performances en endurance aérobie peuvent atteindre des sommets à partir de 20 ans et se maintenir ou s'améliorer jusqu'à l'âge de 35 ans. Par conséquent, il est fort à parier que les jeunes de 20 ans qui atteignent leur plein potentiel sur une distance comme le marathon ont commencé l'entraînement en course à pied relativement tôt et ont déjà avalé d'innombrables kilomètres. Alors qu'en général, après l'âge de 35 ans, une diminution presque inévitable des performances se produira chez les sportifs très entraînés.

> Lorsqu'il a établi son record du monde, le Kényan Wilson Kipsang, alors âgé de 31 ans, a couru à une vitesse moyenne de 20,5 km/h pendant un peu plus de 2 heures. Cette vitesse suscite l'envie de nombreux coureurs! À titre comparatif, une équipe de 42 coureurs non professionnels qui se relaieraient à chaque kilomètre d'un marathon finirait à coup sûr avec un temps plus lent que celui du Kényan, qui était de 2 h 03 min 23 s.

La moyenne d'âge des meilleurs marathoniens et marathoniennes semble s'approcher davantage de 35 ans que de 20 ans. En réalité, elle se situe autour de 30 ans. Par exemple, la moyenne d'âge des cinq premiers coureurs et des cinq premières coureuses au marathon des Jeux olympiques de Londres en 2012 était de 30 ans. Comparativement, les 5 premiers arrivés au 1500 m masculin et féminin à ces mêmes jeux étaient âgés en moyenne de 25,5 ans. Bien que des performances exceptionnelles sur 42,2 km soient possibles à partir de la vingtaine, elles sont plus rares, car les jeunes athlètes sont souvent encouragés à concentrer leurs efforts sur des distances plus courtes comme le 1500, le 3000, le 5000 ou le 10 000 m. En vieillissant, plusieurs d'entre eux modifieront leurs plans d'entraînement en vue de s'améliorer sur de plus longues distances comme le marathon. On peut présumer que, si la seule distance de compétition en course à pied était celle du marathon, la moyenne d'âge des meilleurs de cette épreuve serait plus basse, probablement entre 25 et 30 ans.

> Le Kényan Geoffrey Mutai détient le temps le plus rapide au marathon : son chrono s'est arrêté à 2 h 03 min 02 s, à Boston en 2011. Malheureusement pour celui qui était âgé de 29 ans au moment de cet exploit, il ne fut pas homologué comme record du monde. La Fédération internationale d'athlétisme a jugé la course non conforme en raison de la vitesse du vent, de la dénivellation du parcours et d'autres aspects techniques.

Est-ce que les femmes sont différentes des hommes ?

Bien que la moyenne d'âge des femmes et des hommes demeure comparable lors des épreuves d'élite de course à pied, il peut arriver que certaines femmes obtiennent des performances exceptionnelles à un âge plus avancé que les hommes. Cette situation est potentiellement attribuable à un parcours de vie et à une approche de l'entraînement différents. Par exemple :

- les femmes modifient parfois la fréquence, la durée et l'intensité de leur entraînement de manière plus progressive ;
- les femmes doivent parfois interrompre leur entraînement en raison d'une ou de plusieurs grossesses.

> La Roumaine Constantina Tomescu, âgée de 38 ans au moment de sa victoire au marathon des Jeux olympiques de Pékin en 2008, a déclaré : « Après 30 ans, on a plus d'expérience, plus d'entraînement et on est plus sérieux. »

LA RÉALITÉ EN BREF

L'âge moyen des champions et championnes du marathon est de 30 ans. Pourtant, des athlètes dans la jeune vingtaine et d'autres ayant presque soufflé leurs 40 bougies ont déjà laissé leur marque sur cette distance. En effet, un athlète qui pratique la course depuis plusieurs années et qui s'entraîne de façon appropriée en vue d'une performance de haut niveau dans cette discipline peut réussir des exploits à partir de 20 ans. Toutefois, comme la plupart des jeunes coureurs sont orientés vers des distances plus courtes, il est plus commun de les voir obtenir d'excellentes performances sur 42,2 km vers l'âge de 30 ans. Malheureusement, on ne peut comparer les coureurs d'élite au vin qui vieillit bien : à partir de 35 ans, la plupart d'entre eux verront quelques minutes s'ajouter à leur temps de compétition, et ce, peu importe la distance parcourue.

 Vous avez aimé ce sujet ? Lisez :
> Ton ado veut courir un marathon ? C'est de la folie ! (p. 21)
> Après 35 ans, impossible de compétitionner avec les plus jeunes (p. 30)

MYTHE? APRÈS 35 ANS, IMPOSSIBLE DE COMPÉTITIONNER AVEC LES PLUS JEUNES

C'est une réalité : les adeptes de la course à pied sont de plus en plus âgés. Par exemple, en 2011, près de 50 % des 525 000 sportifs ayant couru un marathon aux États-Unis étaient âgés de plus de 40 ans. Cette proportion de coureurs relativement âgés ne diminuera certainement pas dans les années à venir étant donné le désir croissant d'une population vieillissante de se maintenir en bonne santé et de relever des défis. Or, peut-on, malgré le poids des années, continuer à courir en toute légèreté et aussi vite que les plus jeunes ?

Une baisse plutôt lente

On sait que les coureurs d'élite peuvent maintenir leur plein potentiel de performance jusqu'à 35 ans environ. Après cet âge, une diminution modeste de leurs capacités est inévitable. En effet, le VO_2max diminue d'environ 0,5 % par année (environ 5 % par décennie) si le coureur s'entraîne toujours à un niveau compétitif. Il baisse d'environ 1 % par année (10 % par décennie) si son mode de vie demeure actif, et d'environ 1,5 % par année (15 % par décennie) s'il est devenu inactif. On observe toutefois une diminution du VO_2max plus marquée chez tous les coureurs après 50-60 ans. Par exemple, elle est de 1,5 % par année chez celui qui continue à s'entraîner à un niveau compétitif et peut être encore plus importante pour celui qui est devenu sédentaire.

Records du monde du marathon par tranche d'âge

Âge	Hommes	Femmes
20 à 29 ans	2 h 03 min 38 s	2 h 15 min 25 s
30 à 39 ans	2 h 03 min 23 s	2 h 18 min 20 s
40 à 49 ans	2 h 08 min 46 s	2 h 25 min 43 s
50 à 59 ans	2 h 19 min 29 s	2 h 31 min 05 s
60 à 69 ans	2 h 36 min 30 s	3 h 01 min 30 s
70 à 79 ans	2 h 54 min 48 s	3 h 44 min 15 s
80 à 89 ans	3 h 15 min 54 s	4 h 31 min 42 s
90 à 99 ans	5 h 40 min 01 s	8 h 53 min 08 s
100 ans et +	8 h 25 min 17 s	-

Chez les personnes inactives, la performance diminue à un plus jeune âge que chez les sportifs, soit à partir de 25-30 ans. Toutefois, une personne vieillissante peut quand même améliorer sa performance en course à pied. En effet, même si elle était sédentaire depuis plusieurs années alors qu'elle se découvre une passion pour la course, elle s'améliorera fort probablement au cours des années qui suivront. Évidemment, plus elle s'améliorera, plus il lui sera difficile de maintenir sa progression. Finalement, une diminution de performance attribuable au vieillissement deviendra inévitable.

Le coureur éthiopien Haile Gebreselassie a célébré ses 40 ans le 18 avril 2013. Depuis, il s'est attaqué aux records chez les maîtres de 40 à 44 ans. Voici des records qu'il a battus dans sa catégorie d'âge :

› 16 km (10 miles) en 46 min 59 s (il bat par 27 s le record qui tenait depuis 10 ans);

› 10 km en 28 min (il pulvérise par 51 s le record qui tenait depuis 10 ans);

› 21,1 km (demi-marathon) en 1 h 01 min 09 s (il pulvérise le record par 1 min 19 s).

Une étude statistique allemande portant sur 69 marathons et 65 demi-marathons a montré que le temps enregistré était similaire chez les participants âgés de 20 à 50 ans. Ce résultat peut paraître surprenant, mais en fait il ne l'est pas puisqu'il ne s'agissait pas de coureurs d'élite. En effet, tant que le coureur n'a pas atteint son plein potentiel – et c'est souvent le cas chez les coureurs amateurs –, les effets du vieillissement ne se traduiront pas nécessairement par une diminution des performances si l'entraînement est adéquat. Par exemple, celui qui court son premier marathon à l'âge de 40 ans pourrait bien s'améliorer au cours des 5 années suivantes malgré le fait qu'il vieillit.

> Le nombre de participants âgés de 70 à 79 ans ayant terminé le Marathon de New York a presque quintuplé en 20 ans : il est passé de 318, de 1980 à 1989, à 1503, de 2000 à 2009.

Le VO$_2$max et la performance aérobie diminuent avec l'âge

La valeur de la consommation maximale d'oxygène (VO$_2$max) est fortement liée à la capacité de performance lors d'une course d'endurance (de 5 à 42,2 km). En fait, la diminution du VO$_2$max et celle de la performance aérobie dues au vieillissement sont presque les mêmes. Elles s'expliquent, entre autres, par les changements physiques abordés ci-après.

Qui a dit que le cœur n'avait pas d'âge?

La fréquence cardiaque au cours de l'exercice est simple à mesurer. D'ailleurs, la plupart des coureurs savent que la fréquence cardiaque maximale diminue avec l'âge. On sait que le cœur d'une personne de 20 ans bat environ 200 fois par minute (220 – l'âge) lors d'un effort maximal. On estime, avec plus ou moins de précision, qu'on peut retrancher un battement par année au nombre maximal de battements par minute. Par exemple, le nombre maximal de battements cardiaques par minute d'une personne de 40 ans peut être estimé à 180 (220 – 40). Notons toutefois qu'une personne active depuis plusieurs années verra généralement une diminution moins prononcée de sa fréquence cardiaque maximale. En ce sens, l'utilisation d'une équation de prédiction de la fréquence cardiaque maximale un peu plus complexe est indiquée, surtout pour les coureurs plus âgés (207 − 0,7 x l'âge).

Nous venons de voir que la fréquence cardiaque maximale diminue avec l'âge, mais en quoi cette baisse peut-elle diminuer le VO_2max ?

Un nombre de battements cardiaques moins élevé peut occasionner une diminution du débit cardiaque, c'est-à-dire de la quantité de sang expulsée par le cœur par unité de temps. Moins de sang qui passe par le cœur signifie alors moins de sang distribué aux muscles actifs lors de la course et, par conséquent, moins d'oxygène disponible pour ces mêmes muscles.

Cependant, le nombre de battements du cœur n'est qu'une des composantes qui permet de déterminer la quantité de sang qui se dirigera vers les muscles au travail. Le volume d'éjection systolique en est une autre. Celui-ci correspond à la quantité de sang expulsé par le cœur à chaque battement. Lors d'un effort maximal, le volume d'éjection systolique tend aussi à diminuer avec l'âge. En fait, la fréquence cardiaque maximale et le volume d'éjection systolique diminuent sensiblement dans les mêmes proportions en fonction du vieillissement.

Le débit cardiaque peut être exprimé ainsi :

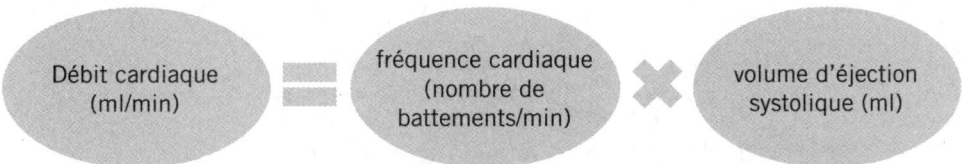

L'oxygène : consommé partiellement par les muscles

Le sang riche en oxygène qui est expulsé par la partie gauche du cœur parcourt les artères et les artérioles du corps (plus petites que les artères) en direction des muscles et des organes qui consommeront une portion de cet oxygène. Par la suite, le sang partiellement « vidé » de son oxygène poursuit son chemin via les veinules (plus petites que les veines) et les veines jusqu'à la portion droite du cœur, où il sera redirigé vers les poumons pour faire le plein en oxygène. La différence entre le contenu en oxygène des artères (avant que les muscles ne l'aient consommé) et des veines (après que les muscles l'ont partiellement consommé) se nomme *différence artérioveineuse en oxygène*. Plus cette valeur est élevée, plus les muscles auront consommé d'oxygène.

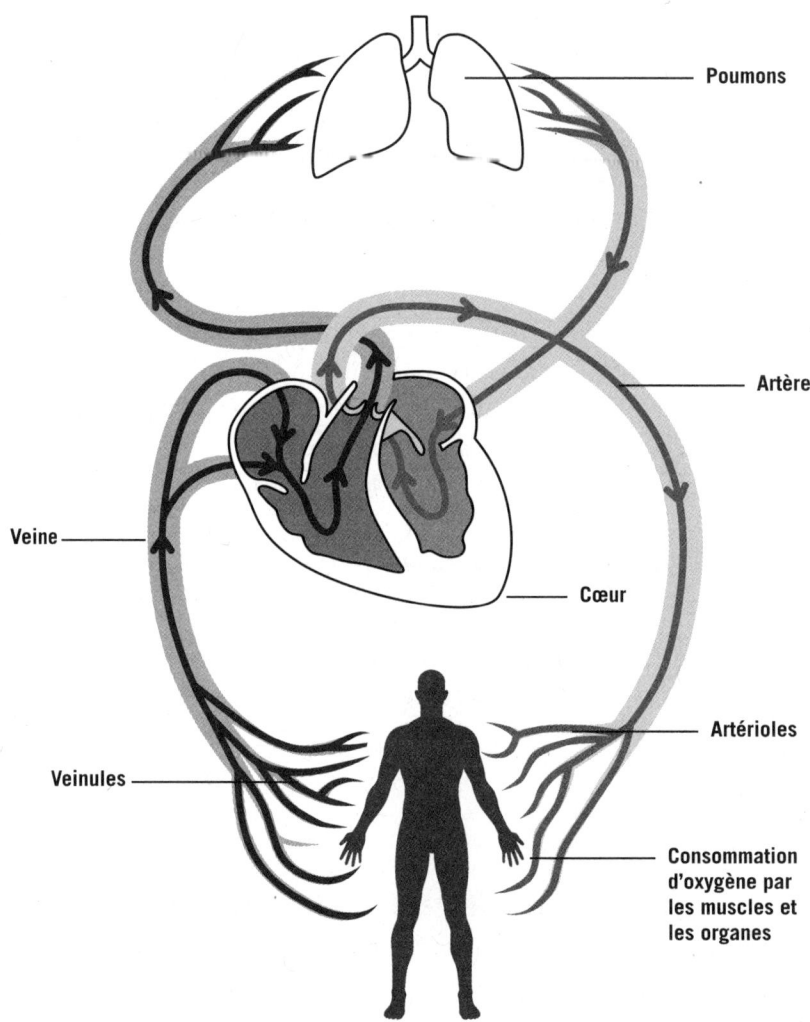

La différence artérioveineuse en oxygène reflète la capacité des muscles (comme ceux des membres inférieurs ou de la respiration) à extraire et à consommer de l'oxygène lors de la course. En clair, moins il reste d'oxygène dans les veines, plus la quantité d'oxygène extraite par les muscles est importante, et donc plus ils peuvent produire une grande quantité d'énergie. Comme on l'a vu précédemment, une baisse de performance aérobie survient chez les personnes vieillissantes. Cette baisse est attribuable, entre autres, à une diminution du débit cardiaque, mais aussi à une diminution de la différence artérioveineuse en oxygène lors d'un effort maximal.

Le VO$_2$max peut être exprimé ainsi :

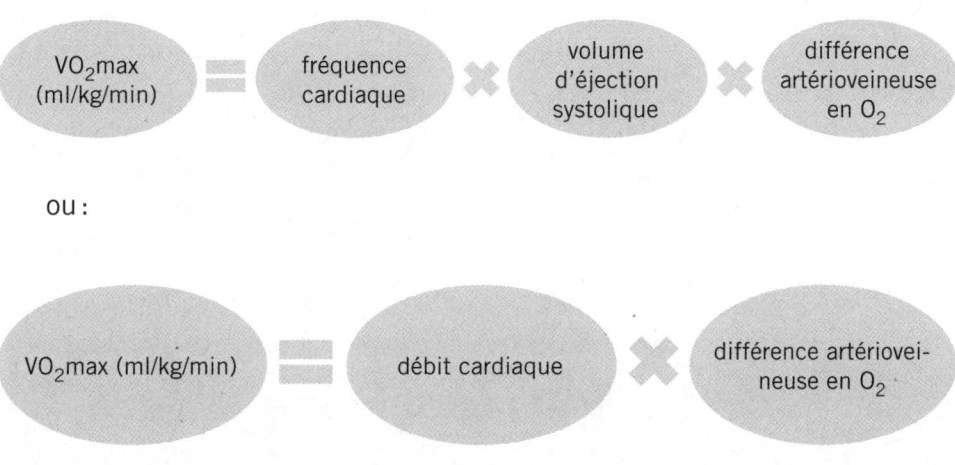

La consommation d'oxygène et ses déterminants lors d'un effort maximal en fonction de l'âge chez des athlètes

	Hommes (≈ 28 ans)	Hommes (≈ 60 ans)	Différences liées au vieillissement (%)
VO$_2$max (ml/kg/min)	68	49	28
Débit cardiaque (L/min)	27	21,7	20
• Fréquence cardiaque (battements/min)	184	165	10
• Volume d'éjection systolique (ml/battement)	147	132	10
Différence artérioveineuse en O$_2$ (ml/100 ml)	16,7	15,3	8

Tableau tiré de : Tanaka H. et D. R. Seals. « Endurance exercise performance in Masters athletes : age-associated changes and underlying physiological mechanisms », *The Journal of Physiology*, vol. 586, n° 1 (2008), p. 55-63.

D'autres changements physiques

Un gain en graisse occasionne aussi une diminution de performance à la course à pied, car c'est un poids à transporter, un peu comme si le sportif courait avec un sac à dos chargé. Avec les années, la quantité de graisse contenue dans le corps tend à augmenter : elle passe de 12 kg (≈ 25 lb) à 18 kg (≈ 40 lb) en moyenne entre 20 et 50 ans. En outre, la perte de masse musculaire liée au vieillissement peut également être une cause de diminution de performance chez le coureur si elle est importante. Cependant, une faible perte de masse musculaire, causant une diminution modérée de la force, ne devrait pas mener à une diminution de performance lors d'une course d'endurance, car la force exigée par les efforts de longue durée demeure relativement faible. Enfin, une perte prononcée de la flexibilité de certains muscles comme les fléchisseurs de la hanche peut également se traduire par une baisse de performance. Il a même été prouvé qu'un manque important de souplesse pouvait diminuer la vitesse de marche chez les aînés.

> En 2003, le Canadien Ed Whitlock a couru un marathon en 2h54min alors qu'il était âgé de 73 ans. Cette performance a dû faire se retourner dans sa tombe le premier champion olympique du marathon, Spiridon Louys, qui avait réalisé la distance en 4 minutes de plus (2h58 min). Au moment de sa victoire historique, en 1896, le Grec était âgé de 23 ans, soit 50 ans de moins qu'Ed Whitlock! Depuis, le vénérable coureur ne s'est pas trop reposé. En 2013, alors qu'il était âgé de 82 ans, il a enregistré un temps de 3 h 41 min.

Avec le vieillissement, que devient le coût énergétique?

L'un des facteurs qui contribuent aux bons résultats en course à pied est le coût énergétique. Lorsqu'il est faible, cela signifie une consommation moindre d'oxygène et donc moins d'effort à fournir pour une même vitesse de déplacement. Par exemple, malgré le fait que deux coureurs aient le même VO_2max, il est possible que l'un d'entre eux dépense moins d'énergie en courant, augmentant ainsi les probabilités d'une meilleure performance. Malgré les années, les coureurs d'élite masculins semblent dépenser la même quantité d'énergie pour une vitesse de déplacement identique. Toutefois, on a observé que, chez les femmes âgées, l'augmentation du coût énergétique pouvait contribuer à une légère diminution de performance.

> Âgée de 80 ans en 2013, la coureuse québécoise Alice Cole a réalisé des performances impressionnantes sur différentes distances chez les maîtres. Elle a brisé les records du monde pour son groupe d'âge au 400 m et au relais 4 x 800 m. Elle détient aussi les records canadiens aux 200 et 400 m ainsi qu'au 5 km. Elle est déterminée à ajouter d'autres records à son palmarès, puisqu'elle participe toujours à de nombreuses compétitions nationales et internationales.

Le corps vieillit, mais est-ce la seule explication?

La diminution de performance liée au vieillissement n'est pas seulement attribuable aux modifications du corps qui en découlent. En effet, des blessures, de la fatigue ou encore un manque de motivation peuvent occasionner une baisse de la quantité et de l'intensité d'entraînement. Ces variations contribueront alors aussi à réduire les performances.

LA RÉALITÉ EN BREF

Comme toutes les aptitudes physiques, le VO_2max tend à diminuer avec l'âge. Cette diminution est fortement responsable de la baisse de performance observée dans les épreuves d'endurance en course à pied. En fait, la baisse de la fréquence cardiaque maximale, de la quantité maximale de sang expulsée par le cœur à chaque battement et de la différence artérioveineuse en oxygène sont les principaux changements physiologiques qui expliquent la diminution de performance des coureurs vieillissants. De plus, une possible augmentation du pourcentage de graisse ainsi qu'une diminution marquée de la masse musculaire et de la flexibilité pourraient réduire les capacités des coureurs. Finalement, la possibilité que les entraînements soient moins fréquents, moins longs et moins intenses doit aussi être considérée. Toutefois, en général, la baisse de performance n'apparaît pas avant l'âge de 35 ans chez les coureurs expérimentés. Comme cette baisse demeure modeste au fil des ans, les coureurs plus âgés peuvent encore espérer rivaliser avec les plus jeunes.

> **Vous avez aimé ce sujet ? Lisez :**
> › Ton ado veut courir un marathon ? C'est de la folie ! (p. 21)
> › Comme le bon vin, le champion marathonien s'améliore en vieillissant (p. 25)

MYTHE? LA COURSE À PIED : DUR DUR POUR UNE FEMME

Le marathon est demeuré une épreuve interdite aux femmes pendant un peu plus de 75 ans ! En fait, depuis sa création à l'occasion des Jeux olympiques d'Athènes de 1896 et jusqu'au début des années 1970, les femmes devaient se limiter au rôle de spectatrices. En effet, selon la croyance populaire, les femmes étaient physiquement incapables de courir sur de longues distances et si elles l'avaient fait, leur corps plus fragile aurait été exposé à des risques importants. Pourtant, depuis de nombreuses années, les femmes chaussent leurs souliers de course et sillonnent sans crainte les rues et les parcs à travers le monde. Malgré cela, certains croient encore que les femmes n'ont pas le physique idéal ou les aptitudes nécessaires pour la course d'endurance. Qu'en est-il réellement ?

Un squelette qui rend la femme un peu plus fragile

Le squelette des hommes et des femmes n'est pas identique. Comme la nature leur permet d'accoucher, les femmes ont, en général, un bassin plus large que les hommes. Cette distinction anatomique accentue l'angle du fémur entre la hanche et le genou (angle du quadriceps ou angle Q). Lorsque l'angle Q est plus prononcé, le risque de désalignement du genou vers l'intérieur s'accentue lors de la course. Par conséquent, le risque de blessures au genou, comme le syndrome de la bandelette ilio-tibiale, la tendinopathie rotulienne ou l'arthrose du genou, peut être plus important chez les femmes. Afin de réduire ce risque, il est entre autres fortement conseillé de renforcer les muscles des membres inférieurs et

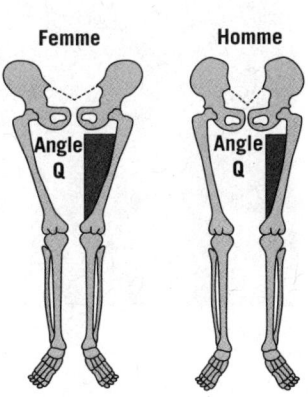

plus spécifiquement les muscles fessiers qui permettent l'éloignement de la cuisse du reste du corps (abduction à la hanche) et la rotation de la cuisse vers l'extérieur.

Voici deux exemples d'exercices musculaires qui peuvent être réalisés dans le but de réduire le risque potentiel de blessures au genou accentué par un angle Q prononcé :

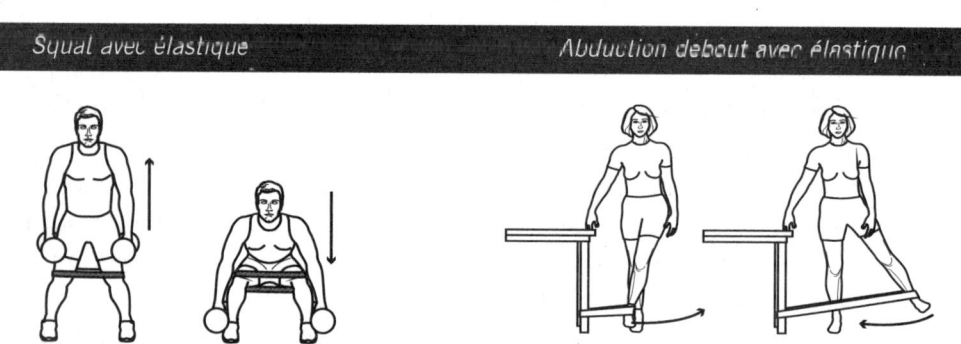

Squat avec élastique — Abduction debout avec élastique

Puisqu'en moyenne les femmes ont une plus petite masse osseuse que les hommes, elles courent un risque plus élevé de fractures de stress. Ces fractures incomplètes de l'os (microfractures), touchant davantage les os de la jambe et du pied, seraient plus fréquentes chez celles qui ont un cycle menstruel irrégulier ou qui n'ont plus de menstruations. Normalement, ce type de blessure est causé par un stress répété, comme les impacts lors de la course, et est accentué lorsque le squelette est fragilisé.

> En 1928, les femmes ont pu participer pour la première fois aux compétitions d'athlétisme aux Jeux olympiques. Or, il semblerait que plusieurs athlètes se soient écroulées après avoir franchi le fil d'arrivée du 800 m. Par la suite, les femmes ont été considérées comme trop fragiles pour cette distance par le Comité international olympique (CIO). Au cours des 32 années qui ont suivi, la plus longue distance officiellement autorisée aux femmes par le CIO fut le 200 m !

Un risque de fragilité : la triade

La triade de la femme sportive expose les athlètes féminines à différents risques pour leur santé. Cette triade se compose de trois conditions interreliées : une consommation insuffisante de calories (avec ou sans troubles alimentaires), l'arrêt des menstruations ainsi que l'ostéoporose. En effet, certaines adolescentes et certaines femmes désirant réduire leur taux de gras pour améliorer leur performance à des sports compétitifs comme la gymnastique, le patinage artistique, le ballet, la nage synchronisée ainsi que la course de fond sont davantage à risque d'avoir ce syndrome.

L'entraînement intense de longue durée chez des coureuses en bonne condition physique occasionne une grande dépense énergétique qui doit être compensée par une importante consommation de calories. Lorsque l'apport alimentaire est insuffisant, il peut mener à un dérèglement des menstruations ainsi qu'à une diminution de la densité osseuse. Les athlètes féminines ont, en moyenne, une densité osseuse de 5 à 15 % plus élevée que les femmes inactives. Toutefois, une consommation insuffisante de calories ou des problèmes alimentaires (anorexie et boulimie), entraînant le dérèglement des menstruations ainsi qu'une diminution de la densité osseuse, prédisposent les femmes sportives à l'ostéoporose et même à certaines maladies cardiovasculaires. Différentes études indiquent :

> qu'environ 20 % des coureuses de cross-country ont eu des épisodes de troubles alimentaires ;
> qu'environ 20 % des coureuses récréatives et 50 % des coureuses d'élite ont des menstruations irrégulières ;
> que des coureuses âgées de 22 ans en moyenne ayant une absence de menstruations montraient un dérèglement des vaisseaux sanguins similaire à celui de femmes ménopausées âgées de 60 ans en moyenne ;
> que la consommation d'un supplément d'acide folique peut s'avérer une méthode sûre et peu coûteuse pour les coureuses ayant besoin d'améliorer leur santé cardiovasculaire.

Dans le cas d'un dérèglement des menstruations, il est recommandé de consulter un médecin.

Des inconforts qui n'ont rien à voir avec la fragilité

L'incontinence urinaire d'effort est une situation déplaisante à laquelle les coureuses peuvent se trouver confrontées lors de la pratique de leur activité préférée. Bien que ce type d'incontinence touche davantage les femmes plus âgées, il peut également affecter les coureuses plus jeunes. Selon les résultats d'une étude américaine, 41 % des sportives d'élite en athlétisme âgées de 15 à 39 ans souffraient d'une incontinence urinaire d'effort. Certains facteurs prédisposent davantage à ce problème: le vieillissement, le fait d'être enceinte ou d'avoir accouché récemment, les accouchements naturels multiples, la ménopause, l'obésité, l'hypertension et la constipation.

Différents moyens existent pour remédier à l'incontinence qui peut se produire lors de la course. Des trucs simples comme planifier d'aller aux toilettes avant l'entraînement ou le port d'une serviette hygiénique peuvent aider à en minimiser les désagréments. De plus, les exercices de renforcement des muscles du plancher pelvien, comme ceux de Kegel, peuvent s'avérer fort efficaces en matière de prévention contre l'incontinence. Par exemple, en position couchée, les genoux fléchis, contracter les muscles autour de l'urètre et du vagin pendant 6 secondes de façon à ressentir qu'ils vont vers le haut et vers l'intérieur. Un minimum d'une dizaine de répétitions effectuées à trois reprises, quotidiennement, est conseillé. Quand l'incontinence est trop incommodante, des méthodes plus draconiennes sont envisageables, comme la médication, le renforcement des muscles par électrostimulation ou la chirurgie.

Les coureuses peuvent également ressentir un inconfort ou de la douleur aux seins en raison des impacts. Par ailleurs, la course pourrait modifier la forme et le soutien du sein, notamment en raison d'une perte d'élasticité de la peau chez celles qui ne portent pas de soutien-gorge ou dont le soutien-gorge n'offre pas assez de support. Toutefois, le chercheur français Jean-Denis Rouillon affirme le contraire. Les résultats d'une étude qu'il a menée récemment indiquent que les femmes qui ont accepté de courir sans soutien-gorge pendant une certaine période avaient des seins plus fermes et que ceux-ci étaient même remontés de 7 millimètres en moyenne. Selon lui, le port du soutien-gorge pendant la course serait une fausse nécessité. Mesdames: à vous de voir.

> Roberta Gibb aurait été la première femme à courir un marathon. À Boston, en 1966, comme la participation était encore interdite aux femmes, elle s'est habillée d'un grand chandail à capuchon et s'est cachée derrière des buissons jusqu'à ce que la course débute. Elle aurait terminé l'épreuve, en toute illégalité, en 3 h 21 min 40 s.

Une femme enceinte, pas si fragile que ça

La croyance selon laquelle la pratique régulière d'activités physiques comme la course à pied présente des risques pour le fœtus et la femme enceinte se perpétue encore aujourd'hui. Pourtant, l'inactivité physique est maintenant reconnue par le milieu scientifique comme un facteur de risque plus important pour la santé du fœtus et de la femme enceinte que la pratique régulière d'activité physique. En effet, la course à pied peut l'aider à éviter une prise de poids excessive et à réduire le risque d'un diabète de grossesse. En outre, la pratique de la course peut aider la femme enceinte à maintenir ou à améliorer sa condition physique, sa santé cardiovasculaire et son estime de soi. Il a également été prouvé que l'exercice peut améliorer l'humeur et réduire certains symptômes physiques liés à la grossesse tels que les nausées. La Société des obstétriciens et gynécologues du Canada (SOGC) recommande aux femmes enceintes qui ne présentent aucune contre-indication médicale de faire 4 séances de 30 minutes par semaine d'activités physiques comme la course.

> Contrairement à la croyance populaire, la course à pied n'augmente pas le risque de fausse couche.

La femme enceinte qui désire courir ou celle qui a accouché récemment doit quand même être consciente de certaines transformations physiques liées à la grossesse. À partir du deuxième ou du troisième trimestre et durant la période post-partum, le poids est plus important, le centre de masse (centre de gravité) est déplacé et les ligaments sont plus lâches, ce qui augmente le risque de certaines blessures et de chutes. Par conséquent, la course à pied peut être pratiquée à condition qu'elle n'occasionne pas de douleurs articulaires ou d'autres inconforts et qu'elle n'augmente pas le risque de chute (course sur terrain irrégulier ou en hiver). Par ailleurs, il est recommandé à celle qui allaite de le faire avant de courir afin de réduire le risque d'inconforts causés par l'engorgement des seins.

> Des études récentes montrent que les enfants de mères physiquement actives durant la grossesse tolèrent mieux le stress physiologique lié à la naissance, présentent des habiletés motrices supérieures à l'âge de un an, un pourcentage de graisse un peu moins élevé jusqu'à l'âge de cinq ans et de meilleures performances intellectuelles à cinq ans que les enfants de mères inactives durant la grossesse.

LA RÉALITÉ EN BREF

Il est faux de croire que la femme est trop fragile pour courir sur de courtes ou de longues distances. Cependant, certaines caractéristiques qui lui sont propres sont à considérer. Tout d'abord, un angle Q généralement plus prononcé chez les femmes que chez les hommes les expose à un risque plus important de blessures aux genoux. Ensuite, une ingestion insuffisante de calories ou un trouble alimentaire peut mener à un arrêt des menstruations et à une diminution de la densité osseuse. Ces conditions augmentent le risque d'ostéoporose et même de certaines maladies cardiovasculaires. Par ailleurs, des inconforts physiques peuvent être éprouvés lors de la course, comme l'incontinence urinaire d'effort ou la douleur dans la région des seins en raison des impacts. Finalement, lorsque la coureuse est enceinte ou en période post-partum, elle doit tenir compte des contre-indications médicales ainsi que des modifications physiques qui peuvent augmenter le risque de blessures ou de chute.

Vous avez aimé ce sujet ? Lisez :

> Bientôt, les femmes seront plus rapides que les hommes ! (p. 45)

MYTHE ? BIENTÔT, LES FEMMES SERONT PLUS RAPIDES QUE LES HOMMES !

Les coureurs friands de statistiques n'ont pas manqué de remarquer que les records féminins en course à pied ont progressé de façon fulgurante au cours des 40 dernières années. Une progression si rapide que plusieurs suggèrent que les performances des femmes seront bientôt égales à celles des hommes, voire supérieures. Est-ce possible ? Mettons-nous dans la peau d'un scientifique et analysons si les athlètes féminines peuvent espérer que ce rêve devienne réalité dans un futur pas si lointain.

Des statistiques trompeuses

Une analyse de l'évolution des records en course depuis le début des années 1970 permet d'observer une progression nettement plus marquée chez les femmes que chez les hommes. Par exemple, le record du monde masculin au marathon ne s'est amélioré que de 5 % du début des années 1970 jusqu'en 2014, alors que le record féminin a bondi de 26 %. Dans le même ordre d'idée, au fil des ans, la différence de temps entre les meilleurs coureurs et les meilleures coureuses a fondu comme neige au soleil. En 1970, le champion du monde masculin au marathon était 30 % plus rapide que la championne féminine. Au tournant du siècle actuel, la différence entre les 50 meilleures performances des hommes et des femmes sur des distances comprises entre 1500 m et 42,2 km n'était plus que de 10 à 13 %.

L'impressionnante évolution des performances des coureuses peut en effet laisser croire qu'un jour elles seront plus rapides que les hommes. Toutefois, il est plus prudent de laisser parler l'histoire du sport que des statistiques isolées. Les changements de la société au cours des dernières décennies ont donné aux femmes des possibilités accrues de s'entraîner et de participer aux compétitions, ce qui explique leur forte progression. Néanmoins, cette évolution a perdu de l'ampleur durant les dernières années. Les spécialistes suggèrent d'ailleurs que la différence de performance entre les meilleurs coureurs et les meilleures coureuses se maintiendra probablement encore longtemps aux environs de 10 %. Cet avantage actuel des performances masculines est attribuable à des différences anatomiques et biologiques.

> Selon les résultats d'un sondage mené aux États-Unis en 1996, à une époque où les performances des femmes se rapprochaient de plus en plus de celles des hommes, 66 % des répondants croyaient que les meilleures athlètes féminines allaient un jour surpasser leurs homologues masculins.

Un taux de gras plus élevé

Les femmes possèdent, en moyenne, une proportion plus importante de graisse que les hommes, principalement parce qu'elles peuvent donner naissance et allaiter. Certains seront tentés de penser que, comme la graisse est un carburant énergétique utilisé au cours de l'exercice aérobie, elle pourrait servir en cas de grande dépense d'énergie comme lors d'un marathon. En réalité, la quantité de graisse dans le corps ne fera jamais défaut lors d'une course de longue distance, et ce, même chez une personne maigre. Par exemple, la réserve énergétique moyenne en graisse d'une femme de 60 kg est d'environ 135 000 kcal. Pour courir un marathon, elle dépensera environ 2500 kcal, dont environ la moitié sous forme de lipides (graisses), ce qui constitue l'équivalent énergétique d'à peu près 1 % de toute la graisse contenue dans le corps. En résumé, bien qu'elle soit utilisée comme source d'énergie, la graisse constitue avant tout un poids que les coureurs et coureuses doivent supporter et déplacer à chaque foulée.

La valeur du VO_2max (ml/kg/min) donne une bonne idée du potentiel de performance en course à pied sur différentes distances. D'ailleurs, la différence de performance en course d'endurance (1500 m et plus) et la différence entre la valeur du VO_2max des athlètes masculins et féminins sont sensiblement les mêmes, soit environ 10 %. Notons qu'elles sont d'environ 20 % dans la population générale. Lorsqu'on exprime le VO_2max en fonction du poids corporel sans la graisse, les valeurs mesurées chez les coureurs et les coureuses se rapprochent encore plus. Ces valeurs avantagent tout de même les hommes de 5 à 10 % chez les athlètes et d'environ 10 % dans la population générale.

Cela signifie que, si les hommes et les femmes avaient le même taux de gras, les hommes conserveraient toujours un léger avantage sur les femmes. Celui-ci est attribuable à d'autres facteurs biologiques.

> Le premier marathon olympique masculin date de 1896, aux premiers Jeux à Athènes. Nous avons dû patienter jusqu'en 1984, aux Jeux de Los Angeles, pour assister au premier marathon olympique féminin. C'est l'Américaine Joan Benoit qui a marqué l'histoire en devenant la première médaillée d'or sur la distance. Elle a parcouru les 42,2 km en 2 h 24 min 52 s dans des conditions chaudes et humides.

Un sang un peu moins oxygéné

L'organisme d'un bon coureur ou d'une bonne coureuse a la capacité de transporter et de consommer beaucoup d'oxygène. Cette capacité est partiellement déterminée par les globules rouges du sang qui captent l'oxygène et le mènent vers les muscles actifs. L'équation est simple : plus il y a de globules rouges dans le sang, plus la quantité d'oxygène disponible pour la course est importante. Par ailleurs, l'hématocrite est une mesure correspondant au taux de globules rouges dans le sang. Plus simplement, cela signifie que plus le nombre de globules rouges est grand, plus l'hématocrite est élevé. En temps normal, l'hématocrite est relativement stable et déterminé génétiquement. Seul le dopage comme celui à l'EPO[2] ou un séjour en altitude peut permettre d'augmenter la quantité de globules rouges. Les femmes sont un peu moins performantes en course d'endurance que les hommes, car elles ont moins de globules rouges. En effet, les valeurs normales d'hématocrite chez l'homme sont de 40 à 50 %, alors qu'elles sont de 37 à 47 % chez la femme.

> Mirinda Carfrae a remporté la compétition de triathlon Ironman d'Hawaii en 2013. L'Australienne a couru son marathon en un temps de 2 h 50 min. Le Belge Frederik Van Lierde, gagnant chez les hommes, n'a pu faire mieux, avec un temps de 2 h 51 min !

---

2. Pour en savoir plus, lisez : « Les champions coureurs sont propres, les cyclistes professionnels sont dopés » (p. 276).

Un cœur et des poumons un peu plus petits

Comme les femmes sont, en moyenne, moins grandes et moins lourdes que les hommes, elles ont également un cœur et des poumons plus petits. Même une femme ayant un gabarit identique à celui d'un homme aura un cœur et des poumons plus petits que ce dernier. Cette disproportion entraîne une réduction possible de l'apport en oxygène vers les muscles de la coureuse, ce qui peut aussi expliquer les différences de performances entre les sexes.

Plus endurantes que fortes

En affichant une maigre différence de 10 % avec les hommes quant à la performance, les coureuses sont plus avantagées que les femmes pratiquant d'autres disciplines sportives comme celles où la force maximale est déterminante. Par exemple, en haltérophilie, les records du monde à l'épaulé-jeté (la barre est soulevée au-dessus de la tête en deux mouvements) dans la catégorie de poids la plus lourde sont de 263 kg chez les hommes et de 186 kg chez les femmes : une différence d'environ 30 %, principalement attribuable à la plus grande masse musculaire des hommes.

LA RÉALITÉ EN BREF

L'impressionnante progression des performances féminines au cours des quarante dernières années est fortement attribuable aux changements sociaux. Ils ont permis aux femmes de nombreux pays de s'entraîner et de participer sans contraintes à des compétitions de course à pied. Bien qu'actuellement les records féminins et masculins sur différentes distances soient rapprochés, les spécialistes suggèrent qu'une différence persistera dans le futur, car certaines caractéristiques biologiques désavantagent les femmes. Toutes proportions gardées, une plus grande quantité de graisse, une moins grande quantité de globules rouges, ainsi qu'un cœur et des poumons plus petits peuvent expliquer la légère différence qui persiste entre les meilleures performances des coureurs et des coureuses.

Vous avez aimé ce sujet ? Lisez :

› La course à pied : dur dur pour une femme (p. 39)

MYTHES ET RÉALITÉS
LES MÉTHODES

Tous les coureurs se posent des questions sur les méthodes d'entraînement qui permettent d'obtenir les meilleurs résultats. Les réponses véhiculées sont parfois contradictoires, ce qui sème souvent le doute chez le coureur désireux de bien faire. Quelle place doit prendre l'entraînement par intervalles ou l'entraînement en continu dans la préparation du coureur? La pratique d'autres activités physiques que la course, comme le vélo ou la musculation, aide-t-elle le coureur ou lui nuit-elle? Est-il efficace de courir à jeun le matin? Peut-on améliorer ses performances en s'entraînant en montées? Cette section répond à plusieurs de vos questions sur les méthodes d'entraînement en course et dissipe de nombreuses incertitudes sur le sujet. Armés de ces nouvelles connaissances, vous pourrez faire des choix judicieux pour atteindre vos objectifs efficacement, tout en respectant vos capacités.

POUR MIEUX COMPRENDRE LES MÉTHODES

Les méthodes d'entraînement en course

L'entraînement de type **continu** est une méthode où la vitesse de course est constante ou quasi constante tout au long de l'effort. Cette méthode est conseillée pour l'entraînement de l'endurance aérobie.

L'entraînement par **intervalles** est une méthode qui consiste à alterner des efforts intenses et des périodes de récupération.

Les périodes de récupération peuvent être actives (ex. : jogging lent) ou passives (ex. : repos). La méthode par intervalles se divise en différents types, selon la durée des efforts : courts, moyens ou longs. Les intervalles longs (plus de 5 minutes) sont conseillés pour l'entraînement de l'endurance aérobie. Les intervalles courts et moyens (moins de 5 minutes) sont davantage appropriés pour l'amélioration du VO_2max.

L'entraînement **Fartlek** (ce qui signifie « jeu de vitesse » en suédois) est une méthode à structure variable qui alterne des efforts d'intensité faible à moyenne et des efforts d'intensité élevée.

L'entraînement en **tempo** (continu rapide) consiste à courir à une vitesse (km/h) ou une allure (min/km) correspondant à celle désirée en compétition. Il est possible de maintenir cette vitesse spécifique lors d'entraînements continus ou au cours des périodes d'effort d'une séance par intervalles. Il est également possible de le faire en Fartlek pour une portion de la séance.

L'entraînement **croisé** est une méthode qui consiste à réaliser une activité physique complémentaire à la course. Le vélo, le ski de fond ou la musculation sont des exemples d'activités qui peuvent être réalisées à titre d'entraînements croisés pour la course.

La perception d'effort

La perception d'effort pendant un entraînement ou une compétition est un des moyens permettant au coureur de contrôler la vitesse ou l'intensité atteinte. En utilisant une échelle de perception de l'effort, le coureur est en mesure de mieux planifier ses entraînements et sa stratégie de course. De plus, elle lui permet de mieux gérer son effort en courant.

Échelle de perception d'effort

1	Extrêmement facile
2	Très facile
3	Facile
4	Modéré
5	Plus modéré que difficile
6	Plus difficile que modéré
7	Difficile
8	Très difficile
9	Extrêmement difficile
10	Effort maximal

Les principes d'entraînement en course

Différents principes s'appliquent à l'entraînement en course afin de maximiser la progression tout en minimisant le risque de blessures. La surcharge, la spécificité ainsi que la variété sont des principes d'entraînement que le coureur doit considérer.

La **surcharge** est une augmentation de la difficulté d'un ou de plusieurs paramètres de l'entraînement (fréquence, durée, intensité, etc.). Elle produit généralement une plus grande fatigue que l'entraînement habituel. La surcharge vise à améliorer les capacités de performance en course. Elle doit idéalement être progressive afin de diminuer les risques de blessures et de surentraînement (épuisement associé à l'excès d'entraînement).

La **spécificité** se réfère au fait qu'à l'entraînement, on améliore de façon plus directe les aptitudes qui sont sollicitées. La méthode d'entraînement, la durée des efforts et de la séance, ainsi que la vitesse de course peuvent chacune influencer le degré de spécificité d'un entraînement. Par exemple, un entraînement est très spécifique lorsque la distance et la vitesse de course sont les mêmes que celles de la compétition.

La **variété** est nécessaire en course afin de faciliter la surcharge d'entraînement en vue d'améliorer la performance. De plus, elle permet de maintenir ou de stimuler la motivation et de diminuer le risque de blessures. En course, il est possible de varier les méthodes utilisées ainsi que la fréquence, la durée et l'intensité des séances d'entraînement, notamment dans le but d'améliorer différents aspects liés à la performance.

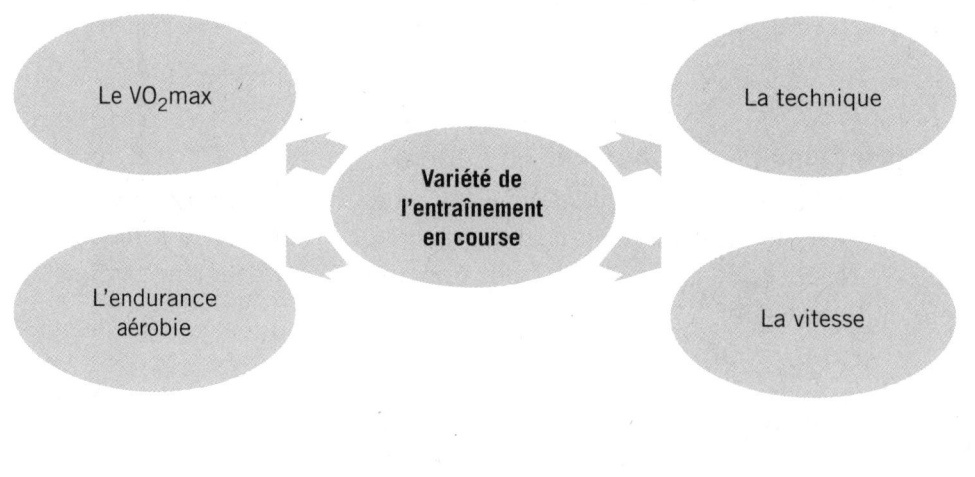

MYTHE? | OUBLIE L'ENTRAÎNEMENT CONTINU. LES INTERVALLES, C'EST CE QU'IL Y A DE MIEUX

L'entraînement continu, qui consiste à maintenir une intensité relativement constante pendant l'exercice, demeure encore aujourd'hui la méthode la plus utilisée par les coureuses et les coureurs. Pourtant, plusieurs prétendent qu'elle devrait être reléguée aux oubliettes pour laisser toute la place aux intervalles. Cette méthode, qui consiste à alterner des périodes d'effort et de repos, est reconnue par les chercheurs, les entraîneurs et les athlètes comme étant indispensable pour progresser en course à pied. Alors quoi choisir : les intervalles ou le continu ?

Les intervalles : un objectif simple

Ne sachant pas trop comment mettre à profit la méthode par intervalles, certains coureurs hésitent à l'utiliser. D'autres craignent que ce type d'entraînement, dont le niveau de difficulté est souvent surestimé, ne soit tout simplement trop épuisant pour eux. Rassurez-vous, l'entraînement par intervalles n'est pas nécessairement trop épuisant ou trop compliqué[3]. En fait, il est basé sur un principe simple qui permet d'adapter la durée et l'intensité des efforts selon les objectifs, les capacités et les préférences du sportif : la vitesse de course doit être plus grande au cours des périodes d'effort d'un entraînement par intervalles qu'au cours d'un entraînement continu de même durée. Généralement, les périodes d'efforts sont établies selon une durée ou une distance prédéterminées.

---

3. Pour en savoir plus, lisez : « L'entraînement par intervalles : trop compliqué ! » et « L'entraînement par intervalles : trop épuisant ! » dans le livre *Mythes et réalités sur l'entraînement physique*.

Quand les intervalles ont le dessus

Comparés à la méthode continue, les intervalles offrent plusieurs avantages pour le coureur: une initiation plus progressive à la course, une plus grande amélioration de la performance et du VO_2max, un plus grand potentiel de perte de graisse, un effet plus marqué sur certains aspects de la santé et enfin un entraînement efficace en moins de temps.

S'initier à la course

Étant donné sa structure, qui permet de récupérer entre les efforts, l'entraînement par intervalles peut être pratique pour certaines personnes qui désirent s'initier à la course à pied. En effet, celles qui ont un surplus de poids, une condition physique moyenne, ou qui désirent augmenter progressivement leur durée de course profiteront d'une alternance entre la marche et la course. Voici une séquence simple de six semaines, qui inclut quelques exemples d'entraînements par intervalles et d'entraînements continus permettant de s'initier progressivement à la course.

Semaines	Méthode	Nombre de répétitions	Durée		Distance	
			Marche	Course	Marche	Course
1	Intervalles	10	3 min	1 min	-	-
2	Intervalles	10	2 min	2 min	-	-
3	Intervalles	10	1 min	3 min	-	-
4	Intervalles	5	-	-	300 m	1 km
5	Continu	-	-	20 min	-	-
6	Continu	-	-	-	-	5 km

Les périodes de course ne doivent pas être trop intenses les premières semaines. Par exemple, une perception d'effort de 7/10 est appropriée. Par la suite, la perception d'effort à la course peut augmenter à 8/10.

Améliorer son VO_2max

La spécificité est un principe fondamental en entraînement. Cela signifie tout simplement que, lorsqu'on s'entraîne, on améliore les aptitudes qu'on travaille. Par exemple, la flexibilité peut s'améliorer si on s'étire régulièrement. Ou encore, la force maximale progresse davantage en musculation si on soulève des charges lourdes qui ne permettent qu'un petit nombre de répétitions que si on soulève des charges légères qui en permettent un grand nombre.

Si on applique ce principe à l'amélioration du VO$_2$max, l'entraînement doit être axé sur une intensité d'effort élevée. Plus précisément, l'intensité doit être équivalente ou légèrement supérieure à celle correspondant au VO$_2$max. On sait qu'il est impossible de maintenir la vitesse de course associée au VO$_2$max au-delà de 5 à 7 minutes : il est donc préférable de fractionner son entraînement à l'aide d'efforts et de périodes de récupération afin d'atteindre une intensité aussi élevée. Voici quelques exemples d'entraînements par intervalles permettant d'améliorer le VO$_2$max.

Nombre de séries	Nombre de répétitions	Effort		Temps de récupération	
		Durée	Distance	entre les répétitions	entre les séries
1	10	1 min	-	2 min	-
1	6	2 min	-	4 min	-
1	5	3 min	-	5 min	-
1	4	-	1 km	5 min	-
2	8	30 s	-	1 min	5 min
3	3	-	400 m	2 min	5 min

Les périodes d'effort doivent être très intenses pour favoriser une plus grande amélioration du VO$_2$max. Par exemple, la perception d'effort en fin d'intervalles pourrait être de 9/10[4].

> Les sportifs de différentes disciplines emploient l'entraînement par intervalles lors de leur préparation physique. Le champion du monde d'arts martiaux mixtes Georges St-Pierre exécute un programme d'entraînement de course par intervalles durant les six semaines qui précèdent un combat. Composées d'efforts sur 400 et 50 m, ces séances ultra-exigeantes le préparent à être performant dans un sport dont l'intensité ne peut être mise en doute.

---

4. Consultez l'échelle de perception d'effort à la p. 53.

Améliorer sa performance en course

Trois facteurs sont déterminants pour la performance en course :

> le VO_2max ;
> la capacité à maintenir un effort à un pourcentage élevé de la vitesse correspondant au VO_2max (endurance aérobie) ;
> le coût énergétique.

Dans les années 1970, il était connu des chercheurs que les intervalles amélioraient de façon notable le VO_2max. Les résultats d'une étude américaine de cette époque révèlent que le VO_2max de personnes inactives et de sportifs récréatifs a progressé de 44 % en moyenne à la suite d'un entraînement de 10 semaines par intervalles. Aujourd'hui, personne ne remet en qustion la supériorité de l'entraînement par intervalles sur l'entraînement continu en ce qui concerne l'amélioration du VO_2max.

Outre le VO_2max lui-même, la capacité à maintenir un effort à un pourcentage élevé du VO_2max (endurance aérobie) peut être davantage améliorée par les intervalles que par le continu. Rappelons que l'endurance aérobie est une aptitude aussi importante à améliorer pour un coureur d'endurance que le VO_2max. Par exemple, entre deux coureurs ayant le même VO_2max, celui qui a la meilleure endurance aérobie est certainement celui qui aura la meilleure performance sur 5 km, 10 km ou lors d'un marathon.

Lorsque l'endurance aérobie est entraînée à l'aide de la méthode par intervalles, la vitesse de course doit être moins rapide que celle favorisant l'augmentation du VO_2max, mais elle doit quand même être supérieure ou égale à celle visée en compétition. Pour mieux comprendre, voici un exemple simple tenant compte du meilleur temps d'un coureur sur 10 km et de son objectif pour cette même distance.

	Distance	Temps	Allure	Vitesse moyenne
Meilleur temps	10 km	45 min	4 min 30 s/km	13,5 km/h
Objectif	10 km	40 min	4 min/km	15 km/h

Si ce coureur s'entraîne en continu pendant des périodes d'environ 45 minutes, il ne sera probablement pas en mesure d'avoir une allure plus rapide que 4 min 30 s/km. Même si cette méthode s'avère appropriée pour progresser, en vue d'atteindre l'objectif de courir sur 10 km à une allure de 4 min/km, elle est moins spécifique, donc moins efficace, que les intervalles. En choisissant les intervalles, notre coureur pourra s'entraîner à une intensité plus élevée qu'en continu, soit à une intensité avoisinant davantage l'allure de 4 min/km qu'il s'est fixée. Voici quelques exemples d'entraînements par intervalles, spécifiques aux objectifs du coureur, permettant d'améliorer la capacité à maintenir un effort à une fraction élevée du VO_2max.

Remarquez qu'à l'inverse des exemples d'intervalles favorisant l'amélioration du VO_2max, les périodes d'effort doivent être plus longues que les périodes de récupération. Par conséquent, les vitesses de course seront un peu moins rapides, mais tout de même plus rapides que lors d'un entraînement continu.

Nombre de séries	Nombre de répétitions	Effort		Temps de récupération	
		Durée	Distance	entre les répétitions	entre les séries
1	12	2 min	-	1 min	-
1	10	3 min	-	2 min	-
1	7	-	1 km	2 min	-
1	4	-	2 km	3 min	-
2	15	40 s	-	20 s	5 min
3	5	-	400 m	30 s	5 min

Les périodes d'effort doivent être intenses pour favoriser une plus grande amélioration de la capacité à maintenir un pourcentage élevé du VO_2max. Par exemple, la perception d'effort en fin d'intervalles pourrait être de 9/10.

Enfin, le coût énergétique (voir p. 18) est aussi à considérer pour la performance d'un coureur. Reprenons l'exemple précédent. Afin de dépenser le moins d'énergie possible à une vitesse de 15 km/h ou à une allure de 4 min/km, le coureur en question devra s'entraîner fréquemment à cette intensité et parfois même à une intensité un peu plus élevée. Cette réduction du coût énergétique peut s'expliquer en partie par une amélioration de la technique de course à cette intensité précise. Voici quelques exemples d'entraînements par intervalles permettant au coureur de maintenir une vitesse de 15 km/h au cours d'une séance.

Nombre de séries	Nombre de répétitions	Effort			Temps de récupération	
		Durée	Distance	Vitesse	entre les répétitions	entre les séries
1	20	2 min	-	15 km/h	30 s	-
2	5	-	1 km	15,5 km/h	2 min	4 min
1	10	4 min	-	15 km/h	3 min	-
2	10	-	500 m	15,5 km/h	20 s	3 min

Durant les périodes d'effort, il faut courir à une vitesse de près de 15 km/h ou à une allure de 4 min/km pour favoriser une amélioration du coût énergétique à cette intensité. La perception d'effort en fin d'intervalles devrait être de 8/10 à 9/10.

Perdre de la graisse

Certaines études ont montré qu'on perdait davantage de graisse en s'entraînant par intervalles qu'en continu. Les avantages de ce type d'entraînement sur la perte de graisse ne sont pas clairement compris par les scientifiques, mais ils pourraient s'expliquer par une plus grande utilisation du gras dans les heures qui suivent la séance et par un appétit moins féroce après des efforts plus intenses.

Améliorer sa santé

Plusieurs études ont montré une forte association entre le VO_2max et la santé cardiovasculaire. Comme les intervalles sont plus efficaces pour améliorer le VO_2max, ils demeurent un excellent choix pour diminuer le risque de maladies du cœur. De plus, l'entraînement par intervalles peut améliorer plus rapidement la régulation du taux de sucre dans le sang et ainsi contribuer à prévenir le diabète de type 2 ou à en réduire les symptômes. Notons toutefois qu'il est possible d'améliorer sa santé cardiovasculaire en étant actif physiquement sans toutefois s'astreindre à un entraînement aussi intense que celui par intervalles.

S'entraîner en peu de temps

Le principal motif d'inactivité est le manque de temps. Or, l'entraînement par intervalles permet d'épargner plus de temps que l'entraînement continu. De nombreuses études ont en effet montré qu'en fractionnant les efforts il était possible d'obtenir, en une séance plus courte, des gains de performance et des bienfaits sur la santé comparables à ceux d'un entraînement continu plus long.

> En 2008, un chercheur canadien a montré qu'au cours d'une période de six semaines, il ne fallait qu'un total d'une heure d'entraînements très intenses par intervalles (9 heures en incluant les périodes de repos) pour provoquer les mêmes effets physiologiques qu'un total de 27 heures d'entraînements continus à une intensité modérée.

Quand l'entraînement continu a le dessus

À la lumière des derniers paragraphes, il serait facile de conclure que, pour la course à pied, la méthode continue fait piètre figure à côté de celle par intervalles. Néanmoins, l'entraînement continu comporte quand même des avantages : un risque moins élevé de blessures (pour une séance de même durée) et une plus grande spécificité en certaines circonstances. Par exemple, il est tout indiqué pour se préparer à fournir un effort prolongé, comme lors d'un marathon ou même d'un demi-marathon.

S'entraîner sans se blesser

On ne le dira jamais assez, la règle la plus importante pour diminuer le risque de blessures est de s'entraîner de façon progressive. Qu'on soit débutant ou qu'on reprenne la course après une période d'inactivité, il est primordial d'être patient et d'augmenter la fréquence, la durée, mais aussi l'intensité des entraînements très progressivement. Une vitesse de course plus rapide, ou une vitesse à laquelle le sportif n'est pas habitué, augmente le risque de blessures. Par conséquent, l'ajout d'intervalles dans un programme d'entraînement doit être fait de façon graduelle. Voici une séquence d'entraînement progressive de quatre semaines, jumelant des séances par intervalles et des séances continues, qui permet de réduire le risque de blessures.

Semaine 1

Jour	Méthode	Nombre de répétitions	Durée d'effort	Temps de récupération
Lundi	Continue	-	20 min	-
Mercredi	Intervalles	4	4 min	1 min
Vendredi	Continue	-	25 min	-

Semaine 2

Jour	Méthode	Nombre de répétitions	Durée d'effort	Temps de récupération
Lundi	Intervalles	5	3 min	1 min
Mardi	Continue	-	25 min	-
Jeudi	Intervalles	5	3 min	1 min
Vendredi	Continue	-	30 min	-

Semaine 3

Jour	Méthode	Nombre de répétitions	Durée d'effort	Temps de récupération
Lundi	Intervalles	8	2 min	1 min
Mardi	Continue (15 min) + intervalles (16 min)	2	6 min	2 min
Jeudi	Continue	-	30 min	-
Vendredi	Intervalles	5	4 min	2 min

Semaine 4

Jour	Méthode	Nombre de répétitions	Durée d'effort	Temps de récupération
Lundi	Continue	-	35 min	-
Mardi	Intervalles	10	1 min	2 min
Mercredi	Continue (15 min) + intervalles (20 min)	4	4 min	1 min
Vendredi	Continue	-	35 min	-
Samedi	Intervalles	8	2 min	3 min

Veuillez noter que la perception d'effort lors des séances devrait augmenter progressivement. Par exemple, une perception d'effort de 7/10 pour les entraînements des deux premières semaines et de 8/10 pour ceux des deux dernières semaines serait appropriée.

La spécificité de l'entraînement continu

L'entraînement par intervalles est souvent plus spécifique, c'est-à-dire plus efficace, pour améliorer la performance surtout lors de courses de 10 km et moins. Toutefois, en certaines circonstances, l'entraînement continu peut également être spécifique. En fait, plus la distance de compétition est longue, plus le fait de courir en maintenant une vitesse constante et précise peut s'avérer un choix sensé lors des entraînements. Pour mieux comprendre l'utilité de l'entraînement continu, voici un exemple du meilleur temps et de l'objectif d'un coureur au marathon, suivi d'une séquence simple de dix semaines contenant quelques exemples d'entraînements continus qui peuvent être réalisés une fois par semaine lors d'une plus longue sortie. Ces entraînements sont spécifiques à l'objectif du coureur.

	Distance	Temps	Allure	Vitesse moyenne
Meilleure performance	42,2 km	3 h 40 min	5 min 12 s/km	11,5 km/h
Objectif	42,2 km	3 h 31 min	5 min/km	12 km/h

Semaine	1	2	3	4	5	6	7	8	9	10
Distance (km)	14	16	18	20	22	24	26	28	30	32
Vitesse (km/h)	12	12	12	12	12	12	12	12	12	12

L'entraînement continu pour travailler sa technique

Bien qu'il soit possible de travailler sa technique en intervalles et en continu, l'entraînement continu offre l'avantage de pouvoir le faire sans trop s'épuiser. Par exemple, si des séances d'entraînement par intervalles sont prévues le lundi et le mercredi, le coureur pourrait s'entraîner en continu à une allure relativement lente le mardi. Ainsi, il pourrait centrer son attention à améliorer certains aspects techniques de sa foulée et il conserverait ses forces pour un entraînement plus difficile le lendemain.

LA RÉALITÉ EN BREF

Les coureurs auraient avantage à s'entraîner plus fréquemment en fractionnant leur entraînement en périodes d'effort et en périodes de récupération. En effet, l'efficacité accrue des intervalles sur l'amélioration du VO_2max et de la performance est irréfutable. Cette méthode est également appropriée pour ceux qui désirent perdre de la graisse ou profiter de ses bienfaits sur la santé. Il n'y a aucun doute : question rapidité et efficacité, l'entraînement par intervalles n'a pas son égal. L'entraînement continu ne doit pas être relégué aux oubliettes pour autant. Ainsi, une vitesse de course moins rapide pendant l'effort comporte un risque moins élevé de blessures. De plus, lorsque le coureur se prépare pour de longues distances comme le demi-marathon ou le marathon, l'entraînement continu est un choix sensé et tout à fait adapté. Ces deux types d'entraînements sont des méthodes essentielles que le coureur doit utiliser conjointement pour développer ses aptitudes.

Vous avez aimé ce sujet ? Lisez :
> En pleine forme en 4 minutes grâce à la méthode Tabata ! (p. 65)
> En intervalles, les repos se prennent en courant ! (p. 70)
> Quand je m'entraîne en montée, mes performances grimpent en flèche (p. 75)

MYTHE ? — EN PLEINE FORME EN 4 MINUTES GRÂCE À LA MÉTHODE TABATA !

Clarifions un point : Tabata n'est pas seulement une méthode d'entraînement. En fait, Izumi Tabata est un scientifique japonais qui a popularisé les effets bénéfiques de l'entraînement par intervalles de très courte durée à intensité élevée sur la performance sportive. Certains sportifs croient que cette méthode est la crème de l'entraînement. D'ailleurs, plusieurs se laisseront facilement convaincre, puisqu'une séance peut être achevée en 4 minutes seulement ! Est-ce possible ? Est-ce efficace ? Voyons cela d'un peu plus près.

Les origines de la méthode Tabata
En 1996, Izumi Tabata publie une étude qui va donner naissance à la méthode populaire qui porte son nom. En voici un résumé.

Objectifs
Il s'agit de comparer les effets d'une méthode d'entraînement continu et d'une méthode par intervalles à intensité élevée sur les capacités aérobie et anaérobie (capacité à fournir des efforts très intenses de courte durée) (voir p. 16 et 19) des participants.

Participants et méthodes
Des étudiants universitaires en éducation physique se sont entraînés sur vélo stationnaire 5 jours par semaine pendant 6 semaines. Ils ont été séparés en deux groupes distincts :

1er groupe
› 1 heure par séance en continu à intensité modérée (70 % de l'intensité correspondant au VO$_2$max de chaque participant) [5 séances par semaine] ;

2ᵉ groupe
> 7 à 10 sprints de 20 secondes à intensité très élevée (170 % de l'intensité correspondant au VO_2max de chaque participant), entrecoupés de pauses de 10 secondes [4 séances par semaine] ;
> 30 minutes en continu (70 % du VO_2max) + 4 sprints (170 % du VO_2max) [1 séance par semaine].

Résultats
1ᵉʳ groupe
> Augmentation du VO_2max de 5 ml/kg/min.
> Aucune amélioration de la capacité anaérobie.

2ᵉ groupe
> Augmentation du VO_2max de 7 ml/kg/min.
> Amélioration de 28 % de la capacité anaérobie.

> L'entraînement par intervalles à intensité très élevée ne porte pas seulement le nom de Tabata. D'autres scientifiques et entraîneurs ont suggéré leur propre version de cette méthode :
> › La méthode Peter Coe : 8 à 12 sprints de 200 m suivis de 30 secondes de récupération.
> › La méthode Gibala : 8 à 12 répétitions de 60 secondes d'effort intense suivies de 75 secondes de récupération.
> › La méthode Timmons : 3 répétitions de 20 secondes à intensité élevée sur vélo stationnaire suivies de 2 minutes de récupération, 3 fois par semaine.

Des résultats impressionnants

À première vue, ces résultats sont impressionnants : une amélioration de performance plus importante pour le deuxième groupe en 4 minutes d'entraînement seulement, comparativement aux 60 minutes du premier groupe ! Toutefois, avant de conclure quant aux effets spectaculaires de cette méthode, il est essentiel de préciser quelques points.

Le VO$_2$max

Comme on l'a vu au thème précédent, l'entraînement par intervalles est plus efficace que l'entraînement continu pour améliorer le VO$_2$max. On pourrait même imaginer que, si les participants du deuxième groupe avaient réalisé un plus grand nombre de répétitions à chaque séance, tout en réduisant un peu leur intensité (ex.: 100 à 120 % de l'intensité correspondant au VO$_2$max), l'amélioration de leur VO$_2$max aurait été encore plus importante. Or, si la méthode Tabata peut dans certains cas améliorer le VO$_2$max, elle n'est pourtant pas la meilleure pour atteindre cet objectif et elle ne représente qu'une méthode parmi tant d'autres.

La capacité anaérobie

Il est tout à fait normal que les participants du premier groupe n'aient pas amélioré leur capacité anaérobie, c'est-à-dire leur capacité à fournir des efforts très intenses de courte durée, car leur type d'entraînement n'y était pas du tout adapté. Rien de surprenant non plus dans le fait que les participants du deuxième groupe aient amélioré leur capacité anaérobie, puisque leur entraînement était davantage axé sur celle-ci.

L'endurance aérobie

Il aurait été intéressant que le professeur Tabata mesure également l'endurance aérobie des participants. Probablement qu'après 6 semaines d'entraînement, les étudiants du premier groupe qui s'exerçaient en continu auraient vu leur performance s'améliorer davantage que ceux du deuxième groupe lors d'un test d'effort maximal de 60 minutes sur vélo.

Les participants

Le choix des participants était tout indiqué pour ce type d'étude. En effet, les étudiants en éducation physique sont pour la plupart de jeunes sportifs récréatifs. Comme la majorité d'entre eux ne sont pas des athlètes et encore moins des cyclistes de haut niveau, leur potentiel d'amélioration est bien réel, et ce, malgré le fait que les entraînements prévus soient de courte durée[5]. De plus, comme ils sont jeunes et ont une certaine expérience sportive, des efforts très intenses leur sont accessibles. Par contre, une personne inactive ou plus âgée aura de la difficulté à se motiver pour fournir des efforts

---

5. Pour en savoir plus, lisez : « C'est si facile de progresser pour un débutant » dans le livre *Mythes et réalités sur la musculation*.

aussi intenses et n'aura peut-être même pas la capacité de le faire. De plus, bien que ce soit extrêmement rare, ce type d'efforts augmente le risque de malaises cardiovasculaires pour les personnes présentant certains facteurs de risque (sédentarité, tabagisme, obésité, etc.).

En 4 minutes, vraiment ?

En réalité, les participants du deuxième groupe s'entraînaient plus de 4 minutes par séance. En effet, pour réussir à effectuer les sprints exigés tout en réduisant le risque de blessures, ils devaient s'échauffer au préalable, et ce, pendant 10 minutes. En outre, comme on recommande un retour au calme d'au moins 5 minutes après ce type d'effort très intense, l'entraînement leur prenait donc au total environ 20 minutes. Notons que cette durée est tout de même beaucoup plus courte que les 60 minutes auxquelles étaient soumis les participants du premier groupe.

Sur vélo

Les participants de l'étude du professeur Tabata ont fait les entraînements sur vélo stationnaire. Il n'est pas impossible de les reproduire en course sur une piste d'athlétisme ou dans un parc. Toutefois, c'est plus complexe dans les rues et surtout sur tapis roulant : certains coureurs ne pourront même pas atteindre la vitesse requise, car la machine ne le permet tout simplement pas. Et ceux qui le peuvent risquent une chute sur l'appareil. À intensité très élevée, le risque de blessures est plus important en course qu'à vélo, compte tenu de la plus grande amplitude de mouvement lors des foulées et des impacts au sol. En ce sens, l'échauffement avant une séance de course très intense devrait être plus long qu'en temps normal, soit environ 15 à 20 minutes, et contenir des accélérations de plus en plus rapides.

Dénaturer la méthode

Lorsqu'une étude est connue du public, elle est souvent dénaturée ; c'est un peu comme le jeu du « téléphone ». Aujourd'hui, certains entraîneurs sont vendus à l'idée qu'une séance intense de 4 minutes puisse être une méthode efficace pour perdre du poids, bien que l'atteinte de cet objectif n'ait pas été mesurée par l'étude. Alors que, de toute évidence, pour favoriser une perte de poids notable, il serait préférable de s'entraîner beaucoup plus longtemps que 4 minutes par séance. Sans compter qu'un entraînement d'une telle intensité est difficilement réalisable, surtout à la course, par ceux qui ont un surpoids. D'autres entraîneurs suggèrent d'utiliser la méthode Tabata en musculation. Au lieu de faire du vélo stationnaire, il suffirait de faire des exercices sollicitant de grandes masses musculaires pendant les mêmes durées d'effort et de repos que celles employées dans l'étude du professeur. Sans que cela constitue un mauvais choix d'entraînement, on ne peut toutefois pas prétendre que les effets mesurés par le scientifique sont transférables à d'autres types d'exercices que le vélo stationnaire.

LA RÉALITÉ EN BREF

Le scientifique japonais Izumi Tabata a montré dans les années 1990 que le VO_2max ainsi que la capacité anaérobie pouvaient être davantage améliorés par des sprints que par des efforts d'intensité constante et modérée. Le plus surprenant, c'est qu'il ne fallait pas plus de 4 minutes pour réaliser les intervalles, comparativement aux 60 minutes nécessaires pour l'entraînement continu. Il est vrai que la méthode Tabata s'avère efficace pour améliorer de façon conjointe les capacités aérobie et anaérobie. Par contre, ce type d'effort est difficile à réaliser pour les personnes inactives et n'est pas idéal pour celles qui présentent des facteurs de risque de maladies cardiovasculaires. Ajoutons que la course à pied se prête moins bien à cette forme d'intervalles que le vélo stationnaire. Néanmoins, en augmentant un peu le nombre de répétitions (ex.: 10 à 15 plutôt que 7 à 10), en allongeant un peu la durée des efforts (ex.: 30 à 60 s plutôt que 20 s) et en réduisant un peu leur vitesse (100 à 120 % de la vitesse correspondant au VO_2max plutôt que 170 %), les intervalles à haute intensité constituent un excellent choix d'entraînement pour aider le coureur à progresser sans augmenter de façon importante le risque de blessures.

Vous avez aimé ce sujet ? Lisez :
> Oublie l'entraînement continu. Les intervalles, c'est ce qu'il y a de mieux (p. 55)
> En intervalles, les repos se prennent en courant ! (p. 70)
> Quand je m'entraîne en montée, mes performances grimpent en flèche (p. 75)

MYTHE ? | EN INTERVALLES, LES REPOS SE PRENNENT EN COURANT !

La plupart du temps, l'entraînement par intervalles demande de fournir des efforts provoquant une grande fatigue. Pour parvenir à faire plusieurs répétitions, il est donc essentiel de récupérer entre les efforts. Deux modes de récupération sont possibles : le repos passif ou le repos actif. Les opinions diffèrent chez les coureurs et les entraîneurs quant à l'utilisation de l'une ou l'autre de ces options. Pour mieux récupérer, est-il préférable de ne rien faire juste après un effort intense ? Ou alors vaut-il mieux continuer à jogger pour ne pas trop perdre le rythme ? Laissons les scientifiques trancher.

Pour être plus performant lors des intervalles

Deux principes simples s'appliquent à la méthode par intervalles, concernant la performance et le type de récupération. Le premier : des repos passifs permettent de meilleures performances lors des efforts qui suivront que des repos actifs. Des scientifiques français ont en effet montré que la capacité d'un coureur à maintenir une vitesse constante (90 et 95 % de l'intensité correspondant au VO_2max) était meilleure à la suite d'une récupération passive qu'à la suite d'une récupération active d'intensité faible à modérée (50 % de l'intensité correspondant au VO_2max). Le second : plus l'intensité est élevée au cours de la récupération active, plus la performance lors des efforts qui suivront sera affectée.

Voici un exemple illustrant ces principes. Un coureur désire fournir un effort intense en maintenant une vitesse de 16 km/h lors des périodes de travail d'un entraînement par intervalles (30 s d'effort – 45 s de repos). Cette vitesse équivaut, dans son cas, à la vitesse maximale lorsqu'il a atteint son VO_2max (env. 56 ml/kg/min). S'il court à 8 km/h pendant les repos (50 % du VO_2max), sa récupération sera probablement moins efficace que s'il avait simplement pris un repos passif. Évidemment, s'il court à 10, 12 ou 14 km/h, la récupération sera encore moins bonne et il ne sera probablement pas capable de maintenir une vitesse de 16 km/h pendant 30 secondes pour toutes les répétitions de la séance.

La condition physique influence beaucoup le choix de courir ou non lors d'une période de récupération. Par exemple, un sportif court à 10 km/h durant les périodes d'effort. S'il désire récupérer de façon active, il devra marcher à une vitesse de 5 à 6 km/h plutôt que de courir. Ne l'oublions pas : l'entraînement par intervalles a comme avantage de permettre la réalisation d'efforts intenses, mais, pour y arriver, il faut bien récupérer après chacun d'eux.

Pour mieux entraîner le VO_2max

Certains chercheurs croient qu'il est préférable d'utiliser les récupérations actives pour améliorer le VO_2max. Pour le vérifier, des scientifiques français et tunisiens ont mesuré le VO_2max de participants s'étant entraînés pendant 7 semaines à raison de 3 séances par semaine, et ce, à l'aide de la méthode par intervalles (15 à 30 répétitions de 30 secondes d'effort suivies de 30 secondes de repos actif ou passif, selon le groupe). Tous les coureurs ont légèrement augmenté leur VO_2max. Néanmoins, les coureurs ayant pris des repos actifs à faible intensité l'ont davantage amélioré que ceux qui se sont reposés de façon passive.

En outre, des études indiquent qu'un repos actif assure une plus grande consommation d'oxygène pendant l'effort intense qui suit qu'un repos passif, surtout si l'effort est de courte durée (ex. : 30 s). Par conséquent, certains chercheurs concluent que les repos actifs sont un peu plus appropriés pour améliorer le VO_2max et l'endurance aérobie.

> Le célèbre coureur Emil Zátopek a fortement contribué à populariser l'entraînement par intervalles. En 1953, lors d'un entraînement, la locomotive tchèque marque l'imaginaire en effectuant 100 répétitions de 400 m. Pour ajouter du piquant à une séance déjà éprouvante, il réalise chacun des 400 m en des temps moyens de 1 min 15 s. L'histoire ne dit pas si ses périodes de repos étaient passives ou actives.

Pour mieux entraîner la capacité anaérobie

Lorsque le coureur veut améliorer sa capacité anaérobie, c'est-à-dire sa capacité à fournir des efforts très intenses de courte durée, les repos passifs sont généralement le choix logique. Imaginez un instant Usain Bolt, détenteur du record du monde du 100 m, prendre des repos actifs lors de ses entraînements par intervalles. Pour lui, ce serait une erreur monumentale : il est essentiel qu'il soit le plus reposé possible chaque fois qu'il s'élance sur la piste s'il veut courir à sa vitesse maximale. Afin de favoriser davantage l'amélioration de la capacité anaérobie, il est primordial d'allonger les temps de repos, qui devraient préférablement être passifs. Voici quelques exemples d'entraînements par intervalles permettant d'améliorer la capacité anaérobie lactique, c'est-à-dire celle qui permet des efforts très intenses de 20 secondes à 2 minutes.

Nombre de séries	Nombre de répétitions	Effort		Temps de récupération	
		Durée	Distance	entre les répétitions	entre les séries
1	8	-	400 m	3 min	-
1	8	90 s	-	3 min	-
2	4	-	300 m	2 min	5 min
2	4	60 s		2 min	5 min
3	4	-	200 m	2 min	5 min
3	4	30 s		1 min	5 min

Pour dépenser plus de calories

Une séance par intervalles composée de repos actifs permet une plus grande dépense calorique qu'une séance similaire comportant des repos passifs. Ainsi, les coureurs désirant perdre du poids peuvent privilégier ce type de récupération.

L'argument-choc : éliminer rapidement l'acide lactique

Plusieurs coureurs privilégient les repos actifs lors d'entraînements par intervalles dans le but d'accélérer la récupération. Selon eux, l'acide lactique est ainsi éliminé plus rapidement.

On sait que la production et l'accumulation de lactate (dérivé de l'acide lactique) sont importantes lors d'efforts très intenses de 20 à 120 secondes. Suivant un effort intense, la concentration de lactate dans le sang ou dans les muscles est moins importante après un repos actif, comme un jogging, qu'après un repos passif. Toutefois, il serait faux d'en déduire qu'on récupère ainsi plus rapidement. En fait, le lactate n'est pas nuisible, il est utilisé durant les pauses pour produire de l'énergie, et le repos actif ne fait qu'accélérer cette utilisation. Une concentration élevée de lactate n'est qu'un signe que le système anaérobie lactique a été grandement utilisé pendant l'effort. Les scientifiques sont unanimes à ce propos: qu'on constate ou non une baisse rapide du taux de lactate accumulé après l'effort, cela n'influence pas la qualité de la récupération[6].

De toute façon, comme on l'a vu, lorsque l'effort est très intense, la récupération est meilleure avec un repos passif qu'un repos actif. Les chercheurs croient que le repos passif favorise la formation d'une plus grande quantité de phosphocréatine. La phosphocréatine est une molécule qui permet la production d'énergie au début d'un effort intense de moins de 2 minutes ou lors d'un effort très intense de moins de 10 secondes.

LA RÉALITÉ EN BREF

Deux modes de récupération sont possibles lors d'entraînements par intervalles: le repos passif ou le repos actif. On a observé que la récupération était plus efficace après des efforts intenses lorsque les repos étaient passifs. En outre, l'amélioration de la capacité anaérobie est aussi favorisée par les repos passifs. Néanmoins, les repos actifs sont à privilégier lorsque le coureur désire améliorer son endurance aérobie et, dans une moindre mesure, son VO_2max. Que vous privilégiez les repos passifs ou actifs lors de vos entraînements par intervalles, n'oubliez pas que, pour progresser davantage, il faut surtout être intense quand ça compte!

---

6. Pour en savoir plus, lisez: «Mes muscles sont pleins d'acide lactique: ça fait mal!» dans le livre *Mythes et réalités sur l'entraînement physique*.

Vous avez aimé ce sujet ? Lisez :

> Oublie l'entraînement continu. Les intervalles, c'est ce qu'il y a de mieux (p. 55)
> En pleine forme en 4 minutes grâce à la méthode Tabata ! (p. 65)
> Quand je m'entraîne en montée, mes performances grimpent en flèche (p. 75)

 QUAND JE M'ENTRAÎNE EN MONTÉE, MES PERFORMANCES GRIMPENT EN FLÈCHE

Vous êtes au beau milieu d'une longue côte. Votre cœur s'emballe, le rythme de votre respiration est à son apogée, les muscles de vos cuisses et de vos mollets semblent s'enflammer. Après ce douloureux effort, vous vous dites : c'est si épuisant de courir dans les côtes, ça doit être obligatoirement plus efficace que de courir sur terrain plat. Existe-t-il des avantages à courir en montée ? Le fait de s'entraîner dans les côtes améliore-t-il les performances lors des courses sur terrain plat ? Faisons le point sur la course en pente.

L'ABC de la course en montée

On calcule le pourcentage d'inclinaison d'une pente de la façon suivante :
Pourcentage d'inclinaison de la pente = (distance verticale/distance horizontale) x 100

Par exemple, lorsqu'on monte d'une hauteur de 10 m sur une distance horizontale de 100 m, l'inclinaison est de 10 %.

Pour une vitesse identique, la course dans une côte provoque bien sûr une augmentation de la dépense énergétique par rapport à celle sur terrain plat. Cette dépense d'énergie supplémentaire provient du fait que le sportif doit, en plus de se propulser vers l'avant, monter en luttant contre la gravité. Par conséquent, pour que la dépense énergétique, et donc la difficulté de l'effort, soit équivalente en pente et sur terrain plat, il faut évidemment diminuer la vitesse lors de la montée.

Le tableau suivant permet de mieux comprendre les effets de la course dans une pente.

Poids du coureur (kg)	75	75	75
Vitesse de course (km/h)	14	11	14
Pente (%)	0	6	6
Durée de la course (min)	3	3	3
Consommation d'oxygène (ml/kg/min)	≈ 50	≈ 50	≈ 63
Dépense énergétique (kcal)	≈ 56	≈ 56	≈ 71

Ainsi, dans cet exemple, la dépense énergétique augmente d'environ 30 % lors d'une course en montée avec une vitesse identique à celle sur terrain plat. Par ailleurs, courir sur une pente (6 %) à 3 km/h de moins que sur terrain plat (11 km/h au lieu de 14 km/h) engendre une dépense d'énergie équivalente.

Voici une information pratique pour le coureur : chaque augmentation d'inclinaison de 2 % provoque une augmentation de la dépense énergétique correspondant approximativement à celle occasionnée par une augmentation de 1 km/h de la vitesse de course (2 % d'inclinaison ≈ 1 km/h).

La course en montée permet-elle de meilleures performances sur terrain plat ?

Les études sur le sujet sont claires : l'entraînement à intensité élevée en montant une côte permet d'améliorer les performances en course d'endurance dans une pente ascendante et sur terrain plat. Toutefois, l'entraînement dans une pente ne semble pas permettre une meilleure performance sur le plat que l'entraînement sur terrain plat. Selon les résultats d'une étude américaine parue en 2013, l'entraînement sur le plat permet une plus grande amélioration sur terrain plat que l'entraînement en pente ascendante. Ainsi, en cette matière, le principe de spécificité s'applique : l'entraînement en montée est plus efficace pour s'améliorer lors de courses en montée, alors que celui réalisé sur le plat est plus efficace pour performer sur ce type de terrain.

> Tout ce qui monte doit... continuer à monter ! Le Red Bull 400 est une course extrême qui se tient dans une pente de saut à ski. La montée de 400 m est tellement abrupte qu'on peut se demander s'il s'agit toujours de course à pied. En effet, les participants grimpent pendant environ 7 minutes, parfois à quatre pattes, pour atteindre la ligne d'arrivée complètement épuisés. Parions que l'entraînement de ces sportifs en quête de défi vertigineux est composé de séances par intervalles sur des pentes escarpées.

La course en montée pour augmenter l'intensité

Deux méthodes sont utilisées afin d'augmenter l'intensité lors de séances de course.

Les intervalles

L'entraînement par intervalles au moyen d'efforts intenses est reconnu comme une méthode très efficace pour améliorer le VO_2max[7]. Certes, en courant sur terrain plat, on peut hausser l'intensité en augmentant la vitesse, mais il est également possible de courir en pente ascendante afin d'améliorer le VO_2max. Par ailleurs, des études récentes montrent que les intervalles en montée permettent d'améliorer le coût énergétique ainsi que les aptitudes musculaires et aérobies, en vue d'une performance en course d'endurance sur le plat. De plus, rares sont les parcours de courses d'endurance dépourvus de pentes. Par conséquent, la course par intervalles en montée peut parfois être utilisée comme variante aux intervalles sur terrain plat. Voici, à titre d'exemple, un tableau présentant les paramètres d'un entraînement par intervalles en pente.

---

7. Pour en savoir plus, lisez : « Oublie l'entraînement continu. Les intervalles, c'est ce qu'il y a de mieux » (p. 55).

Nombre de répétitions	10
Temps d'effort en montée	2 min
Perception d'effort en fin de montée	9/10
Repos actif	Retour à la marche jusqu'au point de départ

Le Fartlek

Le Fartlek (ce qui signifie «jeu de vitesse» en suédois) est une méthode d'entraînement à structure variable qui alterne des efforts d'intensité faible à moyenne et des efforts très intenses. Ce qui la distingue de la méthode par intervalles est la diversité de son contenu pendant une séance donnée. En effet, elle permet d'inclure dans une seule séance de course des efforts de faible intensité, des efforts intenses, des sprints à vitesse maximale, des efforts en montée et des exercices axés sur la technique. Bref, le Fartlek est une méthode hybride où différentes aptitudes physiques et aspects techniques sont entraînés: l'endurance aérobie, le VO_2max, les capacités anaérobies lactique et alactique, l'endurance musculaire et différents points de la technique de course.

Le Fartlek est souvent réalisé sur un parcours avec des pentes, puisque la course dans ce type d'environnement permet des variations d'intensité. Voici un exemple d'enchaînement d'efforts selon la méthode Fartlek, incluant des courses en pente:

> 10 minutes de course sur terrain plat à intensité modérée;
> 5 répétitions de 30 secondes en montée à vitesse maximale (retour au point de départ à la marche);
> 5 minutes de course sur terrain plat à faible intensité;
> 3 répétitions de 3 minutes en montée à intensité élevée (retour au point de départ à la marche);
> 10 minutes de course sur terrain plat à intensité modérée;
> 7 sprints de 10 secondes sur terrain plat (chaque effort est suivi de 2 minutes de marche rapide).

> L'auteur et spécialiste de la course Jack Daniels (rien à voir avec la boisson alcoolisée!) a établi une règle quant à la performance en pente ascendante : avec chaque pourcentage d'inclinaison, il faut de 7 à 9 secondes de plus pour compléter 1 km. Ainsi, selon cette règle, il faudra environ 1 minute de plus pour courir 1 km sur une pente de 7 à 8 % que pour franchir cette distance sur terrain plat.

La course en montée : changer sa technique

Courir dans une pente implique des ajustements dans la technique de course. Les modifications techniques suivantes permettront de rendre la course en montée plus efficace, autant à l'entraînement que lors de compétitions :

> - prendre contact avec le sol par le milieu ou l'avant du pied (pour ceux qui le font normalement avec le talon) ;
> - pencher légèrement le tronc vers l'avant. Si la pente est très inclinée, pencher davantage le tronc ;
> - terminer chaque poussée du pied au sol par une extension complète au genou pour augmenter la propulsion ;
> - terminer chaque poussée du pied par les orteils, de façon accentuée ;
> - ne pas essayer de faire de grands pas, réduire plutôt la longueur des foulées.

En outre, comme c'est le cas pour la course sur terrain plat, il est recommandé de rester détendu et de garder le regard vers l'avant. En effet, lors d'une course en montée, certains sportifs ont tendance à être trop tendus en raison de l'effort intense et à incliner inutilement la tête vers le sol.

La course en montée et les blessures

Courir dans une pente augmente le travail de certains muscles des membres inférieurs comme ceux de l'avant de la cuisse (quadriceps) et de l'avant de la jambe (tibial antérieur). Toutefois, ce sont les muscles du mollet qui sont les plus sollicités. En effet, une étude récente a montré que, malgré une baisse considérable de la force d'impact, la force de propulsion augmente de 74 % durant une course en pente ascendante. La force de propulsion et l'angle de la cheville lors de la poussée augmentent alors le risque de blessures au tendon d'Achille chez le coureur qui ajoute des séances de course en montée à son entraînement sans respecter le principe de progression. Les spécialistes en médecine sportive s'entendent toutefois pour affirmer qu'une augmentation progressive de la fréquence et de la distance de course en pente ascendante n'augmente pas le risque de blessures.

La course en montée d'escaliers est une variante de celle en pente ascendante. Comme les marches d'un escalier sont à plat, l'angle de la cheville est diminué. Ainsi, le tendon d'Achille est moins étiré, ce qui réduit le risque de blessures. Il faut tout de même prendre garde de ne pas trébucher dans les marches.

> Vous adorez la course en pente et jouer des coudes dans des escaliers bondés ? Voici une épreuve à votre image : l'Empire State Building Run-Up. Cette course annuelle, surnommée « marathon vertical », consiste à gravir le plus rapidement possible les 1576 marches du célèbre édifice. Arriverez-vous à grimper les 86 étages en moins de 9 min 33 s, record enregistré en 2003 par l'Australien Paul Crake ? Si ce genre de défi vous attire, sept édifices dans autant de grandes villes du monde font partie du circuit mondial de course en escaliers. Ajoutons qu'à Montréal, le Défi de la Tour du Stade olympique se termine par l'ascension des 850 marches de la Tour.

Le coureur doit aussi se méfier de la descente qui suit normalement la montée. On a calculé que les forces d'impact et de freinage augmentent respectivement de 54 et de 75 % lors des descentes. Ajoutés aux changements dans la technique de course, ces facteurs peuvent favoriser l'apparition de blessures comme la fracture de stress, la tendinopathie rotulienne (douleur du tendon à la rotule) et la lombalgie (douleur au bas du dos). Un conseil : évitez de trop allonger les foulées et de prendre contact avec le sol en ayant le genou en pleine extension. Là encore, l'application du principe de progression permet de réduire considérablement le risque de blessures associé à la course en pente descendante.

Soulignons que la course en pente descendante augmente davantage le risque de courbatures ou leur gravité. En effet, on sait que ce risque est plus important lorsque les muscles se contractent tout en s'allongeant (contractions excentriques). Or, la course en descente est caractérisée par de fortes contractions excentriques.

> La Cooper's Hill Cheese-Rolling and Wake est une course étrange qui a lieu annuellement à Gloucester, en Angleterre. Les participants doivent descendre une pente très abrupte d'environ 200 mètres à la poursuite d'un fromage rond qui peut atteindre une vitesse de 100 km/h. Des ambulanciers attendent les compétiteurs téméraires au bas de la pente pour soigner ou transporter à l'hôpital ceux qui en ont besoin. De plus, des bénévoles sont chargés d'emmener les victimes de fracture qui ne peuvent évidemment pas terminer la descente par leurs propres moyens.

LA RÉALITÉ EN BREF

La course en pente ascendante permet d'augmenter l'intensité de l'effort. Par conséquent, elle est efficace pour améliorer notamment le VO_2max, le coût énergétique et l'endurance musculaire. La course en montée améliore certes la performance dans les courses en pente ascendante et sur terrain plat, mais elle n'est pas plus efficace que l'entraînement sur terrain plat pour une compétition sur ce type de terrain. Pour être plus efficace et réduire le risque de blessures, le sportif qui veut intégrer la course en pente à son entraînement doit le faire de façon progressive tout en s'assurant d'adopter une bonne technique lorsqu'il monte et lorsqu'il descend.

Vous avez aimé ce sujet? Lisez:

> Oublie l'entraînement continu. Les intervalles, c'est ce qu'il y a de mieux (p. 55)
> En pleine forme en 4 minutes grâce à la méthode Tabata! (p. 65)
> En intervalles, les repos se prennent en courant! (p. 70)

MYTHE? COURIR À JEUN POUR ÊTRE PLUS PERFORMANT

Les yeux embrouillés, le coureur encore endormi enfile un short et un t-shirt. Sans avoir pris le temps d'avaler une bouchée, il foule le pavé, avec comme seul remontant un peu d'eau. Probablement sans le savoir, ce coureur matinal utilise une méthode qui consiste à s'entraîner avec des réserves de glucides (sucres) basses. Lorsqu'elle est accompagnée d'une surcharge en glucides[8] le jour avant une compétition, cette méthode a la réputation d'améliorer les performances. En anglais, elle se nomme simplement *train low, race high*. Est-ce que cette méthode fonctionne?

Des réserves de glucides basses

Les glucides (sucres) sont utilisés comme carburant énergétique pendant la course. La quantité de glycogène (glucides) stocké dans le foie et dans les muscles du coureur peut être faible en certaines circonstances, par exemple:

- lorsqu'il n'a pas mangé pendant plusieurs heures (ex.: pas de petit-déjeuner);
- lorsqu'il n'a mangé, au cours de la journée, que des aliments sans glucides ou qui en contiennent peu (ex.: viande, volaille, poisson, œuf);
- lorsqu'il s'est déjà entraîné au cours de la journée et qu'il a peu mangé par la suite;
- lorsque son entraînement dure plus d'une heure et qu'il n'a pas pris de glucides pendant la séance.

---

8. Pour en savoir plus, lisez: « La veille de la course: des pâtes, pas un gros steak! » (p. 233).

Train low, race high: l'origine

La méthode *train low, race high* provient de l'évolution génétique de la race humaine. Vers la fin de l'ère paléolithique (12 000 ans av. J.-C.), nos ancêtres devaient couvrir de grands territoires pour chasser, tout en survivant à de longues périodes de famine. De plus, en tant que chasseurs-cueilleurs, ils n'avaient pas accès à des quantités importantes de glucides dans leur alimentation. Ainsi, ils devaient utiliser avec efficacité leurs réserves d'énergie et auraient développé ce qu'on appelle les «gènes économes». Comme la génétique de l'humain est presque demeurée inchangée depuis cette ère, l'hypothèse a été émise que, lors d'une séance de course, les «gènes économes» sont activés si les réserves de sucres sont basses. Ainsi, les adaptations du corps quant au stockage et à l'utilisation des carburants énergétiques à la suite de l'entraînement seraient plus importantes. Malgré l'absence de preuves pour la soutenir, plusieurs scientifiques appuient l'idée selon laquelle courir avec des réserves basses de glucides est un «puissant» stimulus d'entraînement.

En 2004, des chercheurs danois ont comparé les effets de l'entraînement en endurance chez des personnes inactives lorsque les réserves de glucides sont basses ou normales. Les participants entraînaient une jambe, deux fois au cours de la même journée, tous les deux jours. Ils entraînaient l'autre jambe une fois par jour tous les jours. Malgré le fait que chacune des jambes ait été soumise à la même quantité d'entraînement, celle qui était entraînée deux fois dans la même journée, avec des réserves de glucides basses lors de la deuxième séance, était plus résistante à la fatigue à la fin de l'étude. Rappelons toutefois qu'aucun chercheur n'a pu démontrer clairement les effets positifs de la méthode *train low* sur la performance en course à pied.

La performance: *train high*

Afin de progresser en course, il faut que certains des entraînements effectués soient très intenses. Or, par exemple, une séance par intervalles à vitesse rapide sera plus productive si les réserves de glucides sont normales ou élevées que si elles sont basses. En outre, il a été démontré en 2010 par des chercheurs australiens que la consommation de glucides au cours de l'entraînement augmentait la capacité à absorber et à utiliser les glucides durant l'effort.

Il est également important que l'entraînement soit parfois réalisé dans les mêmes conditions qu'une compétition. Afin de mieux s'y préparer, la prise de glucides avant et pendant une séance de course devrait donc de temps en temps être similaire à celle qui survient lors d'une compétition. Par exemple, le système digestif peut être entraîné à augmenter sa capacité d'absorption des glucides au cours de l'effort. De plus, avec la pratique, le coureur saura mieux ce qui lui convient en ce qui concerne la prise de glucides avant et pendant l'effort.

La performance : *train low*

Afin de ne pas nuire à l'amélioration des performances, les spécialistes recommandent aux coureuses et aux coureurs qui désirent utiliser la méthode *train low* d'éviter de le faire lors d'entraînements intenses. Par contre, il peut être judicieux de s'entraîner avec des réserves basses de glucides lors de certaines séances d'intensité modérée. Dans ce cas, le manque de glucides ne devrait pas nuire à la performance. Si on choisit la méthode *train high*, les performances des séances les plus intenses ne seront pas affectées. Alors que, si l'on opte pour la méthode *train low*, des adaptations plus marquées à l'entraînement pourraient survenir lors d'efforts réalisés en situation où les réserves de glucides sont basses.

Selon l'avis de certains experts, le meilleur moment pour utiliser la méthode *train low* est le retour à l'entraînement. Normalement, à ce moment-là, les séances sont peu exigeantes. En effet, cette recommandation s'applique au coureur dans ces situations: après la période d'arrêt qui suit habituellement une compétition d'importance, après une blessure ou en début de saison. C'est simple: plus l'entraînement est axé sur des efforts intenses, moins la méthode *train low* est appropriée. Ajoutons aussi que cette méthode peut être efficace pour certains coureurs, alors qu'elle peut s'avérer inutile pour d'autres.

Voici quelques suggestions pour ceux qui désirent s'entraîner occasionnellement selon la méthode *train low* :

> faire une longue séance de course le matin sans avoir pris de petit-déjeuner et en ne buvant que de l'eau ;
> faire une séance de course intense le matin, après avoir pris un repas et quand les réserves de glucides sont normales. Prendre ensuite un repas ou une collation riche en protéines et pauvres en glucides. Effectuer un second entraînement l'après-midi, cette fois-ci moins intense et en continu ;

› commencer une séance continue en étant à jeun depuis plusieurs heures. Consommer des glucides pendant la séance et faire ensuite des efforts plus intenses par intervalles.

> Il ne faut pas confondre les expressions *train low, race high* et *live high, train low*. La première fait l'objet de ce présent thème, alors que la seconde fait plutôt référence à un modèle d'entraînement qui emploie l'altitude.

LA RÉALITÉ EN BREF

S'entraîner en course avec des réserves basses de glucides et, inversement, compétitionner avec des réserves importantes de glucides se traduit simplement en anglais par : *train low, race high*. À ce jour, aucune preuve scientifique démontrant les avantages de cette méthode pour améliorer la performance en course n'a été fournie. Malgré tout, certains spécialistes proposent l'emploi occasionnel de la méthode *train low*, car elle pourrait activer les « gènes économes ». Ainsi, elle provoquerait de plus grandes adaptations du corps, permettant au coureur de progresser davantage. En général, la méthode *train low* ne devrait être utilisée que lors d'entraînements d'intensité modérée, comme un jogging en continu.

Vous avez aimé ce sujet ? Lisez :
› La veille de la course : des pâtes, pas un gros steak ! (p. 233)
› Pendant la course : des boissons sportives, pas des bananes ! (p. 239)

MYTHE ? ON AMÉLIORE SES TEMPS EN COURANT ET NON EN SOULEVANT DES POIDS

Nous savons tous que les coureurs d'endurance peuvent s'améliorer en avalant les kilomètres sur la route et en filant sur la piste à vive allure. Certains croient que la course est le seul type d'entraînement adéquat en ce sens. Mais on sait par ailleurs que la musculation est employée par la plupart des sportifs qui désirent augmenter leur masse musculaire ou être plus performants dans une multitude de disciplines, surtout celles qui requièrent de la force et de la puissance. Alors, le fait de soulever des poids régulièrement peut-il aussi permettre d'améliorer ses temps en course à pied ?

Un effet négligé : plus d'endurance

L'image de l'haltérophile ou du footballeur américain soulevant d'immenses charges nous vient facilement à l'esprit quand il est question de musculation pour les sportifs. Par contre, visualiser le marathonien au corps chétif soulevant des haltères demande un peu plus d'imagination. Pourtant, plusieurs études ayant mesuré les effets de la musculation jumelée à l'entraînement aérobie arrivent à la même conclusion : la pratique adéquate et régulière d'exercices musculaires peut augmenter la capacité à fournir un effort prolongé, comme lors d'une course de longue distance, surtout chez ceux qui ne sont pas des athlètes.

En effet, le manque d'endurance musculaire peut contribuer à la fatigue du coureur. La fatigue musculaire ressentie par un débutant peut être telle qu'elle l'oblige parfois à ralentir considérablement ou même à s'arrêter. Quant au coureur de niveau intermédiaire ou expérimenté, le manque d'endurance musculaire peut notamment causer une diminution de sa vitesse dans les derniers kilomètres d'une course. En améliorant l'endurance musculaire par un programme d'entraînement avec charges, le coureur pourra donc mieux repousser la fatigue.

Un effet prévisible : plus de force et de puissance

Les gains en force et en puissance causés par un entraînement régulier en musculation peuvent aussi permettre d'augmenter légèrement l'intensité de l'effort en certaines situations, comme lors d'une montée, d'une accélération, ou surtout d'un sprint final. En outre, ils permettent d'augmenter la vitesse tout au long de la course. Notons que la force et la puissance musculaires s'avéreront d'autant plus importantes que les distances sont courtes (1 à 5 km).

Les facteurs suivants sont avancés par certains chercheurs pour expliquer que les gains en force et en puissance occasionnés par l'entraînement musculaire puissent améliorer la performance des coureurs :

> l'augmentation de la longueur ou de la fréquence des foulées ;
> la diminution du temps de contact au sol ;
> la diminution du coût énergétique, soit de la dépense d'énergie à une vitesse de course donnée ;
> la capacité à contracter un plus grand nombre de fibres musculaires de façon synchronisée.

> Les coureurs de longue distance d'Afrique de l'Est (Kényans, Éthiopiens, etc.) n'ont pas la réputation de s'entraîner en musculation. Il serait intéressant d'étudier les effets à long terme de ce type d'entraînement sur les performances déjà exceptionnelles de ces athlètes bénis des dieux.

La musculation pour la course

La science n'a pas encore réussi à identifier clairement les différents paramètres de l'entraînement musculaire qui permettent d'avoir le meilleur effet sur la performance en course d'endurance. Toutefois, à la lumière des connaissances actuelles, nous pouvons éclairer le coureur qui veut inclure la musculation à sa préparation physique.

Les exercices

Le choix des exercices est d'une grande importance pour améliorer la performance à la course. Ceux-ci devront solliciter les muscles impliqués lors de la foulée, comme les quadriceps, les ischio-jambiers, les fessiers, les fléchisseurs de la hanche et les muscles des mollets, des épaules et du tronc.

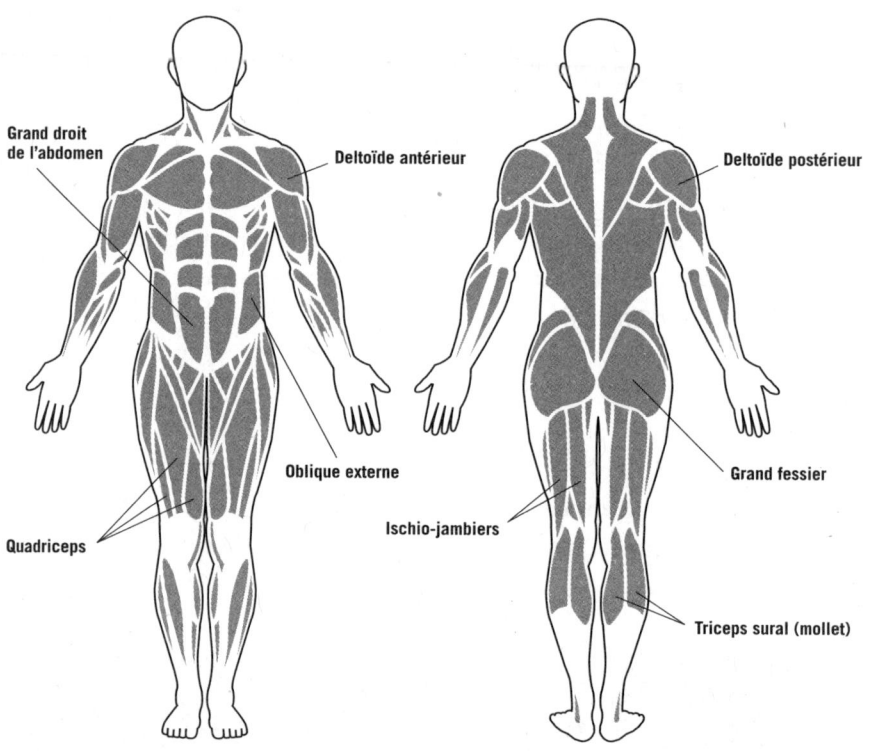

Un programme de musculation adapté à la course doit être composé d'exercices globaux comme le *squat*, la fente ou la montée sur banc. Ces exercices sollicitent des groupes de muscles impliqués dans la course comme les quadriceps, les ischio-jambiers et les fessiers. Ils sont reconnus pour leur efficacité, car ils font appel à une poussée qui s'apparente à celle que l'on retrouve lors de la foulée. Ce programme doit aussi comporter des exercices localisés, c'est-à-dire des exercices qui entraînent un groupe de muscles précis, comme ceux des mollets lors de la flexion plantaire, ou ceux qui permettent la flexion à la hanche à l'aide d'un appareil conçu pour ce mouvement.

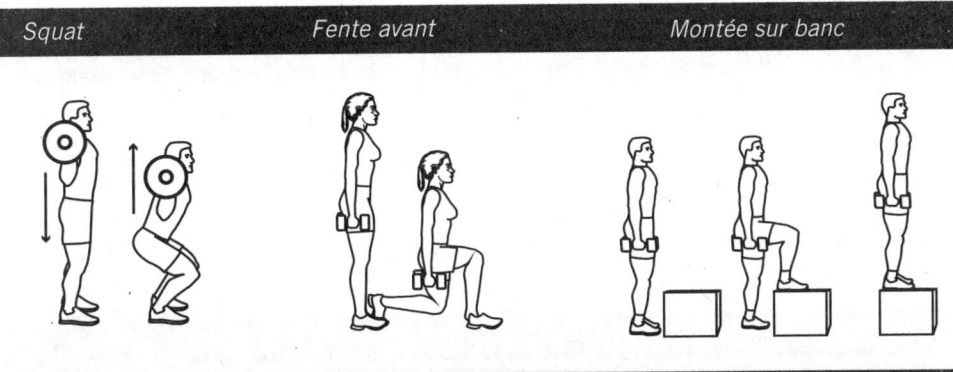

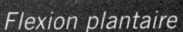

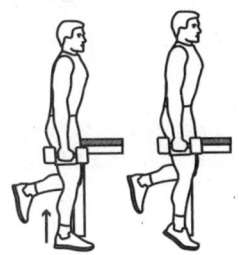 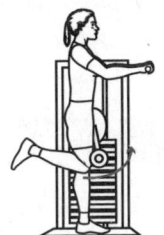 

Des exercices globaux et ciblés qui renforcent les muscles stabilisateurs du tronc et du bassin s'avèrent aussi de bons choix pour la course. Ce type d'exercices peut avoir un impact positif sur la performance du coureur en favorisant une meilleure technique et peut aussi réduire le risque de blessures. Par exemple, des exercices qui renforcent les abdominaux et les extenseurs du tronc peuvent limiter les rotations du haut du corps lors de la course, en plus de réduire le risque de blessures au bas du dos. Le renforcement des abducteurs et des adducteurs de la hanche (muscles qui éloignent et rapprochent les cuisses l'une de l'autre) peut aider à stabiliser le genou lors de la course et, ainsi, diminuer le risque de blessures à cette articulation. Ajoutons qu'une force et une endurance musculaires adéquates peuvent aider à absorber les impacts au sol pouvant causer un stress aux articulations, tout en contribuant à prévenir une diminution de l'efficacité de la technique de course au fil des kilomètres.

Planche abdominale *Planche abdominale latérale* *Adduction des cuisses sur ballon*

Abduction de la cuisse au sol

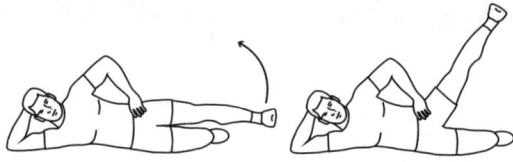

Extension dorsale sur ballon

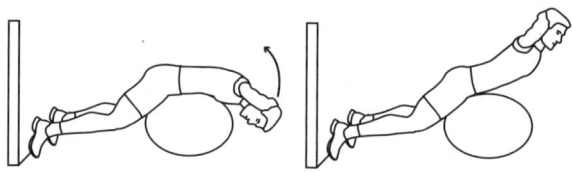

On a observé que les exercices qui mettent l'accent sur les contractions excentriques – lorsque le muscle se contracte en s'allongeant – peuvent réduire le coût énergétique lors de la course. Les exercices excentriques sollicitant les muscles de l'arrière de la cuisse, les ischio-jambiers, sont à privilégier. Par exemple, la flexion aux genoux sur appareil peut être réalisée en utilisant les deux jambes lors du soulèvement de la charge et une seule jambe au cours de la descente. En outre, on a aussi constaté que les exercices qui privilégient ce type de contraction permettent de réduire le risque de blessures comme les élongations musculaires, particulièrement aux ischio-jambiers.

Flexion aux genoux sur appareil

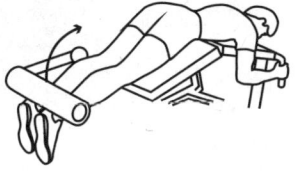 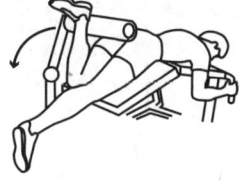

Les charges et le nombre de répétitions

Comme l'amélioration de l'endurance, de la force ou de la puissance musculaires peut avoir un impact positif sur la performance en course, différents poids permettant un nombre varié de répétitions peuvent être employés pour l'entraînement musculaire du coureur.

L'entraînement avec des charges lourdes permettant **un nombre de répétitions inférieur à 6** contribue à l'augmentation de la force maximale. L'amélioration de cette aptitude aura un impact positif sur la performance au cours d'une montée ou sur la vitesse, notamment lors de l'accélération en fin de course. Soulignons que l'emploi de charges lourdes augmente le risque de blessures et n'est donc pas recommandé à ceux qui débutent en musculation.

L'entraînement avec des charges permettant **de 6 à 12 répétitions** provoque une amélioration de la force maximale, mais moins marquée qu'avec celles qui permettent un maximum de 5 répétitions. Ce type de charges améliore aussi l'endurance musculaire, mais de façon moins importante qu'une résistance qui permet de réaliser plus de 12 répétitions. Ce nombre de répétitions est donc un compromis entre l'augmentation de la force maximale et celle de l'endurance. Ce type de charges est aussi associé au gain de masse musculaire, si le nombre de séries d'exercices par groupe musculaire est important (ex.: 12 séries) et que les séances sont fréquentes. Bien entendu, le coureur doit limiter l'augmentation de la grosseur de ses muscles. Cela risquerait de provoquer une baisse de performance, puisqu'il doit déplacer son propre poids. Par conséquent, lorsque l'objectif est d'améliorer la performance à la course, il est recommandé de ne pas s'entraîner quotidiennement en musculation et de réaliser un petit nombre de séries d'exercices pour chaque groupe musculaire (ex.: 2 à 6 séries par groupe musculaire).

> Le culturiste Ronnie Coleman, multiple champion de sa discipline, ajoutait des séances cardiovasculaires sur tapis roulant à son entraînement en musculation. Il n'a toutefois jamais espéré pouvoir briller en course à pied. Avec un poids d'environ 136 kg (300 lb), disons qu'il n'avait pas le physique de l'emploi.

L'entraînement avec des charges relativement légères qui permettent **plus de 12 répétitions** provoque une amélioration notable de l'endurance musculaire. De toute évidence, cette aptitude est d'une grande nécessité pour le coureur. Comme on l'a vu, une meilleure endurance musculaire aide en effet à repousser la fatigue afin de maintenir le plus longtemps possible sa vitesse de course.

En outre, les répétitions, ou une portion de celles-ci, peuvent s'effectuer avec une intention de vitesse rapide afin d'améliorer aussi la puissance musculaire. Lorsque les muscles du sportif doivent se contracter à haute vitesse, les exercices deviennent spécifiques à la course, surtout pour réduire le temps de contact au sol ou pour accélérer. Par exemple, le *jump squat* est un excellent exercice de poussée qui permet d'améliorer la puissance des muscles impliqués lors de la foulée. Les sauts d'un *jump squat* peuvent aussi être réalisés de façon consécutive, c'est-à-dire en réduisant le plus possible le temps de contact au sol à chaque répétition. Comme les exercices de puissance peuvent s'avérer complexes techniquement et augmenter le risque de blessures, nous recommandons de n'utiliser que le poids du corps ou des charges légères. De plus, il est préférable d'être encadré par un kinésiologue ou un entraîneur expérimenté pour faciliter l'apprentissage de ce type d'exercices.

Jump squat

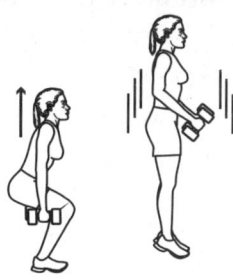

Les pauses entre les séries

L'endurance musculaire se traduit par la capacité à exécuter un grand nombre de répétitions de façon continue, comme lors de la course à pied. C'est pour cette raison qu'il faut limiter le plus possible les pauses entre les séries d'exercices lors de l'entraînement de cette aptitude. Ainsi, les muscles entraînés vont s'adapter à un travail prolongé et pratiquement continu. L'entraînement musculaire par circuit est d'ailleurs tout indiqué dans ce cas: lors de ce type de séance, les exercices sont enchaînés sans pauses ou avec de très courtes périodes de récupération. Généralement, les temps de repos de l'entraînement en endurance musculaire n'excèdent pas 60 secondes.

Toutefois, si on recherche un compromis entre le gain de force et le gain d'endurance (6 à 12 répétitions), les pauses seront plus longues. En effet, les charges plus lourdes employées pour cet objectif nécessitent de se reposer 1 à 2 minutes si l'on veut être en mesure de réaliser un nombre similaire de répétitions avec la même charge lors de chacune des séries d'un exercice.

La fréquence et la durée des séances

Comme la musculation devrait être un complément positif à l'entraînement en course, sans toutefois augmenter inutilement la fatigue, il est recommandé de l'introduire dans la préparation physique à raison de 2 ou 3 séances de 30 minutes par semaine. Le coureur plus expérimenté en musculation pourrait faire des séances de 45 minutes. En général, les séances seront composées de 5 à 10 exercices (2 à 4 séries par exercice). Si on applique ces recommandations, la course peut demeurer la priorité et la musculation peut contribuer à améliorer la performance sans trop surcharger le sportif.

Programme d'entraînement en musculation pour coureur

Voici un exemple de programme d'entraînement en musculation adapté aux coureurs qui peut être réalisé au centre de conditionnement physique ou à la maison.

L'entraînement est réalisé en deux blocs d'exercices : une première série de chaque exercice d'un bloc est exécutée avant de passer à la seconde série du même bloc, puis à la troisième et la quatrième, s'il y a lieu. Ensuite, le bloc suivant est effectué de la même façon.

1ᵉʳ BLOC D'EXERCICES

Squat	Muscles sollicités	Points clés techniques
	> quadriceps > fessiers > ischio-jambiers **Nombre de répétitions** 15 à 25	Les pieds au sol sont positionnés un peu plus écartés que la largeur du bassin et sont légèrement orientés vers l'extérieur. Dès le début de la descente, faire une flexion simultanée aux hanches, aux genoux et aux chevilles. Le poids du corps et de la charge est réparti entre le milieu des pieds et les talons. Les courbes naturelles de la colonne vertébrale, en forme de « S », doivent être maintenues tout au long du mouvement. Utiliser une charge (barre, haltères ou sac à dos rempli).
Planche abdominale	**Muscles sollicités**	**Points clés techniques**
	> abdominaux > deltoïdes **Durée** 45 à 90 s	Maintenir la position : le corps est droit, face au sol, avec les avant-bras et les orteils en appui au sol. Maintenir une contraction volontaire des abdominaux afin d'éviter de cambrer le bas du dos. Il est possible de surélever l'appui des avant-bras, sur un banc ou une table, pour faciliter l'exécution.
Action des bras	**Muscles sollicités**	**Points clés techniques**
	> deltoïdes > abdominaux **Durée** 1 à 2 min	Les bras et les avant-bras forment un angle de 90 degrés aux coudes. Faire une action des bras alternée et dynamique comme en course. Faire le mouvement en tenant un haltère de 5 lb (2,5 kg) dans chaque main.

2e BLOC D'EXERCICES

Fente avant	Muscles sollicités	Points clés techniques
	> quadriceps > ischio-jambiers > fessiers **Nombre de répétitions** 10 à 15 par jambe en alternant	Faire un pas vers l'avant et revenir à la position de départ. Le genou avant ne doit pas dépasser les orteils du pied avant. Le corps est droit ou très légèrement incliné vers l'avant. Alterner la jambe qui fait le pas vers l'avant à chaque répétition. Utiliser une charge (haltères ou sac à dos rempli).
Flexion plantaire	**Muscles sollicités** > muscles des mollets **Nombre de répétitions** 20 à 25 par jambe	**Points clés techniques** Monter sur les orteils avec un pied. La main opposée est en appui pour maintenir l'équilibre. Faire l'exercice avec les deux jambes.
Planche abdominale latérale	**Muscles sollicités** > abdominaux > deltoïdes **Durée** 30 à 60 s par côté	**Points clés techniques** Maintenir la position : le corps est soutenu par un appui sur les pieds et sur un avant-bras. Le bassin ne doit jamais être plus bas que le reste du corps. Il est possible de prendre appui sur les genoux afin de rendre l'exercice plus facile.

LA RÉALITÉ EN BREF

Plus de doute : la musculation peut contribuer à rendre le coureur plus performant et à réduire le risque de blessures. La science montre qu'un entraînement musculaire adapté peut aider à augmenter la vitesse, retarder la fatigue, réduire le coût énergétique et améliorer la technique de course. Ces effets peuvent varier en fonction de l'expérience du coureur et du type de programme de musculation. Une force, une endurance et une puissance musculaires accrues peuvent chacune permettre d'améliorer à leur façon la performance en course. Il est recommandé de privilégier des exercices globaux et ciblés des muscles sollicités par le coureur, soit principalement ceux des jambes et du tronc. Si la course demeure l'activité prioritaire et que la musculation n'est qu'un complément, le sportif devrait en tirer profit. Alors, qu'attendez-vous ? Courez chercher vos poids !

Vous avez aimé ce sujet ? Lisez :

> Oublie l'entraînement continu. Les intervalles, c'est ce qu'il y a de mieux (p. 55)
> Quand je m'entraîne en montée, mes performances grimpent en flèche (p. 75)
> On améliore ses temps en courant et non en pédalant (p. 97)

MYTHE? ON AMÉLIORE SES TEMPS EN COURANT ET NON EN PÉDALANT

Voulez-vous devenir un meilleur coureur ? Si tel est le cas, vous vous demandez peut-être si un cours de *spinning* par semaine ou des séances de natation pourraient vous aider à progresser. D'un autre côté, peut-être pensez-vous que, pour améliorer vos temps en course, vous devriez mettre tous vos œufs dans le même panier et faire seulement de la course. Lorsqu'un coureur pratique une activité physique complémentaire, on dit qu'il s'agit d'un « entraînement croisé ». Ce type d'entraînement n'est-il qu'une façon de se divertir ou permet-il d'atteindre plus efficacement ses objectifs ?

Croiser pour améliorer la performance

Hormis peut-être la musculation, qui fait l'objet du thème précédent, le but premier de l'entraînement croisé n'est pas d'améliorer la performance en course. Il n'en demeure pas moins qu'il ne devrait pas non plus limiter la progression. En général, il aide surtout à maintenir les acquis.

Le coureur ne perd pas au change

Plusieurs études ont montré qu'après quelques semaines d'entraînements centrés uniquement sur la course, ou sur la course jumelée à une autre forme d'exercice cardiovasculaire (ex. : vélo, appareil elliptique), l'amélioration des performances en course à pied était relativement similaire.

Citons par exemple les résultats d'une étude américaine portant sur des coureurs de niveau intermédiaire qui se sont entraînés quatre fois par semaine. La moitié des participants ont fait uniquement de la course et l'autre moitié ont alterné des séances de course et de vélo. Les chercheurs ont conclu qu'après 5 semaines d'entraînement, l'amélioration du VO$_2$max mesuré à la course était similaire dans les deux groupes.

Chez des coureurs plus aguerris, l'entraînement croisé ne nuirait pas non plus à la performance. Un groupe de chercheurs américains a contrôlé l'entraînement de coureurs expérimentés pendant 9 semaines. Ceux-ci devaient y ajouter 3 séances supplémentaires par semaine durant les 3 dernières semaines : la moitié des participants devaient ajouter des séances de course alors que pour l'autre moitié, c'était des séances de vélo. La performance lors d'une course de 5 km a été mesurée avant et après les 9 semaines d'entraînement. Les résultats indiquent que l'amélioration de performance sur 5 km était similaire dans les deux groupes : une plus grande fréquence d'entraînement a permis aux participants de retrancher 20 secondes en moyenne à leur temps au 5 km.

Croiser, oui, mais modérément

Il va de soi que l'entraînement croisé doit être employé avec modération pour ne pas limiter la progression du coureur. Les triathloniens en sont la preuve vivante. Aussi bon que soit un champion en triathlon, il ne sera jamais aussi performant en natation, en vélo ou en course qu'un médaillé olympique de l'une de ces disciplines. Le meilleur des triathloniens peut avoir un cœur aussi fort, des poumons aussi efficaces et des muscles aussi endurants qu'un coureur d'élite, mais il n'en demeure pas moins qu'un entraînement spécifique assure une meilleure progression. Alors, pour devenir le meilleur coureur possible, vous devez surtout courir fréquemment.

Croiser pour réduire le risque de blessures

Les coureurs doivent faire preuve de sagesse quand il s'agit de prévenir les blessures. La plupart savent que s'entraîner trop souvent peut en provoquer, surtout si on ne fait que courir. En ce sens, l'entraînement croisé peut aider à diminuer ce risque en réduisant les impacts et en sollicitant différemment les articulations et les muscles. Il est d'autant plus diminué que l'activité physique choisie remplace une séance de course plutôt que de s'ajouter à une semaine d'entraînement déjà bien remplie. Pour des raisons évidentes, il est préférable que l'activité choisie ne comporte pas de course : il faut donc éviter des sports comme le soccer ou le basketball si l'objectif est de diminuer le risque de blessures.

Croiser lorsqu'on est blessé

Lorsqu'une blessure ou un inconfort physique est causé par la course, il est conseillé de réduire la fréquence, la durée et l'intensité des séances ou de prendre un repos complet de cette activité. L'entraînement croisé peut aussi être envisagé selon le degré d'inconfort physique ou la gravité de la blessure. Ainsi, en remplaçant une ou toutes les séances de course par une ou d'autres activités physiques qui ne sont pas problématiques, les acquis du coureur pourront être préservés plus longtemps.

Croiser pour briser la monotonie

La course à pied est une activité répétitive. Afin de rester motivé, le coureur doit idéalement modifier sa façon de s'entraîner. Il peut y parvenir de la manière suivante :

- varier la méthode d'entraînement (ex. : continu, intervalles, Fartlek) ;
- varier le contenu de l'entraînement (ex. : les durées ou les distances des périodes d'effort en intervalles) ;
- éviter de toujours courir dans le même environnement (ex. : rues, parcs, sentiers, tapis roulant) ;
- éviter de toujours s'entraîner seul.

Malgré tout, la course demeure de la course. Pour stimuler la motivation, l'entraînement croisé n'a pas son pareil. Évidemment, les moyens proposés ci-dessus pour briser la monotonie s'appliquent aussi à l'activité complémentaire.

Croiser quand on ne veut pas seulement être un coureur

Mis à part l'amélioration de la performance, le fait de varier fréquemment les activités physiques pratiquées comporte plusieurs avantages. Par exemple, s'adonner sur une base régulière à la course, au yoga, à la musculation, au ski de fond et à un sport de raquette permet d'entraîner l'ensemble des aptitudes qui déterminent la condition physique : les aptitudes aérobies et anaérobies, la force, la puissance, l'endurance, la vitesse, l'agilité, la coordination, l'équilibre et la proprioception (perception du corps). De plus, la pratique d'exercices variés constitue le plus souvent une source de motivation à long terme et protège le corps contre un abus de gestes répétitifs.

> L'entraînement croisé ne doit pas être confondu avec le CrossFit®*. Cette méthode d'entraînement constitue une activité physique à part entière qui combine des exercices de force, de puissance et d'endurance qui s'enchaînent tout en utilisant une multitude d'accessoires. Le coureur peut d'ailleurs choisir le CrossFit® pour croiser son entraînement.
>
> * Pour en savoir plus, lisez: «Le CrossFit® réinvente l'entraînement» et «Le CrossFit®, un entraînement réservé aux athlètes» dans le livre *Mythes et réalités sur la musculation*.

Croiser, oui, mais comment?

Plusieurs options se présentent au coureur désirant employer l'entraînement croisé. Voici quelques suggestions:

- au cours de la même séance, faire de la course et une autre activité physique;
- remplacer une séance de course par semaine par une autre activité physique;
- ajouter à l'entraînement de course une autre activité physique par semaine;
- varier les activités physiques complémentaires. Par exemple, participer à une classe de spinning une semaine, et faire de la natation l'autre semaine;
- prendre 1 à 2 semaines pour pratiquer des activités physiques différentes de la course. Un exemple de moment propice: après une compétition jugée importante.

> Afin d'éviter des entraînements trop fréquents en course et, par le fait même, une augmentation du risque de blessures, certains entraîneurs proposent une façon simple d'utiliser l'entraînement croisé: chaque séance de course devrait être entrecoupée d'une journée réservée à une autre activité physique.

Croiser, oui, mais faire le bon choix d'exercices

Outre la musculation, de nombreuses activités physiques sont à la disposition du coureur. Afin que l'exercice choisi puisse se répercuter positivement sur la course tout en réduisant le risque de blessures, il est important qu'il :

> sollicite le système cardiovasculaire ;
> sollicite suffisamment les muscles des jambes ;
> soit sans impact ;
> sollicite parfois des muscles différents de ceux de la course.

Voici quelques activités physiques qui répondent à ces critères et s'avèrent de bons choix pour le coureur désirant varier son entraînement.

Le vélo

Très accessible, le vélo est le choix de nombreux coureurs qui s'adonnent à l'entraînement croisé. Il peut être pratiqué à l'extérieur comme à l'intérieur, en solitaire comme en groupe (ex. : classe de spinning) et à titre d'entraînement ou comme moyen de transport actif. De plus, le vélo n'occasionne aucun impact et comporte peu de risque de blessures d'usure. Plusieurs études ont montré l'efficacité du vélo dans le cadre de l'entraînement croisé pour la course, malgré le fait que le poids du corps ne soit pas supporté et que le mouvement du pédalage soit très différent de celui de la course.

L'aquajogging

L'aquajogging se pratique en piscine en portant une ceinture de flottaison autour de la taille. Son principal intérêt réside dans le fait qu'il permet de mimer les mouvements de la course à pied sans en subir les impacts. En effet, la ceinture de flottaison permet de se maintenir à la verticale en eau profonde sans toucher le fond de la piscine. Bien qu'il soit plus difficile d'augmenter l'intensité de l'effort en aquajogging qu'à la course, cette activité physique est parfaitement adaptée, entre autres, aux coureurs blessés (ex. : souffrant d'une périostite ou d'une fracture de stress).

> La coureuse canadienne Lynn Kanuka peut témoigner de l'efficacité de l'aquajogging pour la course à pied. En 1984, victime d'une fracture de stress à quelques mois des Jeux olympiques de Los Angeles, elle s'entraîna en piscine le temps de guérir. Ses efforts furent récompensés par une médaille de bronze au 3000 m.

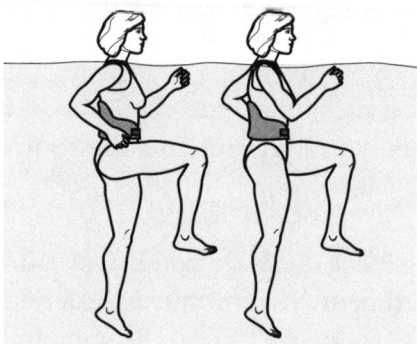

Le ski de fond

L'un des aspects intéressants du ski de fond est qu'il fait appel à l'endurance des muscles des jambes, mais aussi de ceux du tronc et du haut du corps. La course sur surface enneigée ou glacée peut parfois être risquée. La probabilité de glisser et de se blesser est généralement moins important en ski de fond sur terrain plat. Ce sport de glisse permet aussi de faire plus facilement des séances par intervalles que la course à l'extérieur en hiver. Enfin, pour ceux qui s'adonnent à la course sur tapis roulant, le ski de fond ne peut que briser la monotonie, en permettant de profiter du plaisir que procure une activité physique en plein air.

Et les autres…

Ajoutons que d'autres activités physiques sont adaptées à l'entraînement croisé :

> la natation ;
> le patinage sur glace ou à roulettes ;
> l'entraînement sur appareil elliptique, sur rameur ou sur simulateur d'escalier.

Vous êtes un coureur en constante quête de nouveauté pour votre entraînement croisé ou vous désirez expérimenter une nouvelle activité cardio-vasculaire? Essayez le vélo en piscine, le ski de fond à roulettes, le vélo-elliptique qui se déplace, l'appareil cardio qui simule la grimpe (Jacobs Ladder™), ou encore l'appareil avec un escalier mobile…

LA RÉALITÉ EN BREF

En entraînement, la spécificité est essentielle pour progresser. Pour un coureur, cela se résume à l'expression: «C'est en forgeant qu'on devient forgeron.» Néanmoins, l'entraînement croisé ne nuit pas à la performance si l'activité physique choisie ne l'emporte pas sur la course. Au-delà de la performance, l'entraînement croisé a comme avantage indéniable de réduire le risque de blessures et de briser la monotonie que peut provoquer la pratique de la course. Que vous soyez un coureur aguerri ou un débutant, vous pouvez utiliser l'entraînement croisé en toute quiétude. Alors qu'attendez-vous? Dépoussiérez votre vélo ou vos patins, ou encore enfilez votre plus beau Speedo et croisez!

 Vous avez aimé ce sujet? Lisez:

> Oublie l'entraînement continu. Les intervalles, c'est ce qu'il y a de mieux (p. 55)
> On améliore ses temps en courant et non en soulevant des poids (p. 86)

MYTHES ET RÉALITÉS
LA TECHNIQUE ET LA PERFORMANCE

Bien que la course soit pour plusieurs une activité récréative, s'améliorer, être performant et développer une technique efficace peuvent aussi faire partie des priorités des adeptes de cette discipline. Intimement liées, la technique et la performance en course sont des sujets qui soulèvent bien des questions. Quels sont les points techniques permettant de courir avec aisance et efficacité ? Une exécution technique digne d'un champion est-elle accessible à tous les coureurs ? Comment devrait-on gérer son effort durant une course ? Est-ce une bonne stratégie de mettre les bouchées doubles à l'entraînement à l'approche d'une compétition ? Ce chapitre vous présente d'une façon simple l'information de base sur les aspects techniques à considérer pour mieux courir. De plus, il vous guide dans le choix des compétitions, conventionnelles ou non, et dans la préparation en vue d'y participer. Nous espérons que les recommandations utiles de ce chapitre vous permettront d'avoir plus de plaisir à courir et à compétitionner.

POUR MIEUX COMPRENDRE LA TECHNIQUE ET LA PERFORMANCE

La technique de course

Les coureurs n'ont pas tous la même technique.

Un aspect important de la technique de course est la façon dont le pied prend contact avec le sol. Le **talon,** le **milieu du pied** ou l'**avant du pied** peut prendre appui en premier avec le sol. Notons qu'en sprint l'initiation du contact avec le sol se fait toujours par l'avant du pied.

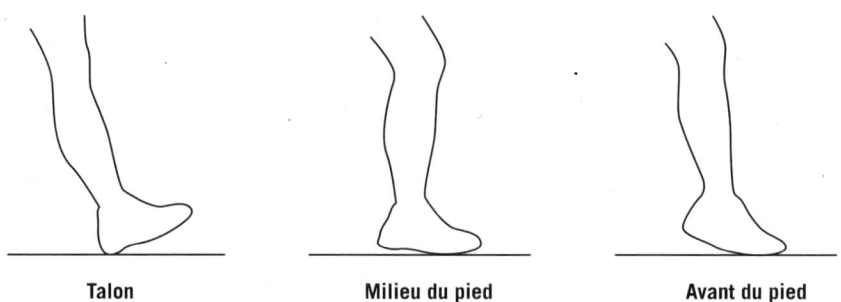

Talon　　　　　　　Milieu du pied　　　　　　　Avant du pied

La vitesse de course est déterminée par deux aspects techniques qui caractérisent la foulée. La distance franchie à chaque pas représente l'**amplitude** de foulée, alors que le nombre de pas en une minute correspond à la **fréquence** de foulée (cadence). La **cadence** s'exprime en nombre de pas par minute. Pour maintenir une même vitesse de course, des foulées de moins grande amplitude exigent une cadence plus rapide, et vice-versa.

Voici un tableau qui fait état de différentes combinaisons possibles de cadences et d'amplitudes à des vitesses de course variées.

Vitesse (km/h)	Allure (min/km)	Cadence (pas/min)	Amplitude (cm)
10	6	160	104
12	5	168	119
15	4	173	144
20	3	180	185

À chaque foulée, le coureur se déplace vers l'avant. Cependant, le centre de gravité (centre de masse) se déplace aussi vers le haut quand le pied amorce la propulsion (poussée), pour ensuite se déplacer vers le bas jusqu'à ce que le pied amortisse l'impact avec le sol. Cet aspect technique de la course est appelé **oscillation verticale**.

MYTHE? COURS AVEC LA MÊME TECHNIQUE QUE LE CHAMPION DU MONDE

Afin de devenir un meilleur coureur, il est nécessaire de s'entraîner pour améliorer certaines aptitudes physiques comme le VO_2max et l'endurance aérobie. Cependant, d'excellentes aptitudes physiques ne suffisent pas. Il est également indispensable d'avoir une bonne technique de course. Lorsqu'on observe un champion, on peut identifier plusieurs points techniques qui font de lui un modèle d'efficacité et d'aisance. Faut-il tenter d'imiter ses mouvements ? Sa façon de courir est-elle accessible aux sportifs de tous les niveaux ? Trouvons les réponses à ces questions en parcourant différents aspects de la technique de course.

Une bonne technique pour dépenser moins d'énergie

Comme nous l'avons déjà vu, le coût énergétique correspond à la consommation d'oxygène associée à une vitesse de course donnée. Le fait d'avoir une bonne technique peut contribuer à réduire la consommation d'oxygène pour une même vitesse. Ainsi, celui qui court bien aura généralement moins d'effort à fournir. Avant même d'aborder les aspects techniques, il faut souligner que faire des mouvements avec les muscles détendus et relâchés contribue à diminuer la dépense d'énergie et augmente donc l'efficacité et le confort lors de la course.

Courir vers l'avant ou vers le haut ?

Courir implique bien sûr un déplacement vers l'avant. Toutefois, à chaque foulée, le centre de gravité (centre de masse) du sportif se déplace aussi vers le haut quand le pied amorce la propulsion (poussée), puis il redescend jusqu'à ce que le pied amortisse l'impact avec le sol. Cet aspect de la course est appelé « oscillation verticale ». Plusieurs études ont montré que cette oscillation était moins prononcée chez les coureurs de haut niveau que chez les débutants. Des chercheurs français font état d'une différence de 20 % quant à cet aspect. En général, cela se traduit par un coût énergétique plus élevé pour les coureurs néophytes que pour leurs collègues expérimentés.

En outre, un déplacement vertical moins prononcé provoque une diminution de la force d'impact au moment où le pied touche le sol. Comme un impact moins important à chaque foulée peut réduire le risque de blessures à long terme, courir vers l'avant sans trop d'oscillations verticales présente donc un double avantage pour les sportifs.

Courir, c'est aussi une question de bras

Quand on détermine les aspects techniques de la course à pied qui influencent le coût énergétique, on pense naturellement à l'action des jambes. Pourtant, le mouvement des bras a aussi un rôle important à jouer. En effet, l'action des membres supérieurs influence grandement le rythme des foulées, génère une force de propulsion vers l'avant et aide à maintenir l'équilibre.

Certains chercheurs ont tenté de déterminer la meilleure exécution technique des mouvements de bras pour diminuer le coût énergétique à une vitesse donnée. Les spécialistes ont observé que les coureurs de niveau international adoptaient diverses stratégies en ce domaine, ce qui ne permettait pas de faire ressortir un modèle idéal. Toutefois, les résultats d'une étude kényane parue en 2011 concluent que les points techniques d'une action efficace des bras sont les suivants :

- l'angle aux coudes est d'environ 90 degrés ;
- l'angle aux coudes ne doit pas être fixe, mais plutôt changer légèrement pendant le mouvement pour permettre une action décontractée ;
- les bras oscillent tel un pendule. Lorsque le bras est en arrière, la main est vis-à-vis du côté du corps. Lorsqu'il est en avant, la main est à la hauteur de la poitrine ;
- une faible amplitude de mouvement des bras est associée à un coût énergétique plus faible ;
- les avant-bras doivent se déplacer de l'arrière vers l'avant sans trop croiser le milieu du corps.

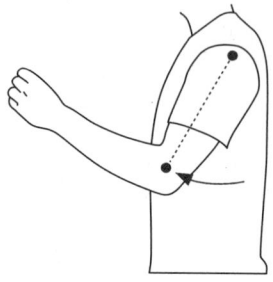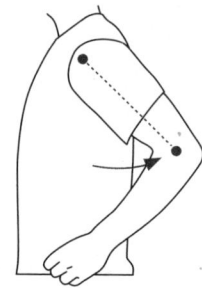

Courir en déplaçant les jambes rapidement

Plusieurs chercheurs ont montré que c'est la combinaison entre la fréquence et la longueur de foulée, choisie naturellement par le coureur après plusieurs mois d'entraînement, qui occasionne le plus faible coût énergétique. Il doit donc privilégier cette stratégie pour être efficace.

Par ailleurs, certains spécialistes avancent que la cadence idéale à la course est de 180 foulées/min. Ce nombre, considéré par plusieurs comme un but à atteindre, a été popularisé par l'entraîneur Jack Daniels qui a observé lors des Jeux olympiques de 1984 que les coureurs maintenaient au moins cette cadence. Malgré tout, il n'existe pas de cadence idéale. Le nombre de foulées/min varie généralement de 160 à 180. Plusieurs athlètes de haut niveau ont même une cadence qui est au-delà de 180 foulées/min lorsqu'ils atteignent des vitesses très rapides (ex.: 20 km/h). Une fréquence aussi rapide n'est pas nécessairement optimale pour les coureurs débutants ou intermédiaires qui se déplacent à une vitesse nettement inférieure à celle des athlètes de haut niveau. Par conséquent, il est déconseillé au sportif récréatif d'essayer à tout prix de courir à cette prétendue cadence idéale de 180 foulées/min. Mentionnons que, lorsque le coureur atteint une vitesse rapide à certains moments de son entraînement, ou quand il s'entraîne par intervalles courts, la cadence peut atteindre et parfois même dépasser les 180 foulées/min.

Afin de diminuer le risque de blessures au genou, le coureur devrait également éviter d'avoir une cadence trop lente (ex: moins de 160 foulées/min). En effet, une cadence trop lente s'accompagne généralement d'une foulée trop longue augmentant l'impact au sol et d'une extension trop importante du genou lorsque le pied prend appui au sol. En augmentant la cadence, le pied prend davantage contact sous le corps, ce qui pourrait réduire le risque de blessures au genou. Notons qu'une attaque par l'avant ou le milieu du pied est généralement associée à une cadence et à une vitesse plus rapides qu'une attaque par le talon.

> Le poids corporel a une influence directe sur le coût énergétique. C'est pour cette raison que les champions de la course sont si minces. Avec 56 kg en moyenne, les coureurs ayant franchi la distance de 10 km en moins de 27 minutes semblent n'avoir que la peau et les os.

Courir avec ses pieds et ses jambes

Évidemment, l'action des jambes a un impact important sur l'efficacité de la technique de course. Par exemple, le degré de flexion au genou et à la hanche lors des foulées sont des aspects qui déterminent le coût énergétique.

Plusieurs études montrent que la façon dont le pied prend contact avec le sol (par l'avant, le milieu ou l'arrière) n'a qu'une influence minime sur le coût énergétique lors de la course. Toutefois, elle a un effet sur la force d'impact, un des nombreux facteurs qui peuvent influencer le risque de blessures[9].

Différents chercheurs concluent que la foulée économique des coureurs de haut niveau comporte les caractéristiques suivantes :

> 1) pied quittant le sol par les orteils de façon accentuée lors de la propulsion ;
> 2) talon qui tend à se rapprocher de la fesse ;
> 3) légère flexion au genou pendant que le pied prend contact avec le sol ;
> 4) grande extension à la hanche au moment où le pied quitte le sol.

---
9. Pour en savoir plus, lisez : « J'atterris sur le talon pour mieux absorber les chocs » (p 118).

Il faut toutefois noter que certains de ces aspects techniques s'appliquent lors de courses à haute vitesse (ex.: 20 km/h). Le coureur qui se déplace à vitesse modérée (ex.: 10 km/h) ne devrait pas essayer de copier tous ces points techniques, car cela diminuerait son efficacité. En effet, une trop grande flexion (genou trop haut) à la hanche et un talon qui se rapproche trop de la fesse lors d'une course à vitesse modérée augmenteraient la dépense d'énergie inutilement pour maintenir cette allure. À cette vitesse, il est plus économique d'avoir une exécution technique composée de mouvements de plus faible amplitude.

> Ce qui saute aux yeux lorsque l'on compare la technique d'un spécialiste du 100 m et celle d'un spécialiste du marathon est l'amplitude des mouvements. En effet, pour atteindre une vitesse de pointe d'environ 40 km/h, le sprinter doit courir avec une amplitude quasi maximale des bras et des jambes. De plus, le « marchand de vitesse » tente de faire chaque mouvement en déployant un maximum de puissance et peut même atteindre une cadence de pointe de 5 foulées/s, soit l'équivalent de 300 foulées/min!

Courir en gardant le tronc presque droit

Les coureurs les plus efficaces inclinent leur tronc d'environ 6 degrés vers l'avant. À l'opposé, ceux qui dépensent le plus d'énergie en courant positionnent leur tronc à la verticale ou trop en avant. De plus, les spécialistes de la course s'accordent sur le fait que le tronc ne devrait pas effectuer de trop grandes rotations.

En outre, les coureurs d'élite ont le tronc et la tête allongés. Ils ne sont pas affaissés, voûtés, inclinés sur le côté ou avec le torse bombé. Voici un conseil afin de réajuster votre posture si vous avez tendance à vous affaisser avec la fatigue au cours de l'effort: levez les bras en l'air au-dessus de la tête quelques secondes comme si vous vouliez vous allonger le plus possible.

Certaines boutiques spécialisées en course à pied offrent un service d'analyse vidéo informatisée de la mécanique du sportif en action. Les différents aspects de la technique de course sont scrutés en détail et des recommandations sont faites au client pour augmenter son efficacité et réduire le risque de blessures.

LA RÉALITÉ EN BREF

Lorsque les champions de la course survolent la piste ou les routes, on peut observer les aspects techniques qui leur permettent de courir avec autant d'aisance et d'efficacité. Afin de dépenser moins d'énergie, le coureur néophyte ou intermédiaire peut adapter graduellement sa technique durant les entraînements ou les compétitions. Ainsi, réduire ses oscillations verticales, bouger ses bras en gardant les coudes à environ 90 degrés, éviter de faire de trop grandes rotations du tronc et garder une gestuelle détendue sont quelques aspects techniques que le coureur récréatif peut intégrer, qui lui permettront de faire moins d'efforts et d'avoir plus de plaisir. De plus, contrairement à ce qui est souvent véhiculé, le coureur ne doit pas chercher à tout prix à atteindre une cadence de 180 foulées/min. Il ne faut pas perdre de vue que la technique du coureur d'élite est optimale pour se déplacer à haute vitesse, mais qu'elle n'est pas adaptée pour le sportif récréatif qui court plus lentement.

Vous avez aimé ce sujet ? Lisez :

> Courir, c'est facile pour toi : avec tes grandes jambes, tu fais de longs pas ! (p. 114)
> J'atterris sur le talon pour mieux absorber les chocs (p. 118)

MYTHE ? COURIR, C'EST FACILE POUR TOI : AVEC TES GRANDES JAMBES, TU FAIS DE LONGS PAS !

La course à pied est une activité accessible aux personnes de tout gabarit : grands, petits, enveloppés, échalotes, colosses, etc. On croit souvent que les grands sportifs, grâce à leurs longues jambes, ont plus de facilité à courir rapidement que les autres. Est-ce un mythe ou une réalité ? Existe-t-il un type de corps idéal pour la course ? Courir est-il vraiment plus facile lorsque la nature nous a dotés d'une grande taille ?

Courir vite, une question de mathématiques !

En course, la vitesse peut s'exprimer ainsi :

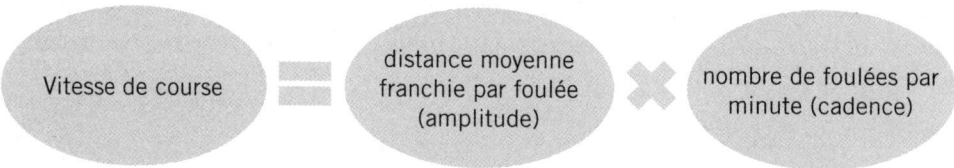

Pour augmenter sa vitesse, un coureur peut :

› augmenter son amplitude ;
› augmenter sa cadence ;
› augmenter à la fois son amplitude et sa cadence.

En général, le coureur peut augmenter la longueur de ses foulées sans diminuer sa cadence en :

> améliorant la force et la puissance des muscles des membres inférieurs ;
> améliorant la flexibilité de certains muscles des cuisses, comme les ischio-jambiers et les fléchisseurs de la hanche ;
> diminuant son pourcentage de graisse.

En général, le coureur peut augmenter sa cadence sans diminuer sa longueur de foulée en :

> améliorant la vitesse de contraction des muscles des membres inférieurs ;
> diminuant le temps de contact du pied au sol.

L'homme le plus rapide du monde, Usain Bolt, a établi le record du monde du 100 m en athlétisme lors des jeux olympiques de Pékin en 2008. Son plus proche rival était Tyson Gay. Voici certaines différences caractérisant les deux athlètes :

Athlète	Taille (m)	Amplitude maximale (m)	Cadence maximale (pas/min)	Temps au 100 m (s)	Vitesse maximale (km/h)
Usain Bolt	1,96 (6' 5')	2,44	257	9,58	44,7
Tyson Gay	1,80 (5' 11')	2,20	281	9,71	44,1

Qu'en est-il de la longueur des jambes ? Nous pouvons émettre l'hypothèse que pour une même vitesse de déplacement, les coureurs de grande taille feront de plus longues foulées et que les coureurs plus petits auront une cadence plus rapide. Toutefois, les résultats d'une étude américaine indiquent que la taille des coureurs et la longueur de leurs membres inférieurs ne permettent pas de prédire avec précision l'amplitude et la fréquence des foulées. Par ailleurs, un petit et un grand coureur peuvent courir tout aussi vite malgré une amplitude et une cadence différentes. Par exemple, des chercheurs ont analysé les foulées des trois médaillés au

10 km des Championnats du monde d'athlétisme de 2007. Au cours des neuf premiers kilomètres, les trois coureurs ont maintenu la même vitesse. Or, bien qu'il soit plus petit, l'Éthiopien Kenenisa Bekele avait des foulées plus longues (1,9 à 2 m) que son rival, le Kényan Irungu Mathathi (1,8 à 1,9 m). Le troisième coureur se situait entre les deux.

Plus on est grand, plus on économise de l'énergie?

Le coût énergétique d'une course correspond à la consommation d'oxygène associée à une vitesse donnée. En course d'endurance, cette consommation d'oxygène est directement liée à l'énergie dépensée. Par exemple, courir à 15 km/h occasionne une consommation d'oxygène plus élevée, donc une plus grande dépense d'énergie, que courir à 10 km/h. Toutefois, lorsque la vitesse est la même, le coût énergétique est-il également le même pour des coureurs de taille pourtant différente ? Se peut-il que le coureur de plus petite taille aux jambes plus courtes doive dépenser plus d'énergie que celui de plus grande taille ?

Les résultats des études portant sur le sujet abondent tous dans le même sens : le coût énergétique n'est pas directement lié à la taille du coureur, ni à une amplitude ou à une fréquence précise de foulées. Cependant, l'expérience du coureur est un facteur à considérer : l'amplitude et la cadence des débutants sont, en général, moins efficaces que celles d'un coureur expérimenté, ce qui entraîne un coût énergétique plus élevé pour une même vitesse. Avec l'expérience, la plupart des coureurs réussiront généralement à adopter une foulée efficace qui leur permettra d'être rapides sans dépenser d'énergie inutilement.

> Courir un marathon en moins de 2 h 12 min représente un fait d'armes. Peu de coureurs ont réalisé cette performance impressionnante. Du haut de ses 195 cm (6' 5"), le Canadien Peter Maher est l'un des plus grands athlètes à avoir accompli cet exploit, alors que l'Éthiopien Haile Gebreselassie, qui ne mesure que 165 cm (5' 5") est l'un des plus petits. Malgré une différence de taille de 30 cm, ces deux marathoniens ont maintenu une vitesse surprenante d'environ 20 km/h pendant plus de deux heures.

Si ce n'est pas la taille, qu'est-ce qui fait la différence?

Bien que la taille n'influence pas le coût énergétique de la course, d'autres facteurs ont un impact direct sur celui-ci. Une meilleure efficacité durant la course est favorisée, entre autres, par:

> - un faible poids corporel et un faible pourcentage de gras;
> - des membres inférieurs peu volumineux au niveau des mollets;
> - de longues jambes (de la cheville au genou) par rapport au reste du corps;
> - un bassin étroit;
> - une grande expérience d'entraînement;
> - un court temps de contact du pied au sol;
> - peu d'oscillations verticales (déplacements vers le haut);
> - peu d'amplitude de mouvement des bras.

LA RÉALITÉ EN BREF

La croyance selon laquelle les sportifs de grande taille courent plus vite ou avec plus de facilité que les petits est un mythe. D'ailleurs, quand ils courent, ils ne font pas nécessairement de plus longues foulées. En fait, chaque sportif adopte naturellement, après plusieurs mois d'entraînement, une longueur de foulée et un nombre de pas par minute qui optimisent la vitesse atteinte par rapport à l'énergie dépensée. Bien que la taille du sportif n'ait pas d'influence sur le coût énergétique et l'efficacité durant la course, d'autres facteurs tels que le poids, la largeur du bassin, la grosseur des jambes au niveau des mollets ou l'expérience en entraînement ont une influence.

Vous avez aimé ce sujet? Lisez:

> - Cours avec la même technique que le champion du monde (p. 108)
> - J'atterris sur le talon pour mieux absorber les chocs (p. 118)
> - Le Kényan part avec une longueur d'avance (p. 186)

MYTHE ? J'ATTERRIS SUR LE TALON POUR MIEUX ABSORBER LES CHOCS

Selon la vitesse et la technique de course, le pied et la jambe sont soumis à une charge représentant 1,5 à 5 fois le poids du corps à chaque contact au sol. Ces impacts répétés peuvent être à la source de certaines blessures qui risquent de nuire à la progression du sportif, et surtout de diminuer son plaisir de courir. Existe-t-il une façon idéale d'entrer en contact avec le sol pour réduire la force de l'impact à chaque foulée ? Est-ce que le fait de réduire la force de l'impact permet de réduire le risque de blessures ? Faisons un pas vers les réponses à ces questions.

Les types de contacts du pied au sol

On peut catégoriser de la manière suivante la façon dont le pied entre en contact avec le sol lors de la course :

Contact avec l'arrière du pied (aussi appelé* rearfoot*)
Le pied touche le sol par le talon. Ensuite, le pied se déroule vers l'avant pour quitter le sol par les orteils lors de la propulsion.

Contact avec le milieu du pied (aussi appelé* midfoot*)
Le pied touche le sol à plat. Ensuite, il le quitte par l'avant lors de la propulsion.

Contact avec l'avant du pied (aussi appelé* forefoot*)
Le pied touche le sol par l'avant. Ensuite, le talon descend et entre en contact ou non avec le sol. Finalement, le pied quitte le sol par l'avant lors de la propulsion.

Avec le talon, ça absorbe mieux. Vraiment?

De nombreux coureurs croient que toucher le sol par le talon d'abord permet de mieux absorber la force de l'impact. Cette croyance est souvent alimentée par le fait que les chaussures de course traditionnelles comportent une semelle plus épaisse, donc plus absorbante, au niveau du talon.

En fait, plusieurs chercheurs ont montré que, lorsque c'est le talon qui touche le sol en premier, on constate une force d'impact importante sur une très courte durée. Avec les deux autres façons de prendre appui au sol, la force d'impact est moins importante et dure plus longtemps. Une étude parue en 2010 a même révélé que la force d'impact (force/durée) d'un *rearfoot* représentait le double de la valeur de celle d'un *forefoot*. Les spécialistes expliquent cette différence par le fait que, lorsque c'est l'avant du pied qui initie le contact, l'absorption est améliorée grâce à la compression de la voûte plantaire, à la contraction des muscles du mollet lorsqu'ils s'allongent et à l'étirement du tendon d'Achille.

> Lors de courses d'obstacles comme la Spartan Race, les pieds et les jambes peuvent absorber une force d'impact représentant de 10 à 12 fois le poids du corps, lors de réceptions de sauts.

Une force d'impact moindre, donc moins de blessures. Vraiment?

On estime qu'environ 50 à 75 % des coureurs se blesseront au cours d'une année d'entraînement. La plupart de ces blessures peuvent être liées à une force d'impact répétée. Il est tentant de croire qu'une diminution de la force d'impact lorsque le pied touche le sol par l'avant ou le milieu peut réduire le risque de blessures. Une équipe de chercheurs américains a d'ailleurs essayé d'établir une relation entre la manière dont le pied entre en contact avec le sol et les blessures chez des coureurs de cross-country universitaires. Les résultats de l'étude indiquent que, sur une période d'un an, les coureurs entrant en contact avec le sol par le talon avaient eu deux fois plus souvent des blessures pouvant être liées aux impacts répétés avec le sol. Toutefois, bien que ces résultats impressionnent, rien n'indique qu'ils s'appliquent aux autres types de coureurs (coureurs récréatifs, marathoniens, etc.).

Différentes études ont montré qu'un contact avec le sol par le talon augmentait le risque de blessures au genou. En contrepartie, un contact avec l'avant du pied augmente le risque de blessures au pied et à la cheville comme la tendinopathie d'Achille.

En fait, les spécialistes estiment que les blessures du coureur sont souvent dues à l'interaction complexe de plusieurs facteurs : la technique, les chaussures, la surface de course, les paramètres d'entraînement, les différences génétiques, l'historique de blessures, etc. De plus, la façon dont le pied attaque le sol n'est qu'un des aspects de la technique de course qui peut avoir un effet sur le risque de blessures. Par exemple, la longueur et la fréquence des foulées ont aussi un rôle à jouer dans le degré de force d'impact et la possibilité de se blesser. Il est donc simpliste de prétendre que la façon de prendre appui au sol avec le pied est le seul facteur qui permette de prédire l'apparition d'une blessure chez le coureur.

> Avec une cadence rapide de 180 foulées/min, un coureur intermédiaire effectue environ 4000 foulées pour franchir 5 km. S'il garde la même vitesse et la même cadence, il fera 16 800 foulées pour atteindre la ligne d'arrivée d'un demi-marathon. Considérant la force d'impact appliquée sur les pieds et les jambes à chaque foulée, pourrait-on qualifier la course de « sport de contact » ?

Une question de vitesse

À la lumière des connaissances actuelles, nous pouvons affirmer que la vitesse de course a une influence directe sur la façon de prendre appui au sol avec le pied. Plus la vitesse est grande, plus l'appui a tendance à se faire par le milieu ou l'avant du pied. Malgré tout, n'allez pas croire que tous les coureurs de haut niveau prennent appui sur l'avant du pied ! Des chercheurs japonais ayant étudié 283 coureurs d'élite au 15e kilomètre d'un demi-marathon ont observé que :

> 75 % d'entre eux prenaient appui sur le talon ;
> 24 % d'entre eux prenaient appui sur le milieu du pied ;
> 1 % d'entre eux prenaient appui sur l'avant du pied.

Notons qu'avec la fatigue, les coureurs de longue distance qui prennent appui par le milieu ou l'avant du pied tendent à modifier leur technique en prenant appui avec le talon.

Par le milieu ou l'avant du pied pour être plus économe. Vraiment?

Encouragés par les nouvelles tendances et les informations qui défilent sur les médias sociaux, plusieurs coureurs font le choix de modifier leur façon de prendre appui au sol parce qu'ils croient, entre autres, que l'appui sur le talon oblige le corps à dépenser plus d'énergie.

Les résultats de certaines études récentes nous permettent d'affirmer que le coût énergétique entre les trois différentes façons de prendre appui au sol est similaire à des vitesses modérées. En effet, les résultats d'une étude américaine publiée en 2013 indiquent qu'à des vitesses comprises entre 11 et 14,4 km/h, les coureurs ne dépensaient pas plus d'énergie, qu'ils prennent contact avec le talon, le milieu ou l'avant du pied.

Ainsi, en ce qui concerne la performance, il n'y aurait pas d'avantages à changer sa façon d'entrer en contact avec le sol. En outre, le risque de blessures augmente chez ceux qui modifient abruptement leur technique. Pour les coureurs désirant tout de même modifier leur technique d'appui, il est recommandé de le faire de façon progressive.

LA RÉALITÉ EN BREF

Les coureurs soumettent leurs pieds, leurs jambes et le reste de leur corps à des impacts importants. Certains sportifs croient, à tort, que courir en initiant le contact avec le sol par le talon permet de réduire la force de l'impact. Les scientifiques ont observé que c'est plutôt l'inverse qui se produit: la force de contact est réduite lorsque c'est l'avant ou le milieu du pied qui touche le sol en premier. Bien qu'on ait observé une incidence de blessures plus élevée chez certains coureurs qui attaquaient le sol avec le talon, on ne peut actuellement conclure que c'est le cas pour tous. En fait, le risque de blessures est déterminé par l'interaction d'un ensemble de facteurs. De nouvelles études sont nécessaires afin de clarifier le lien entre la manière d'entrer en contact avec le sol et le risque de blessures chez le coureur.

Vous avez aimé ce sujet ? Lisez :

› Cours avec la même technique que le champion du monde (p. 108)
› Courir, c'est facile pour toi : avec tes grandes jambes, tu fais de longs pas ! (p. 114)
› Nous sommes nés pour courir avec des chaussures minimalistes (p. 285)
› On court plus vite avec des chaussures minimalistes (p. 292)

MYTHE? | TU MANQUES D'ENTRAÎNEMENT AVANT LA COURSE? METS LES BOUCHÉES DOUBLES

Le jour de la compétition arrive à grands pas. Vous commencez à être anxieux. Vous n'êtes pas suffisamment entraîné. Certains vous encourageront en vous disant: «Qu'à cela ne tienne. Il est encore temps de mettre les bouchées doubles à l'entraînement, même à une semaine de la course.» Est-ce une bonne stratégie? Pouvez-vous vraiment vous améliorer en une semaine? Courez-vous plutôt à votre perte?

Trop peu trop tard

On aimerait bien y croire. Détrompons-nous. Impossible de faire un pas de géant durant la semaine qui précède la course. Afin d'être frais et dispos pour une course, il est préférable d'éviter de s'entraîner intensément 2 à 3 jours avant celle-ci. Il ne reste donc que 3 à 4 jours pour fournir de vaillants efforts. De toute évidence, c'est insuffisant pour assurer une progression qui compense le fait d'avoir négligé l'entraînement au cours des semaines ou des mois précédents. En fait, il est préférable de planifier son entraînement bien à l'avance pour espérer atteindre une forme optimale le jour J.

Planifier son entraînement

En course, un plan d'entraînement permet de bien choisir les méthodes ainsi que de bien doser la fréquence, la durée et l'intensité des séances au cours d'une période déterminée (ex.: 1 an). Cela permet d'être à son meilleur à un ou des moments bien précis, comme lors de compétitions qui ont une importance aux yeux du coureur. Le plan d'entraînement se divise en différentes phases:

- la phase de préparation ;
- la phase d'affûtage ;
- la phase de compétition ;
- la phase de repos.

La durée de chacune de ces phases peut varier selon que le coureur participe à une ou plusieurs courses et selon le nombre de semaines précédant chaque compétition.

La phase de préparation

La phase de préparation débute lorsque le coureur commence à s'entraîner ou reprend l'entraînement à la suite d'une période de repos, et se termine avant la phase d'affûtage, soit de 10 à 15 jours avant la compétition d'importance.

La phase de préparation se caractérise normalement par une augmentation progressive de la fréquence, de la durée et de l'intensité des séances de course. Cette façon de faire a pour but de réduire le risque de blessures et de surentraînement. En langage d'entraînement, cette hausse par étapes se nomme « surcharge progressive ».

Au cours de la première portion de la phase de préparation, il est recommandé d'augmenter la fréquence et la durée des séances qui sont d'intensité modérée (ex. : perception d'effort de la séance de 7/10). En deuxième portion de cette phase, c'est principalement le nombre de séances intenses qui augmente (ex. : perception d'effort de la séance de 9/10). De plus, il est important de prévoir une alternance entre les séances modérément intenses et celles qui sont très intenses. Par exemple, un entraînement modéré en continu peut être envisagé le mercredi, alors que deux entraînements intenses par intervalles peuvent être envisagés le lundi et le vendredi. Notons que la surcharge progressive n'est pas linéaire si elle se fait sur une longue période (ex. : 1 an). Même si la quantité et l'intensité des entraînements augmentent globalement au fil du temps, elles sont en principe réduites certaines semaines afin de mieux récupérer. Dans ce cas, on parle de surcharge ondulatoire ou non linéaire.

Les semaines d'entraînement précédant la phase d'affûtage seront normalement les plus difficiles. À ce moment-là, il est donc judicieux de faire des entraînements éprouvants de courte ou de longue durée, selon les objectifs de performance.

La phase d'affûtage

La phase d'affûtage débute de 10 à 15 jours avant une course d'envergure et se termine au moment de celle-ci. Au cours de cette phase, il est important que le sportif ne fasse pas des séances trop longues afin de ne pas se fatiguer inutilement. En même temps, comme il ne veut pas perdre la forme, il doit continuer à s'entraîner, mais de façon raisonnable, c'est-à-dire en réalisant des séances courtes et intenses. Les spécialistes recommandent de maintenir la même fréquence d'entraînement que d'habitude, mais de couper de moitié environ la durée de chaque séance, qui doit par ailleurs être intense.

L'affûtage doit être spécifique

La spécificité est un principe d'entraînement fondamental. Pour qu'une séance de course soit spécifique, elle doit entraîner précisément les aptitudes reliées à l'objectif de performance. Le degré de spécificité peut varier d'une séance à l'autre. Une séance peut être générale, comme très spécifique. La méthode d'entraînement, la durée des efforts et de la séance, ainsi que la vitesse de course peuvent chacune influencer le degré de spécificité d'un entraînement. Les séances planifiées doivent cependant être de plus en plus spécifiques à mesure qu'on s'approche de la compétition d'importance. Ainsi, au cours de la phase d'affûtage, les entraînements sont hautement spécifiques.

Voici une séquence de séances d'entraînement sur 8 semaines (seulement 1 entraînement par semaine est noté) de plus en plus spécifiques, pour un coureur ayant comme objectif de courir 10 km en 40 minutes :

> entraînement continu de 30 min (6 km);
> entraînement continu de 40 min (8 km);
> entraînement par intervalles, 10 x 4 min (1 km), 2 min de repos entre chaque effort;
> entraînement par intervalles, 5 x 8 min (2 km), 2 min de repos entre chaque effort;
> entraînement par intervalles, 3 x 12 min (3 km), 3 min de repos entre chaque effort;
> entraînement par intervalles, 2 x 20 min (5 km), 5 min de repos entre les 2 répétitions;
> entraînement continu de 42 min (10 km);
> entraînement continu de 41 min (10 km).

Mettre les bouchées doubles

Que ce soit en raison de blessures ou encore d'un manque de temps ou de motivation, le coureur peut, dans certaines circonstances, ne pas avoir bénéficié d'une préparation adéquate, c'est-à-dire d'une surcharge progressive. Dans ce cas, il peut tenter le tout pour le tout, pour autant que la compétition ait lieu plus de 2 semaines – mais moins de 5 semaines – plus tard. Il peut faire fi de la surcharge progressive et s'entraîner immédiatement de façon fréquente et intense. En pareille situation, il doit tout de même réduire la durée de ses efforts pendant la semaine précédant la compétition. Cette façon de faire a pour but d'améliorer la performance rapidement, mais il faut savoir qu'elle augmente beaucoup le risque de blessures et la possibilité d'une accumulation importante de fatigue. En langage d'entraînement, cette hausse subite se nomme « surcharge par brusque bond » (*overreaching*).

Lors d'une entrevue, le coureur kényan Samuel Wanjiru (décédé en 2011 à la suite d'une chute de son balcon) a résumé l'entraînement des 2 mois qui ont précédé sa victoire au marathon des Jeux olympiques de Pékin, le 24 août 2008. Voici ses entraînements durant la semaine du 9 juillet 2008:

> 9 au 14 juillet: 15 km à une allure se situant entre 3 min 30 s et 4 min par kilomètre, à tous les jours avant de déjeuner;
> 9 juillet (deuxième séance de la journée): course cross-country de 38 km à une allure de 4 min 30 s par km;
> 10 juillet (deuxième séance de la journée): course en continu facile sur terrain plat;
> 11 juillet (deuxième séance de la journée): 10 x 400 m.

La phase de compétition

La phase de compétition peut durer seulement une journée si une seule compétition est planifiée, ou plusieurs semaines si différentes compétitions d'importance sont envisagées. En général, plus la phase de compétition est longue et plus il y a de compétitions, plus il est difficile de maintenir un haut niveau de performance. En outre, les compétitions multiples laissent moins de temps pour des entraînements fréquents, longs et intenses, puisque des périodes de repos sont nécessaires avant et après chacune d'entre elles.

La phase de repos

Lorsque la phase de compétition est terminée, c'est le moment idéal pour se reposer. Un repos complet de 4 semaines est recommandé pour les sportifs qui sont surentraînés ou très fatigués. Comme la majorité des coureurs ne le sont pas, on leur conseille plutôt de demeurer actifs tout en réduisant la fréquence, la durée et l'intensité des séances de course pendant cette période. C'est également un excellent moment pour choisir l'entraînement croisé[10], c'est-à-dire pratiquer d'autres activités physiques que la course, mais qui, idéalement, la complètent. La phase de repos comporte différents avantages. En voici quelques-uns :

> elle permet aux blessures de mieux guérir ;
> elle laisse du temps pour faire traiter les blessures par un professionnel de la santé ;
> elle permet au corps de se reposer, ce qui diminue le risque éventuel de blessures ou de surentraînement ;
> elle aide à retrouver un haut niveau d'énergie et de motivation, pour entamer avec entrain une nouvelle préparation en vue d'une autre course.

Un exemple

Planifier un entraînement n'est pas simple, cela exige la connaissance et la maîtrise de plusieurs notions théoriques. Essayons, à l'aide d'un exemple, de faciliter la compréhension de la planification et de la rendre un peu plus concrète.

Mise en situation
> Niveau de la coureuse : intermédiaire
> Nombre de semaines d'entraînement avant la compétition d'importance : 12
> Longueur du parcours : 21,1 km
> Meilleur temps sur cette distance : 1 h 55 min
> Objectif de temps : 1 h 45 min
> Objectif d'allure : 5 min/km (12 km/h)

Le plan d'entraînement n'est qu'un guide. Il est essentiel de le modifier en fonction de la fatigue, des blessures ou des imprévus de la vie.

---
10. Pour en savoir plus, lisez : « On améliore ses temps en courant et non en pédalant » (p. 97).

Évolution de la distance et de la difficulté des entraînements sur une période de 12 semaines avant la participation à un demi-marathon

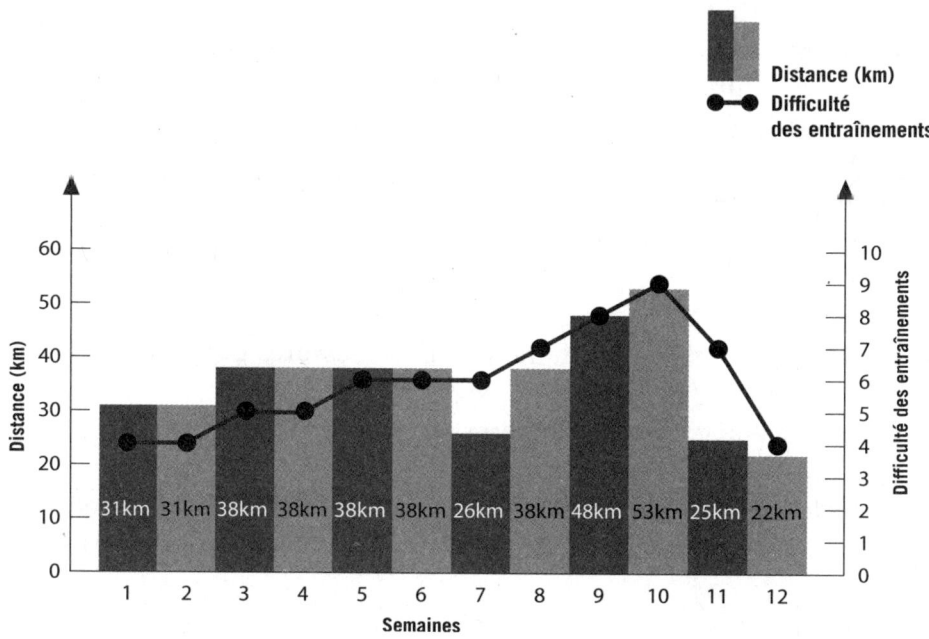

Phase de préparation – Semaines 1 à 6							
Semaines	Lundi	Mardi	Mercredi	Jeudi	Vendredi	Samedi	Dimanche
1-2	Repos	Intervalles 4 x 10 min (2 km)	Continu 33 min (6 km) + Musculation (30 min)	Repos	Entraînement technique* Intervalles 6 x 5 min (1 km)	Badminton (50 min)	Continu 60 min (≈ 11 km)
3-4	Repos	Intervalles 5 x 10 min (2 km)	Continu 44 min (8 km) + Musculation (30 min)	Repos	Intervalles 7 x 4 min 30 s (1 km)	Badminton (50 min)	Continu 70 min (≈ 13 km)
5-6	Repos	Intervalles 6 x 10 min (2 km)	Continu 42 min (8 km) + Musculation (30 min)	Cours de spinning (45 min)	Entraînement technique Intervalles 8 x 5 min (1 km)	Repos	**Course 10 km** Objectif : 50 min

* Au cours d'un entraînement technique, le coureur doit centrer son attention sur certains points techniques (ex. : la façon dont le pied entre en contact avec le sol, la cadence, la position du tronc, l'action des bras, etc.).

Phase de préparation – Semaines 7 à 10							
Semaines	Lundi	Mardi	Mercredi	Jeudi	Vendredi	Samedi	Dimanche
7	Repos	Intervalles 2 x 15 min (3 km)	Fartlek 40 min	Repos	Repos	Cours de spinning (45 min)	Continu 40 min (≈ 7,5 km)
8	Repos	Entraînement technique Intervalles 3 x 15 min (3 km)	Continu 30 min (6 km) + Intervalles 6 x 2 min (450 m)	Repos	Intervalles 20 x 1 min (250 m)	Cours de spinning (45 min)	Continu 80 min (≈ 15 km)
9	Repos	Intervalles 3 x 15 min (+ de 3 km)	Continu 40 min (8 km) + Intervalles en pente 10 x 30 s	Continu 30 min (6 km)	Intervalles 25 x 1 min (250 m)	Repos	Continu 90 min (≈ 17 km)
10	Repos	Intervalles 3 x 15 min (+ de 3 km)	Entraînement technique Intervalles 15 x 2 min (450 m)	Continu 60 min (12 km)	Intervalles 25 x 1 min (250 m)	Repos	Continu 90 min (18 km)

Phase d'affûtage et de compétition – Semaines 11 et 12							
Semaines	Lundi	Mardi	Mercredi	Jeudi	Vendredi	Samedi	Dimanche
11	Repos	Intervalles 2 x 10 min (+ de 2 km)	Continu 30 min (6,5 km)	Repos	Intervalles 6 x 4 min 20 s (1 km)	Repos	Continu 40 min (≈ 8,5 km)
12	Intervalles 2 x 25 min (5 km)	Intervalles 2 x 15 min (+ de 3 km)	Repos	Continu 30 min (6 km)	Repos	Repos	**Demi-marathon** Objectif: 1 h 45 min

Phase de repos – Semaine 13							
Semaine	Lundi	Mardi	Mercredi	Jeudi	Vendredi	Samedi	Dimanche
13	Repos	Repos	Soccer 45 min	Repos	Vélo 60 min	Repos	Repos

LA RÉALITÉ EN BREF

Pour être plus performant en course, laissez-vous inspirer par la morale de la fable de La Fontaine *Le lièvre et la tortue*: «Rien ne sert de courir, il faut partir à point.» Évidemment, vous devrez quand même courir! Il est important de bien se préparer à une compétition et, pour ce faire, rien de mieux qu'un plan d'entraînement.

En augmentant par étapes la quantité et la difficulté des entraînements au cours de la phase de préparation, le coureur peut progresser tout en limitant le risque de blessures et de surentraînement. Au cours de la phase d'affûtage, soit de 10 à 15 jours avant la compétition d'importance, la durée des entraînements doit être réduite, mais pas leur intensité ni leur fréquence. Par ailleurs, en course, un aspect important de la planification est la spécificité: plus la compétition est proche, plus il faut entraîner les aptitudes liées à l'objectif de performance. Finalement, la phase de repos, d'environ 4 semaines, ne signifie pas forcément un arrêt complet de l'entraînement. À moins d'être très fatigué, il est possible de demeurer modérément actif au cours de cette période, en pratiquant aussi d'autres activités physiques. Cela permettra de récupérer, de guérir les blessures et de retrouver la motivation et l'énergie nécessaires pour recommencer en lion une nouvelle saison de course.

 Vous avez aimé ce sujet? Lisez:

> La formule idéale: un jour d'entraînement, un jour de repos (p. 208)
> Tu cours tous les jours? Tu vas t'épuiser! (p. 215)

MYTHE? NE PARS PAS TROP VITE, SINON TU VAS EN PAYER LE PRIX

Pow! Le départ est donné. Les coureurs sont entraînés à vive allure par un peloton surexcité. La vitesse des participants lors des 500 premiers mètres d'une course populaire est souvent beaucoup plus rapide que la vitesse moyenne durant l'épreuve. Un départ à fond la caisse facilite-t-il la performance ou lui nuit-il? D'autres scénarios sont également envisageables : souvent, il y a tant de participants sur la ligne de départ qu'une partie d'entre eux doivent prendre leur mal en patience avant de courir à leur rythme. Certains compétiteurs plus prudents préfèrent prendre un départ lent pour mieux accélérer par la suite. Sagesse excessive ou stratégie efficace? La façon de répartir ses efforts au cours d'une épreuve peut influencer la performance. Existe-t-il une stratégie idéale à adopter en ce qui concerne le rythme d'une course?

Voici le rythme qu'il te faut suivre!
Certains coureurs ou entraîneurs n'hésitent pas à faire des recommandations concernant le meilleur rythme de course, mais ces conseils peuvent n'être que des paroles en l'air. En fait, la science en sait peu sur le sujet. Malgré tout, quelques études ont permis aux chercheurs de formuler des hypothèses intéressantes concernant le rythme à suivre pendant une course. De plus, en analysant le rythme des meilleurs coureurs, il est possible de s'en inspirer en présumant que leur stratégie est efficace.

Toutes sortes de rythmes
Il existe différents rythmes possibles lors d'une course :

› le **rythme positif,** lorsque la vitesse est réduite après un début de course rapide. Ce type de stratégie est notamment utilisé par les coureurs de 800 m;

> le **rythme constant,** lorsque la vitesse est relativement stable au cours de l'épreuve. Ce type de rythme est probablement le meilleur lors d'un demi-marathon ou d'un marathon ;
> le **rythme négatif,** lorsque la vitesse augmente au cours de l'épreuve. L'avantage de cette stratégie est qu'elle limite la fatigue en début d'épreuve. Elle peut être utile au coureur inexpérimenté qui craint de s'épuiser si le début de course est trop rapide. Cette tentative pour retarder la fatigue peut toutefois limiter la performance, car il peut s'avérer difficile de rattraper les secondes perdues en début d'épreuve, en raison d'une vitesse volontairement trop lente ;
> le **rythme en forme parabolique,** lorsque le départ est rapide, que la vitesse diminue progressivement et qu'elle augmente à nouveau jusqu'à la fin de l'épreuve. Ce type de rythme est souvent utilisé lorsque la durée d'effort est de 2 à 60 minutes.

Un départ rapide pour une course de moins d'une heure

On observe que, pour les distances de 3 à 10 km, les sportifs choisissent naturellement une plus grande vitesse au départ que celle qu'ils maintiendront en moyenne tout au long de la course. Par la suite, la vitesse diminuera graduellement jusqu'à ce qu'il ne reste qu'environ 10 % de la distance complète à parcourir. À partir de ce moment-là, la plupart des coureurs augmenteront un peu leur vitesse, pour finalement compléter le parcours avec une dernière accélération.

Selon plusieurs entraîneurs et certains chercheurs, lorsqu'une épreuve est relativement courte, soit de 800 m à 10 km, un départ rapide est avantageux. Les résultats d'une étude américaine portant sur des coureuses indiquent que les participantes avaient réussi leur meilleur temps sur 5 km lorsqu'elles avaient maintenu, pendant le premier mile (1,6 km), une vitesse moyenne 6 % plus rapide que leur vitesse moyenne pour toute la distance.

Mais attention ! Une vitesse de 6 % plus rapide n'est pas un sprint. Par exemple, si le coureur maintient une allure de 5 min/km pendant l'épreuve, il devrait courir le premier kilomètre en 4 min 42 s, ce qui ne constitue pas une différence importante. Soulignons qu'il est possible qu'un départ trop rapide mène à une contre-performance. Ce type de départ peut être causé par le désir de suivre un peloton survolté en début de course ou par un objectif de temps irréaliste. De plus, une surestimation de leurs capacités peut conduire certains coureurs trop audacieux à s'accrocher aux meilleurs dès le début de l'épreuve. Cette stratégie risque éventuellement de les épuiser.

> Il semble possible d'économiser ses forces pendant une course. Des chercheurs d'Afrique du Sud ont mesuré le coût énergétique de sportifs courant à une intensité donnée sur tapis roulant. Ils ont montré que, lorsque les participants ne connaissaient pas la durée pendant laquelle ils devaient courir, ils trouvaient le moyen d'épargner de l'énergie en vue d'un effort de longue durée. Tirez profit de ces résultats lors de vos entraînements ou vos compétitions. Sans ralentir votre vitesse, essayez de fournir moins d'efforts. Peut-être y parviendrez-vous.

Un rythme constant pour une course de plus d'une heure

Lorsque la distance de course est plus longue, comme lors d'un demi-marathon ou d'un marathon, il est important de considérer la diminution des réserves de glycogène (sucre dans les muscles et le foie) comme une cause potentielle de fatigue[11].

Lorsque l'intensité est plus élevée, comme lors d'un départ rapide ou lors d'accélérations, l'utilisation des glucides comme carburant énergétique augmente, et ce, au détriment des lipides (gras). Lorsque les réserves de glycogène diminuent trop, la fatigue peut causer une diminution de la performance en course. Par conséquent, mise à part l'accélération finale, on croit qu'il est préférable de maintenir un rythme relativement constant lorsque la durée de l'effort excède une heure.

Une étude américaine publiée en 2011 visait à analyser le rythme de course de 319 marathoniens. La vitesse moyenne des premiers 32,5 km et des derniers 9,7 km de chaque coureur a été mesurée. Les résultats montrent qu'on peut établir un lien entre les meilleurs temps et la capacité à maintenir une vitesse constante pendant les deux portions de l'épreuve. Dans le même ordre d'idées, des chercheurs sud-africains ont analysé le rythme de course de 67 coureurs d'ultra-endurance participant à une épreuve de 100 km. Ils concluent que les coureurs ayant franchi la distance

---

11. Pour en savoir plus, lisez : « La fatigue en course à pied, ça se passe dans les jambes ! » (p. 195).

le plus rapidement étaient ceux qui avaient maintenu la vitesse moyenne la plus constante au cours des différentes tranches de 10 km de l'épreuve.

Par ailleurs, lorsque l'effort est de longue durée, il est commun que la vitesse de course diminue lors de la seconde portion de la distance. Par exemple, on a déjà observé que la fréquence cardiaque diminuait de 2 ou 3 battements par minute à chaque heure lors d'épreuves de 6 à 24 heures. Or, on a constaté que les coureurs dont la vitesse diminuait le moins au cours des deuxièmes 50 km d'un ultra-marathon de 100 km étaient ceux qui réalisaient les temps les plus rapides.

Bien qu'on suggère d'essayer de maintenir une vitesse constante lors d'une course de longue durée, il est normal qu'elle varie en certaines circonstances, comme dans une montée ou une descente, ou encore lorsque le vent souffle de face ou de dos. Certains spécialistes recommandent de tenter de maintenir la même vitesse de déplacement, pourvu que l'effort supplémentaire ne soit pas trop important. Par exemple, dans une montée avec 4 % d'inclinaison, le coureur diminuera normalement sa vitesse de 1 à 2 km/h.

Quand il fait chaud

Outre la diminution des réserves de glucides, l'augmentation de température du corps peut également contribuer à la fatigue du coureur lorsque l'effort se prolonge[12]. En effet, on a observé qu'une vitesse un peu trop rapide dans la première partie d'une épreuve de longue distance par temps chaud pouvait provoquer une fatigue prématurée et être responsable d'une contre-performance. Voilà pourquoi il est d'autant plus important d'éviter de vouloir battre son propre record en prenant une allure rapide en début d'épreuve lorsqu'il fait chaud (ex. : plus de 25 °C) et que le taux d'humidité est élevé. Idéalement, dans ces circonstances, le coureur devrait avoir pour objectif une allure légèrement plus lente que ce qu'il avait prévu. Ainsi, il pourra davantage maintenir un rythme constant tout au long de l'épreuve. De plus, il minimisera les risques de « frapper le mur[13] », de coup de chaleur et même de malaise cardiovasculaire.

Les coureurs moins rapides semblent être plus sages lorsqu'il fait chaud. En fait, dans ces conditions, on a observé qu'ils amorçaient la course à un

---

12. Pour en savoir plus, lisez : « La fatigue en course à pied, ça se passe dans les jambes ! » (p. 195).
13. Pour en savoir plus, lisez : « Aïe ! J'ai couru si longtemps que j'ai frappé le mur » dans le livre *Mythes et réalités sur l'entraînement physique*.

rythme plus lent qu'à leur habitude, alors que les coureurs rapides font souvent fi de ces conditions climatiques en amorçant l'épreuve « le pied au plancher ». Ils peuvent en payer le prix, car leur vitesse tend à diminuer ensuite davantage que celle des autres. Toutefois, on a constaté que les coureurs rapides étaient plus aptes à maintenir une allure constante que leurs confrères plus lents lorsque la température est fraîche.

Quand les filles sont plus sages que les gars

Les jeunes coureurs masculins ont en général plus de difficulté à maintenir leur vitesse pendant les dix derniers kilomètres d'un marathon. Par conséquent, les coureurs qui ont tendance à ralentir plus que les autres pendant la seconde portion de l'épreuve devraient se fixer un objectif d'allure approprié et s'entraîner plus souvent à maintenir ce rythme précis.

> En 2001, lors du Marathon de Chicago, Ben Kimondiu a été engagé pour jouer le rôle de « lapin », c'est-à-dire qu'il devait courir à un rythme rapide dès le début de l'épreuve pour dicter l'allure à un athlète plus chevronné. Normalement, une telle tactique entraîne une accumulation de fatigue chez le « lapin », qui de toute façon n'envisage pas de finir la course. Ben Kimondiu en a surpris plus d'un en maintenant son rythme, ce qui lui a permis de gagner le marathon en 2 h 08 min 52 s et d'empocher la bourse de 90 000 $.

L'accélération finale

Wow! Quel sprint final! Le spectateur néophyte sera parfois impressionné de voir à quelle vitesse certains sportifs terminent leur course. Évidemment, les plus étonnants sont les gagnants des épreuves du 5 km et du 10 km en athlétisme. Leur dernier tour de piste n'est rien d'autre qu'un sprint! Comment font-ils pour accélérer ainsi après avoir autant donné? En fait, lors d'une course de 5 ou 10 km, c'est principalement le système aérobie qui est mis à contribution pour fournir l'énergie. Par contre, lorsqu'il ne reste que de 300 à 600 m à franchir, les coureurs peuvent augmenter grandement leur vitesse grâce à une contribution importante du système anaérobie lactique. Néanmoins, l'énergie que ce système peut fournir est limitée. Après 30 secondes à 2 minutes d'effort très intense, ce sera assurément l'épuisement. Par conséquent, si vous désirez finir une course à la vitesse grand V, attendez qu'il ne reste pas plus de 500 m à parcourir.

Par ailleurs, des scientifiques ont constaté que le coût énergétique lors de la course était un facteur déterminant la capacité des sportifs à accélérer en fin d'épreuve. En clair, les coureurs qui dépensent le moins d'énergie pour une vitesse donnée sont ceux qui accélèrent le plus dans les derniers mètres.

LA RÉALITÉ EN BREF

Bien que les scientifiques n'aient pas encore défini la meilleure stratégie à adopter concernant le rythme d'une course, différentes hypothèses ont été émises. Voici quelques conseils qui s'en inspirent :

> - pour une course de 3 à 10 km, prenez une vitesse de départ un peu plus rapide que celle que vous maintiendrez au cours de l'épreuve ;
> - essayez de maintenir une allure constante tout au long d'un demi-marathon ou d'un marathon ;
> - adoptez une allure un peu plus lente que celle que vous auriez en situation normale, lors d'une course par temps chaud et humide ;
> - essayez d'augmenter légèrement la vitesse à 700 m de la fin d'un 5 km ou à 1 km de la fin d'un 10 km ;
> - tentez d'appuyer sur le champignon lors des derniers 500 m, pas avant.

Vous avez aimé ce sujet ? Lisez :

> - La fatigue en course à pied, ça se passe dans les jambes ! (p. 195)
> - Quand j'écoute de la musique en courant, je file comme le vent ! (p. 323)

| **MYTHE ?** | C'EST EN RESPIRANT MIEUX QU'ON DEVIENT UN BON COUREUR |

L'oxygène est au cœur de la performance du coureur. C'est souvent la bouche grande ouverte que le sportif inspire le plus d'air possible afin de permettre à ses muscles de se contracter, et ce, dans le but de courir à vive allure. Quand l'effort est à son paroxysme, les poumons carburent à plein régime. Ces « moteurs » de la respiration peuvent-ils limiter la performance pendant la course ? Si tel est le cas, peut-on entraîner ses poumons ?

Les poumons ou les muscles de la respiration ?

En général, ce ne sont pas tant les poumons qui intéressent les chercheurs voulant déterminer si la respiration peut influencer la performance des coureurs, mais plutôt les contractions des muscles qui permettent d'amener l'air jusqu'aux poumons.

Le diaphragme ainsi que certains muscles abdominaux, intercostaux et du cou permettent d'augmenter la fréquence et l'amplitude de la respiration. Pendant la course, environ 15 % de la quantité totale de sang riche en oxygène expulsé par le cœur est dirigée vers les muscles respiratoires pour qu'ils puissent se contracter. Tout comme les muscles des jambes, ceux qui permettent la respiration pendant l'effort sont susceptibles de se fatiguer, ce qui peut affecter la performance en course. En effet, on a observé qu'un effort continu (à environ 80 % du VO_2max) ou des efforts répétés (à plus de 85 % du VO_2max) pouvaient occasionner de la fatigue au niveau du diaphragme et limiter son efficacité lors de l'inspiration. Par ailleurs, on a constaté qu'il était possible d'augmenter d'environ 40 % la force maximale et d'environ 25 % l'endurance des muscles de la respiration en les entraînant de façon ciblée. La question qui se pose est la suivante : est-ce qu'un entraînement efficace des muscles de la respiration peut améliorer la performance en course ?

> Budd Coates affirme, dans son livre *Running on Air*, que courir en rythmant sa respiration en fonction de sa foulée permet de réduire le risque de blessures. Selon sa méthode, il suggère différents rythmes en fonction de la vitesse de course :
> › vitesse lente à moyenne : inspiration sur 3 pas – expiration sur 2 pas ;
> › vitesse moyenne à rapide : inspiration sur 2 pas – expiration sur 1 pas ;
> › vitesse très rapide (ex : intervalles courts) : inspiration sur 2 pas – expiration sur 1 pas – inspiration sur 1 pas – expiration sur 1 pas.

Améliorer le VO_2max

Il est tentant de croire qu'une augmentation de la force maximale des muscles de la respiration se traduirait par un meilleur VO_2max. Une plus grande force des muscles inspirateurs permettrait de faire entrer une plus grande quantité d'air, donc d'oxygène, dans les poumons. Ce qui pourrait signifier que le sang transporté vers les muscles actifs contiendrait plus d'oxygène, augmentant ainsi le VO_2max. Toutefois, les chercheurs n'ont mesuré aucune amélioration du VO_2max à la suite d'un entraînement des muscles de la respiration. Ils en concluent que la quantité d'air inspirée n'est pas un facteur qui influence le VO_2max des personnes n'ayant pas de problèmes respiratoires comme ceux provoqués par l'asthme, la bronchite ou l'emphysème.

Néanmoins, le VO_2max n'est pas le seul facteur contribuant à la performance en course. Il faut aussi compter sur l'endurance aérobie qui est, quant à elle, fortement déterminée par l'endurance des muscles actifs, incluant ceux de la respiration.

Améliorer la performance

En 2013, des chercheurs canadiens ont publié une étude passant en revue les connaissances sur le sujet. Selon eux, la plupart des études indiquent que les participants ont légèrement amélioré leur performance aérobie à la suite d'un entraînement des muscles de la respiration. Par ailleurs, les sportifs récréatifs profiteraient davantage de ce type d'entraînement. Les chercheurs croient qu'il peut être possible d'améliorer ainsi les performances sur n'importe quelle distance de course excédant 5 km. Cependant, certains d'entre eux estiment que les effets peuvent être plus marqués lorsque l'effort aérobie se prolonge, comme lors d'un marathon.

Quelques résultats

Les résultats d'une étude américaine indiquent qu'à la suite d'un entraînement de 6 semaines des muscles inspirateurs, des coureurs récréatifs ont amélioré leur capacité à maintenir une vitesse déterminée le plus longtemps possible. En fait, avant de s'être entraînés en ciblant les muscles de la respiration, les participants soutenaient l'effort pendant 19 min 30 s en moyenne, alors qu'après l'entraînement respiratoire, ils pouvaient le maintenir pendant 24 min. Les résultats surprenants d'une autre étude américaine indiquent qu'après un entraînement des muscles de la respiration de 4 semaines, des coureurs récréatifs avaient diminué leur temps de 1 min 12 s en moyenne, sur une distance de 6,4 km (4 miles).

> L'apnée statique consiste à retenir le plus longtemps possible sa respiration sous l'eau sans bouger. Certains spécialistes croient qu'un VO_2max élevé permet notamment de retarder l'apparition des contractions réflexes du diaphragme lors d'une période d'apnée. Ainsi, le besoin de respirer serait retardé. Le record du monde masculin d'apnée statique est de 11 min 35 s. Mais ne courez pas vous plonger la tête dans le bain! S'entraîner à retenir sa respiration n'est pas une méthode efficace pour le coureur.

L'hypothèse suggérée

Pendant la course, lorsque l'effort se prolonge et que l'intensité est élevée, les muscles de la respiration peuvent se fatiguer. Ils deviennent alors moins efficaces. Cette perte d'efficacité peut tout de même être compensée par le transport d'une plus grande quantité de sang oxygéné vers les muscles de la respiration. Ainsi, la compétition pour l'oxygène entre les muscles de la respiration et ceux des jambes et des bras augmente. On pense que, pendant la course, cette situation peut déclencher le métabo-réflexe. Lorsque ce réflexe est activé, la quantité de sang oxygéné envoyée aux muscles des jambes diminue, ce qui contribue à la fatigue. Les scientifiques croient que, lorsque les muscles de la respiration sont plus endurants, le métabo-réflexe se produirait seulement quand la course est intense ou après avoir parcouru une grande distance.

D'ailleurs, lorsque les coureurs améliorent leur performance à la suite d'un entraînement des muscles de la respiration, la fréquence cardiaque, la consommation d'oxygène ainsi que la quantité d'air inspiré par minute diminuent pour une même vitesse de déplacement. Ces mesures expliquent pourquoi les coureurs perçoivent l'effort comme un peu moins difficile après ce type d'entraînement.

> La crampe abdominale – ou « point de côté » – qui survient pendant la course peut être associée à plusieurs causes : crampe au diaphragme ou aux muscles intercostaux, surcharge sanguine au niveau du foie ou de la rate, fermentation des gaz dans le tube digestif, ou encore irritation de l'enveloppe des poumons. Si le diaphragme est mis en cause, la crampe abdominale peut être soulagée par une diminution de l'intensité de l'effort, ainsi que par des inspirations et des expirations profondes.

Entraîner les muscles de la respiration

Les séances de course permettent d'entraîner les muscles des jambes comme ceux de la respiration. Cependant, il est possible d'entraîner spécifiquement les muscles de la respiration de façon à les rendre encore plus forts et plus endurants.

L'hyperpnée volontaire normocapnique

Cette méthode au nom complexe consiste à augmenter de façon volontaire la fréquence et l'amplitude respiratoire (hyperpnée). Cette forme d'hyperventilation peut occasionner des étourdissements et même une perte de conscience momentanée si elle n'est pas réalisée à l'aide d'un dispositif muni d'un réservoir jouant le rôle d'espace mort (ex. : SpiroTiger®). Afin d'éviter les inconforts, il est préférable d'utiliser ce dispositif qui a été conçu pour l'entraînement de la musculature respiratoire. Pour renforcer les muscles de la respiration, il est recommandé de faire des séances d'environ 30 minutes, 3 ou 4 fois par semaine, pendant au moins 4 semaines.

La respiration contre résistance

Plusieurs études ont employé la méthode d'entraînement qui consiste à inspirer contre une résistance : on utilise un dispositif muni d'une valve inspiratoire qui ne s'ouvre que si le niveau prédéterminé de pression permettant d'entraîner les muscles de la respiration est atteint (ex. : POWERbreathe®). Les spécialistes recommandent de prendre 30 inspirations avec le dispositif, à raison de 2 fois par jour pendant au moins 4 semaines, afin d'améliorer la capacité des muscles respiratoires.

Ajoutons qu'il est également possible d'entraîner la respiration contre résistance en utilisant un dispositif simple qui oblige à inspirer par un petit orifice. Ainsi, il est plus difficile d'amener la même quantité d'air aux poumons. Toutefois, ce procédé n'est pas recommandé par les spécialistes, compte tenu de la difficulté à contrôler la résistance.

> Un bon nombre de chercheurs ont montré que la pratique du yoga peut améliorer la force des muscles respiratoires. Ils ont obtenu leurs résultats avec des personnes malades ainsi que des personnes en bonne santé. Cette augmentation de la force des muscles respiratoires peut-elle se traduire par une amélioration de la performance en course d'endurance chez des sportifs et des athlètes ? Étant donné la popularité du yoga, voilà une question d'actualité qui devrait intéresser les scientifiques.

Échauffer les muscles de la respiration

Selon les résultats d'une étude britannique publiée en 2011, il est possible d'améliorer la performance en course en entraînant les muscles de la respiration, mais également en les échauffant. Les participants ayant entraîné leurs muscles de la respiration ont pu accroître la distance parcourue à la course de 12 % lors d'un test nommé « Yo-Yo ». Lorsque cet entraînement était combiné à un échauffement de ces mêmes muscles à l'aide d'un dispositif permettant de respirer contre une résistance, la distance parcourue a augmenté de 15 %.

LA RÉALITÉ EN BREF

S'époumoner dans le confort de son salon peut permettre à certains coureurs de retrancher de précieuses secondes au chrono. L'amélioration de la performance en course à la suite d'un entraînement des muscles de la respiration ne serait pas due à une amélioration du VO_2max, mais plutôt de l'endurance aérobie. Les scientifiques croient qu'il est possible d'augmenter la force et l'endurance des muscles de la respiration, tout comme celles des muscles des jambes, pour qu'ils se fatiguent moins lors d'une épreuve de course de 5 km et plus. Afin de cibler les muscles de la respiration à l'entraînement, des méthodes comme l'hyperpnée volontaire normocapnique ou la respiration contre résistance peuvent être utilisées à l'aide de dispositifs spécialisés. Bien entendu, le meilleur des entraînements des muscles respiratoires ne peut vous faire progresser autant qu'une pratique régulière de la course !

Vous avez aimé ce sujet ? Lisez :

> Oublie l'entraînement continu. Les intervalles, c'est ce qu'il y a de mieux (p. 55)
> Courir à jeun pour être plus performant (p. 82)
> La course en ville : adieu, poumons roses ! (p. 175)

MYTHE ? — LA COURSE : PLUS MONOTONE QUE ÇA, TU MEURS

Certaines personnes croient que la course est d'un ennui mortel. Tel un refrain qui semble jouer en boucle pour l'éternité, la répétition des pas du coureur en action est-elle si monotone ? Ou au contraire, permet-elle, pas après pas, de se dépasser, de se réaliser sur le plan sportif et personnel, de se rassembler, de s'amuser, et bien plus encore ?

Monotone, vous dites ?

Bien que la course soit par définition une activité physique rythmique, continue et répétitive, elle peut tout de même être aussi stimulante que n'importe quel autre sport. La clé pour demeurer motivé lorsqu'on court, c'est la variation. Il s'agit de changer fréquemment les contenus et les méthodes d'entraînement pour éviter la lassitude. Ou encore de changer de parcours, de partenaires d'entraînement ou d'environnement. Même le fait de s'acheter de nouvelles chaussures peut être stimulant. Et on oublie souvent les compétitions. Pourtant, elles sont une source de motivation incomparable pour le coureur. Si vous êtes de ceux qui perçoivent les courses traditionnelles sur route comme étant monotones, d'autres options de compétitions, de défis ou de rassemblements de course à pied s'offrent à vous. Vous en trouverez sûrement une susceptible de vous motiver.

> Avouons-le, certaines courses sont un tantinet répétitives. Comme les 24 heures, qui consistent à franchir la plus grande distance possible en une journée. Le coureur australien d'origine grecque Yiánnis Koúros détient le record du monde de la compétition, avec 303,5 km. Que dire de ses autres records : 473,3 km en 48 heures et 1000 km en 6 jours ? Ces exploits ayant été réalisés autour d'une piste d'athlétisme, le moins qu'on puisse dire, c'est que l'Australien a dû faire fi de la monotonie.

Pour le guerrier ou la guerrière en vous

Depuis quelques années, les courses à obstacles et les parcours boueux jouissent d'une popularité croissante auprès des sportifs à la recherche de nouveauté. Les participants inscrits à ce type de course doivent tenter de réussir différentes épreuves physiques tout en parcourant la distance totale prévue, qui varie de 5 à 25 km. Réalisées dans la nature, ces épreuves peuvent être très variées. En voici quelques-unes :

> grimper un mur ;
> se déplacer en suspension à l'aide d'anneaux ;
> transporter des objets lourds ;
> ramper sous des barbelés ;
> sauter à travers des flammes ;
> franchir une mare de boue.

La variété des épreuves étant pratiquement sans limites, lors de certaines courses, il faut même :

> se laisser tomber d'une glissade d'eau géante ;
> affronter un guerrier spartiate ;
> éviter l'électrocution ;
> ramper dans un tunnel sous l'eau ;
> survivre en évitant de se faire « dévorer » par un zombie !

> La Death Race, ou « course de la mort », est une course à obstacles extrême de plus de 48 heures. Pour y survivre, les athlètes doivent surmonter des défis aussi difficiles physiquement et mentalement qu'originaux, comme manger 4 kg d'oignons, résoudre un Cube Rubik, nager dans une eau glacée ou soulever d'innombrables pierres !

Certaines épreuves, comme les Spartan Races, sont compétitives, c'est-à-dire que les participants sont chronométrés et qu'ils doivent suivre des règles strictes concernant les épreuves à réaliser. D'autres courses, comme les Tough Mudder, ne sont pas chronométrées et les participants ne sont pas tenus de terminer toutes les épreuves. Ces courses à obstacles sont des événements de groupe qui misent sur le plaisir. Selon le thème de la course, certains participants se déguisent en guerriers, en gladiateurs, en Vikings ou même en superhéros.

Les courses à obstacles exigent une bonne aptitude aérobie, car il faut quand même courir pour en venir à bout. Cependant, on fait davantage appel aux qualités musculaires pour réaliser les différentes épreuves. La force, la puissance et l'endurance musculaires, ainsi que la coordination et l'équilibre sont les aptitudes physiques qui permettent de les réussir avec brio. Par conséquent, ceux qui obtiennent de bonnes performances aux courses à obstacles sont certes de bons coureurs, mais surtout des sportifs complets. L'entraînement croisé[14], qui inclut de la musculation, est tout indiqué pour se préparer à ce type de course. Ajoutons qu'il faut un brin de folie et une once de courage pour faire face aux épreuves physiques qui les composent.

> Le coureur de 3000 m steeple ne ressemble pas au participant déguisé en Spartiate qui grimace en grimpant à une corde ou en glissant dans la boue. Lors de cette course à obstacles olympique, les athlètes doivent parcourir la distance en franchissant, à chaque tour de piste, des barrières, dont l'une est suivie d'un fossé rempli d'eau. À l'origine, cette épreuve était une course de chevaux.

Pour les amateurs de plein air

Certains organisateurs de courses délaissent le pavé pour permettre aux participants de profiter à souhait des joies de la nature. Outre les courses à obstacles, d'autres compétitions se font en plein air.

La course en sentier ou *trail* est une épreuve de course à pied se déroulant en milieu naturel. La distance à parcourir lors de ces compétitions peut varier de 1 km à plus de 160 km. En Europe, l'Ultra-Trail du Mont-Blanc est l'une des plus connues : avec ses 9400 m de dénivelé et ses 168 km à parcourir, elle représente un défi de taille. Dans la région de Charlevoix, au Québec, se tient un événement annuel de courses en sentier pour les petits comme pour les grands (2 à 65 km).

---

14. Pour en savoir plus, lisez : « On améliore ses temps en courant et non en soulevant des poids » (p. 86).

Plus populaire en Europe qu'au Québec, le cross-country est également réalisé en plein air. Il permet de courir plus rapidement que lors d'un *trail*, car la surface est souvent gazonnée et ne nécessite pas autant de prendre garde aux racines, aux pierres ou à d'autres obstacles.

Peut-être préféreriez-vous les courses d'orientation (orientering) qui allient course à pied et navigation avec carte et boussole ou GPS. Ces courses, généralement en pleine nature, exigent du sportif qu'il trouve le plus rapidement possible plusieurs postes de contrôle. Voilà une activité pour le coureur qui aime autant se servir de ses jambes que de sa tête.

> Le Marathon de l'Everest est une course en sentier dans l'un des plus beaux panoramas du monde. Le départ est donné de Gorak Shep à une altitude de 5184 m, tout près du camp de base de l'Everest; l'arrivée se fait à Namche Bazar, village sherpa encastré dans les montagnes de la chaîne himalayenne, à une altitude de 3446 m. Reconnue comme le marathon le plus haut du monde, cette épreuve est un défi de tous les instants pour les sportifs qui ne craignent pas les efforts dans un environnement appauvri en oxygène.

Pour tous les goûts

Vous n'avez pas encore trouvé chaussure à votre pied? D'autres types de courses pourraient vous séduire. En voici quelques exemples:

> les courses pour toute la famille. Par exemple, les enfants déguisés pour l'Halloween peuvent participer à la Course des citrouilles, d'un kilomètre, au parc Jean-Drapeau à Montréal, alors que les grands courent 5 ou 10 km dans une ambiance de film de suspense. Ou encore, la course du père Noël, qui se déroule chaque année dans plusieurs villes canadiennes;

> les courses de défi par équipe. Par exemple, le Défi Montréal – New York, course à relais de 609 km, qui permet de se dépasser personnellement et collectivement, tout en amassant des fonds pour une fondation. Ou encore, le défi Montréal – Québec;

> les courses pour voir la vie en couleurs. Par exemple, The Color Run™ est une course de 5 km que les participants entament vêtus de blanc et

terminent tout en couleurs grâce à des poudres colorées. Cette course non chronométrée célèbre la santé, la bonne humeur et la joie de vivre;
> les courses avec son chien. Le canicross est une forme de course à pied où le sportif ne fait qu'un avec son chien. La distance de compétition varie de 1,5 à 10 km;
> les courses à reculons. Pour voir et vivre la course autrement, certains sportifs la pratiquent à reculons. Cette façon de courir est prise au sérieux par de nombreux adeptes de la discipline. C'est l'Allemand Achim Aretz qui détient le record mondial du marathon à reculons, avec un temps de 3 h 42 min 41 s;
> les courses d'ultra-endurance par étapes. Par exemple, le Marathon des sables, épreuve d'environ 250 km, qui a lieu dans le désert du Sahara, au Maroc. En plus de devoir transporter ses vêtements, son équipement et sa nourriture pendant une semaine, le coureur aura très chaud le jour (la température avoisine parfois les 45 °C) et très froid la nuit (elle peut descendre jusqu'à 3 °C)!

LA RÉALITÉ EN BREF

La course à pied peut paraître monotone et répétitive à certains. Afin de rendre cette activité physique plus stimulante et motivante, il est important de varier la forme de son entraînement et de se fixer des objectifs, comme la participation à une course. Néanmoins, si les courses traditionnelles ne vous stimulent pas suffisamment, d'autres options vous allumeront certainement: les courses à obstacles guerrières, de Vikings ou de zombies, les courses en sentier, les courses de cross-country ou d'orientation, ou encore les courses par équipe, pour toute la famille ou même avec votre chien.

 Vous avez aimé ce sujet? Lisez:

> Quand j'écoute de la musique en courant, je file comme le vent! (p. 323)

MYTHES ET RÉALITÉS
LE CORPS

Il n'y a pas de doute, courir régulièrement a de nombreux effets sur l'organisme. Les os, les articulations, les poumons, le cœur, le cerveau, les muscles des jambes et de la respiration, ainsi que la graisse sont tous affectés par l'entraînement en course. Toutes sortes d'informations circulent à ce sujet: il est préférable de ne pas courir avec un surpoids; la course use les genoux; courir un marathon est trop dur pour le cœur; courir en ville endommage les poumons; la course est un remède contre la dépression et l'obésité. Vous serez en mesure de savoir si ces affirmations – et bien d'autres – sont des réalités appuyées par des preuves scientifiques ou seulement des mythes. Ce chapitre vous permettra de mieux discerner le vrai du faux en ce qui concerne les impacts de la course sur votre corps.

MYTHE ? JE SUE À GROSSES GOUTTES, JE MAIGRIS À VUE D'ŒIL !

Plusieurs adeptes de la course à pied et du conditionnement physique ont pour objectif une perte de poids. Selon la croyance populaire, plus une personne sue, plus elle perd du poids. Certains coureurs adoptent des stratégies pour augmenter la sudation lors de l'exercice. Est-il vrai que le fait de porter plusieurs couches de vêtements dans le but d'avoir chaud et de suer davantage lors d'un entraînement de course favorise la perte de poids ?

L'exercice : une source de chaleur

Pendant la course, le corps produit de la chaleur, qui doit être évacuée pour maintenir une température adéquate : environ 75 % de l'énergie dépensée est dispersée sous forme de chaleur, tandis que seulement 25 % de celle-ci est convertie en vitesse de déplacement. La quantité de chaleur produite dépend surtout du type d'exercice, ainsi que de l'intensité et de la durée de l'effort. Par exemple, un sportif aura normalement plus chaud lors d'un exercice cardiovasculaire comme la course à pied que lors d'une séance de taï-chi ou de musculation. La chaleur produite sera aussi plus importante lors d'une course rapide que d'une course lente. Finalement, une course de 2 heures causera une élévation plus importante de la température du corps qu'une course de 10 minutes.

En plus de l'intensité et de la durée de l'effort, l'augmentation de température corporelle peut aussi être causée par différents facteurs, comme une température ambiante et un taux d'humidité élevés, une circulation d'air limitée ainsi que des vêtements trop chauds ou qui ne laissent pas s'évaporer la sueur. Il faut toutefois éviter de se méprendre ; dans ces situations, le corps ne produit pas une quantité plus importante de chaleur, donc il ne dépense pas plus d'énergie. En réalité, il est seulement soumis à des conditions plus difficiles qui peuvent augmenter sa température interne. Afin de maintenir une température adéquate d'environ 37 °C, l'organisme doit essayer de se refroidir. La situation devient même dangereuse lorsque la température interne atteint 42 °C. À ce moment-là, la santé est menacée et les conséquences pourraient même s'avérer fatales. Heureusement, l'être humain peut normalement maintenir sa température interne grâce à différents mécanismes physiologiques.

> Si le corps ne pouvait pas contrôler sa température interne au cours de l'exercice, il suffirait d'un effort très intense de 30 minutes pour qu'elle s'élève à 42 °C, soit la valeur limite pour la survie !

Le corps : un excellent thermostat

Lors d'un exercice, le corps peut dissiper la chaleur par divers moyens, le plus efficace étant la production de sueur. Par temps chaud et sec, la transpiration contribue à plus de 80 % des pertes de chaleur corporelle.

Au cours d'efforts intenses dans des conditions tempérées, la perte d'eau, provenant à 90 % de la sueur, est d'environ 1 à 1,5 litre par heure. Quand il fait chaud, certains coureurs suant abondamment peuvent perdre jusqu'à 3 litres d'eau par heure, soit l'équivalent de 3 kilogrammes de poids corporel. La limite moyenne d'absorption d'eau par le corps, quant à elle, est d'environ 1 litre par heure. Il est ainsi facile de comprendre que, dans des conditions chaudes et humides, le risque de déshydratation est élevé lors d'une course de longue durée. Ce risque est d'autant plus important si les vêtements portés sont trop chauds ou s'ils ne permettent pas à la sueur de s'évaporer.

La capacité de sudation au cours de l'exercice varie selon les individus. Les facteurs génétiques, l'expérience d'entraînement et l'acclimatation à la chaleur peuvent contribuer à ces variations. Les hommes ont notamment une plus grande capacité de sudation que les femmes ou les enfants. De plus, l'une des adaptations induites par l'entraînement aérobie à long terme est d'accélérer le processus et d'augmenter la capacité de sudation. En clair, les athlètes suent plus et plus tôt que les débutants au cours de l'effort.

> En 2010, au cours du Championnat du monde de sauna sec en Finlande, le Russe Vladimir Ladyjensky est décédé après avoir passé 6 minutes à une température de 110 °C.

Sudation et perte de poids

Pour un même effort (en durée et en intensité) et une même consommation de liquide, la perte de poids sera plus grande si la température et l'humidité sont élevées. Attention, cette perte de poids est causée par une plus grande perte d'eau provenant de la transpiration et non par une perte plus importante de graisse. De plus, la perte de poids causée par une perte d'eau est temporaire : dès que le coureur se réhydrate adéquatement, le poids est repris. Toujours pour un même effort (en durée et en intensité), la dépense calorique serait la même, et ce, peu importe que le coureur sue beaucoup ou non. Afin de mieux comprendre ce phénomène, expliquons comment la dépense calorique est estimée lors de la course à pied.

> La perte moyenne de poids au cours d'un marathon dans des conditions normales est de 3 kg. De cette perte de poids, moins de 0,5 kg se traduit par une perte de graisse ; le reste correspond principalement à une perte d'eau sous forme de sueur. L'eau de la sueur provient, entre autres, du plasma sanguin (composante liquide du sang).

La dépense calorique lors de la course

On peut estimer la dépense calorique durant la course au moyen de la mesure de la consommation d'oxygène par le corps lors de l'effort. Le sportif dépense environ cinq kilocalories par litre d'oxygène consommé, selon les carburants énergétiques utilisés (glucides, lipides, protéines). Par exemple, sachant qu'une femme de 60 kg qui court à 10 km/h pendant une heure a consommé environ 126 litres d'oxygène, on peut estimer sa dépense d'énergie à environ 630 kilocalories. Malheureusement pour ceux qui s'accrochaient encore au mythe, la consommation d'oxygène par les muscles qui doivent se contracter au cours de l'effort ne dépend pas de la transpiration. Par conséquent, quelle que soit la quantité de sueur produite, la dépense énergétique de notre coureuse sera la même.

> **Estimation de la dépense énergétique en fonction de l'intensité d'effort**
>
> L'estimation de la mesure de la consommation d'oxygène à la course est directement liée à la vitesse de déplacement :
>
> › Course à pied (8 à 22 km/h) : 1 km/h ≈ 3,5 ml O_2/kg/min
>
> Ainsi, la coureuse se déplaçant à une vitesse de 10 km/h aura une consommation d'oxygène d'environ 35 ml O_2/kg/min.
>
> Afin de connaître la dépense calorique totale, il faut connaître le nombre total de litres d'oxygène consommés par la coureuse :
>
> › 35 ml O_2 × 60 kg × 60 min = 126 000 ml = 126 L O_2
>
> La dépense calorique estimée pour chaque litre d'oxygène consommé est d'environ 5 kcal, donc la dépense calorique totale de la coureuse est de :
>
> › 126 L O_2 × 5 kcal = **630 kcal**
>
> **Voici une façon plus simple d'estimer la dépense énergétique à la course (8 à 22 km/h)**
>
> Dépense énergétique (kcal) = distance parcourue (km) × poids (kg)
>
> 10 km × 60 kg = **600 kcal**

Des vêtements trop chauds : une très mauvaise idée !

Prendre des moyens draconiens pour avoir très chaud lors d'une course de longue durée est une bien mauvaise idée, car c'est risqué pour la santé. De plus, si l'objectif est la perte de poids, il est fort probable que la dépense calorique au cours d'un exercice où la température corporelle est élevée soit même inférieure à celle obtenue dans des conditions normales.

Voici ce qui se produit lors d'une activité aérobie comme la course, si la température et le taux d'humidité sont trop élevés ou si le sportif porte des vêtements trop chauds.

Augmentation de la température corporelle, causée par l'exercice aérobie ainsi que les vêtements ou les conditions climatiques.

Augmentation de la sudation afin de refroidir le corps. Toutefois, en cas de taux d'humidité élevé dans l'air ou d'humidité près de la peau causée par des vêtements qui ne permettent pas une évacuation de l'eau, il y a peu d'évaporation de la sueur sécrétée. La température corporelle tend donc à augmenter davantage.

Redistribution plus importante du sang vers la peau afin de refroidir le corps (d'où les visages qui deviennent rouges). Ce mécanisme est moins efficace que le précédent et réduit la quantité de sang disponible pour les muscles actifs.

La sudation se poursuit en vue d'abaisser la température du corps. Cette situation augmente le risque de déshydratation et de coup de chaleur si l'exercice est de longue durée. Une sudation plus importante entraîne une diminution du volume sanguin.

La viscosité du sang augmente et la quantité de sang que le cœur peut expulser à chaque battement est réduite en raison, entre autres, de la déshydratation. Ces effets augmentent légèrement le risque de malaise cardiovasculaire. De plus, ils provoqueront probablement une diminution de l'intensité de l'exercice. Ainsi, la dépense calorique sera moins importante que si l'entraînement avait été fait en situation normale.

> Certaines activités physiques occasionnent une sudation importante : c'est le cas des exercices aérobies en centre d'entraînement. Par exemple, pendant une course sur tapis roulant ou un cours de *spinning*, il n'est pas rare de suer à grosses gouttes. Comme ces activités sont stationnaires, la circulation de l'air autour des sportifs est réduite. Cette situation limite le refroidissement de la peau et du sang qui circule près de sa surface. Afin de stabiliser leur température interne, les sportifs doivent donc compter davantage sur l'évaporation de la sueur comme mode de refroidissement, ce qui les fait suer davantage.

LA RÉALITÉ EN BREF

La quantité de sueur sécrétée par le corps dépend de plusieurs facteurs, tels que le type d'exercice, son intensité et sa durée. La température, l'humidité, la circulation de l'air, le niveau d'entraînement, l'âge et les facteurs génétiques influencent également le degré de transpiration au cours de l'effort. De plus, des vêtements trop chauds peuvent faire augmenter la sudation. Toutefois, la dépense calorique ne peut pas être estimée à partir de la quantité de sueur produite. En fait, elle peut être estimée à partir de la consommation totale d'oxygène au cours de l'activité physique aérobie. Ainsi, pour un exercice comme la course, plus l'effort est long et intense, plus la dépense en calories sera importante. Contrairement à ce que certains croient, transpirer davantage lors de l'exercice ne signifie pas nécessairement dépenser plus de calories. Par conséquent, cela ne favorise pas une perte de graisse plus importante. Ainsi, un coureur habillé trop chaudement transpirera beaucoup, mais il ne s'agira pas d'une stratégie efficace si son objectif est de perdre davantage de graisse.

Vous avez aimé ce sujet ? Lisez :

> Oublie l'entraînement continu. Les intervalles, c'est ce qu'il y a de mieux (p. 55)
> Tu devrais perdre du poids avant de commencer à courir (p. 157)

MYTHE? | TU DEVRAIS PERDRE DU POIDS AVANT DE COMMENCER À COURIR

Que ce soit pour perdre du poids, améliorer leur santé, relever un défi ou pour le simple plaisir qu'elle procure, plusieurs personnes ayant un surplus de poids choisissent de faire de la course à pied. Certains rabat-joie prétendent qu'il est risqué de courir en ayant un surplus de poids. À l'opposé, d'autres suggèrent que la course est une excellente activité physique dont les bienfaits surpassent nettement les risques, qu'on soit svelte ou enveloppé. Faisons la lumière sur ces différentes opinions.

Les risques du surpoids et de l'obésité

Le surpoids accroît le risque de maladies du cœur, de diabète, d'arthrose, de maux de dos, de troubles digestifs, d'infertilité, de stigmatisation sociale ainsi que de certains cancers et maladies pulmonaires. Selon l'Organisation mondiale de la santé, l'obésité augmente aussi le risque de mortalité. De plus, ces risques sont accrus lorsque la personne ayant un surpoids est inactive. De toute évidence, l'adoption de saines habitudes de vie comme une activité physique régulière et une alimentation adéquate peuvent contribuer à améliorer la santé et favoriser la perte de poids.

Perdre du poids avant de s'exercer

Selon la croyance populaire, il serait plus efficace pour les personnes en surpoids (IMC = 25 à 30)[15], et d'autant plus si elles sont obèses (IMC ≥ 30), de modifier leur alimentation dans le but de perdre du poids avant de faire de l'activité physique. Or, absolument rien ne les empêche de s'exercer. Il a même

---

15. L'indice de masse corporelle (IMC) est une mesure de corpulence qui permet d'estimer les risques de maladies liés à un excès ou une insuffisance de poids. IMC = poids (kg)/taille^2 (m^2). Pour en savoir plus, lisez: «Mon IMC est de 26, je suis trop grosse!» dans le livre *Mythes et réalités sur l'entraînement physique*.

été démontré que l'activité physique améliore la santé des personnes en surpoids, même si elle ne s'accompagne pas d'une perte de poids. En fait, il est important que tout le monde choisisse une activité physique adaptée à son état de santé et à ses capacités. De plus, la fréquence, la durée et l'intensité de l'activité physique choisie devront augmenter de façon progressive.

> Le marathonien Peter Maher a représenté le Canada aux Jeux olympiques de Séoul et de Barcelone. Après avoir tourné le dos à la course dans sa jeunesse, ce géant de 1,95 m (6' 5") avait adopté des habitudes de vie malsaines : il fumait comme une cheminée, consommait beaucoup d'alcool et négligeait son alimentation. Par la suite, il s'est repris en main, a perdu environ 35 kg (≈80 lb) et a même réussi à détenir momentanément le record du monde sur 25 km. Son meilleur temps au marathon est de 2 h 12 min 58 s.

Courir avec un surpoids = risque de malaise cardiaque ?

Comme on l'a vu précédemment, un surplus de poids est considéré comme un facteur de risque de maladies du cœur. Bien que les malaises cardiovasculaires se produisant lors de la course à pied soient extrêmement rares, on ne peut ignorer ce risque, aussi faible soit-il. Idéalement, il est préférable d'obtenir un avis médical avant de modifier son niveau d'activité physique si l'on est atteint d'une des maladies ou si l'on présente plus de deux des facteurs de risque suivants :

Maladies	Facteurs de risque des maladies du cœur
Maladie cardiovasculaire	Obésité (IMC ≥ 30)
Maladie pulmonaire	Sédentarité
Diabète de type 1 ou 2	Hypertension artérielle
Maladie de la glande thyroïde	Hyperglycémie
Maladie du rein	Hypercholestérolémie
Maladie du foie	Tabagisme actif
	Cas de maladies cardiovasculaires dans la famille immédiate
	Homme âgé de 45 ans et plus ou femme ménopausée

Courir avec un surpoids = risque d'arthrose ?

Le cartilage des articulations a pour fonction d'empêcher les frottements osseux et d'absorber les chocs lors de la course à pied. Or, le risque de dégénérescence du cartilage au niveau des hanches et des genoux est deux fois plus élevé chez les coureurs ayant un important surpoids. Nous allons voir pourquoi.

Premièrement, les impacts de la course à pied mettent à rude épreuve les articulations qui supportent le poids du corps (genoux, hanches et bas du dos) de ceux qui présentent une surcharge pondérale. Par exemple, lorsqu'on court à une vitesse de 9 km/h, la force d'impact équivaut à 2,5 fois le poids du corps. Chaque kilo en trop accentuera donc un peu plus la pression sur les genoux et les hanches, les exposant ainsi à un risque plus élevé d'arthrose. Lorsqu'un ou plusieurs facteurs s'ajoutent, comme une technique de course inadéquate, le port de chaussures inappropriées ou le vieillissement, le risque augmente d'autant plus.

Deuxièmement, on a constaté que le seul fait d'avoir un surplus de poids augmentait le risque d'arthrose aux articulations portantes (genoux, hanches), ainsi qu'aux articulations non portantes, notamment celles des mains. Auparavant, la graisse était uniquement considérée comme une réserve d'énergie inactive. Maintenant, on sait que la graisse n'est pas qu'une masse inerte, mais aussi un tissu vivant. Tout comme un organe ou une glande, les cellules de graisse peuvent libérer dans le sang diverses substances qui agiront ailleurs dans le corps. Or, des études récentes ont montré que l'une de ces substances, la leptine, avait un rôle à jouer dans le maintien de la santé du cartilage articulaire. En effet, lorsqu'elle est libérée en trop grande quantité dans le corps et qu'elle est combinée avec d'autres substances produites par l'organisme, la leptine peut augmenter le risque de destruction du cartilage, donc d'arthrose. En général, les personnes ayant un surplus de poids présentent une concentration supérieure de cette substance. Par ailleurs, on estime que l'obésité associée à l'athérosclérose (dépôt de différentes matières comme de la graisse, du calcium et des produits sanguins sur les parois des artères) ou au diabète accentue encore davantage le risque d'arthrose.

Courir avec un surpoids : d'autres risques de blessures ?

L'arthrose n'est pas le seul risque auquel s'exposent les coureurs en surpoids. Certaines parties de leur corps sont aussi soumises à un plus grand stress, ce qui accentue le risque de blessures. Par exemple, la périostite, inflammation de l'enveloppe de l'os touchant souvent le tibia, ou encore la fasciite plantaire, inflammation du tendon formant la voûte plantaire, sont des blessures dont ils souffrent plus fréquemment.

Les solutions de remplacement ne manquent pas

Afin de maximiser la perte de poids, il est important d'allier diminution de l'apport calorique et augmentation de la dépense énergétique. Comme la course à pied présente des risques accrus d'arthrose et de blessures musculosquelettiques pour ceux qui ont un surpoids, le choix d'une activité physique mieux adaptée doit être envisagé. La marche rapide est une option intéressante, bien que le risque d'arthrose pour les personnes obèses augmente également lors de cette activité. Dans ce cas, une marche à une vitesse moindre, sans faire de trop grands pas, est conseillée. En outre, le vélo, la natation, l'aquajogging ou l'entraînement sur un exerciseur elliptique, un simulateur d'escalier ou un rameur sont des activités aérobies indiquées pour les personnes plus lourdes. Bien que les activités aérobies soient plus efficaces pour perdre du poids, des exercices musculaires peuvent les compléter[16].

La course à pied malgré tout

Voici quelques recommandations pour les personnes qui ont un surplus de poids mais qui désirent tout de même courir:

> être conscientes que le risque d'arthrose et de blessures augmente avec le surplus de poids;
> débuter par un seul entraînement de course par semaine. Chaque mois, ajouter une séance supplémentaire par semaine jusqu'à concurrence de quatre entraînements hebdomadaires;
> faire d'autres activités physiques pour s'exercer tous les jours et ainsi maximiser la dépense calorique;
> débuter par des courses de courte durée (ex.: 15 minutes) ou des séances où il y a alternance entre la course et la marche;

---

16. Pour en savoir plus, lisez: «Perdre du poids en levant des poids: impossible!» dans le livre *Mythes et réalités sur l'entraînement physique*.

> augmenter progressivement la durée des entraînements (augmentation maximale de deux minutes par entraînement);
> ne pas essayer de battre des records, surtout lors des premières séances;
> être à l'affût de l'inconfort ou des douleurs ressenties pendant et après l'entraînement;
> ne pas courir si des douleurs ou des inconforts sont ressentis pendant ou après l'entraînement.

LA RÉALITÉ EN BREF

La pratique régulière d'activités physiques devrait faire partie intégrante du mode de vie de chacun. Elle constitue aussi une stratégie efficace pour perdre du poids. Toutefois, il est essentiel d'être conscient que la course à pied n'est pas parfaitement adaptée aux personnes en surpoids, car elle comporte pour elles des risques plus importants d'arthrose et de blessures que pour les personnes qui maintiennent un poids santé. Notons que, plus le surpoids est important, plus ces risques s'accentuent. Plusieurs autres activités aérobies sans impacts sont mieux adaptées et peuvent être aussi efficaces que la course à pied pour perdre du poids et profiter des bienfaits sur la santé : le vélo, la natation, l'aquajogging, ainsi que l'entraînement sur certains appareils comme l'elliptique ou le rameur.

Vous avez aimé ce sujet ? Lisez :
> Je sue à grosses gouttes, je maigris à vue d'œil ! (p. 151)
> La course à pied, ça use les genoux (p. 162)

MYTHE? LA COURSE À PIED, ÇA USE LES GENOUX!

Les coureurs et leur entourage s'inquiètent de l'état de santé actuel et futur de leurs genoux. Plusieurs croient que la course, en particulier celle de longue distance comme le marathon, augmente le risque d'usure prématurée de cette articulation. Est-il possible que les impacts répétés de la pratique de la course à pied causent un vieillissement précoce des genoux?

La détérioration du genou : un signe d'arthrose

L'usure d'une articulation, souvent accompagnée de douleur, est un signe d'arthrose. Elle se manifeste par l'effritement du cartilage présent autour de l'os. Le cartilage articulaire est un tissu protecteur qui a pour rôle d'assurer des mouvements sans frottement osseux à une articulation, et d'absorber les chocs. Par exemple, une arthrose du genou peut causer un frottement entre les os de la cuisse et de la jambe, soit le fémur et le tibia. Ce frottement indésirable cause une usure du genou et de la douleur. L'arthrose peut aussi mener à des excroissances osseuses autour de l'articulation, c'est-à-dire une augmentation de la masse osseuse qu'on nomme ostéophyte.

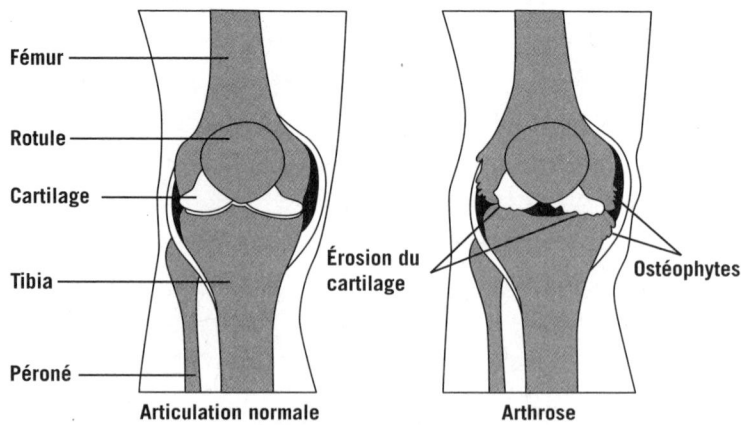

> L'arthrose fait partie de la grande famille de l'arthrite, qui regroupe environ une centaine de maladies. Il est important de distinguer l'arthrose des maladies comme la polyarthrite rhumatoïde ou le lupus, qui sont des maladies inflammatoires causées par un excès d'activité du système immunitaire.

Une croyance forte, une réalité complexe

Précisons la question : est-ce que la course à pied peut créer une usure prématurée du cartilage de l'articulation du genou, donc augmenter le risque d'arthrose ? Plusieurs chercheurs se sont penchés sur la question et les résultats obtenus sont contradictoires. Certaines études ont montré que le volume de cartilage qui protège l'articulation est, en moyenne, plus important chez les coureurs réguliers. Toutefois, on observerait aussi une augmentation des ostéophytes chez ceux-ci. Pour certains, cette augmentation serait un signe d'arthrose, alors que, pour d'autres, elle signifierait que les os s'adaptent aux forces appliquées sur l'articulation. D'ailleurs, certains chercheurs constatent que les coureurs ont moins de risques de souffrir d'arthrose en vieillissant que ceux qui sont inactifs.

D'autres études indiquent une relation directe entre la fréquence et l'intensité des activités physiques et la sévérité des dommages aux genoux. Grâce à l'imagerie médicale, on a en effet observé qu'une pratique importante d'activité physique augmentait le risque de lésions du cartilage du genou, d'inflammation des os et de lésions des ligaments. Une étude californienne a même constaté que l'arthrose dépendait directement du niveau d'activité physique et n'était pas spécifique à l'âge ni au sexe des participants. Il faut cependant noter que ce genre d'étude analyse tout type d'activité physique et que les lésions au cartilage sont souvent de nature traumatique, c'est-à-dire qu'elles se produisent à la suite d'une chute, de changements rapides de direction, d'arrêts brusques, ou encore d'un choc ou d'une torsion au genou. Ce type de situation est nettement plus commun dans des sports comme le soccer ou le tennis qu'en course à pied.

Certains coureurs sont actifs depuis plusieurs années et ne montrent aucun signe de détérioration des genoux, alors que d'autres ne courent que depuis peu et souffrent d'arthrose à cette articulation. Différents facteurs peuvent accentuer le risque d'arthrose chez le coureur. Lorsque ceux-ci sont combinés, le risque s'accroît. Tentons de mieux cerner ces facteurs.

> Vainqueur du Marathon de Boston en 1970, le coureur britannique Ron Hill, né en 1938, a réagi ainsi au commentaire d'une femme qui affirmait que la course à pied usait les genoux : « J'ai 150 000 miles à mon actif avec ces genoux et ils sont encore en excellent état. » À sa réponse : « C'est seulement parce que vous êtes mince », il a rétorqué : « Comment pensez-vous que je suis devenu aussi mince et que j'ai réussi à le rester ? »

Un risque pour tous : le surplus de poids

On sait que, chez les personnes ayant un surplus de poids, les articulations portantes comme les genoux sont soumises à des forces de pression qui occasionnent un risque accru d'effritement du cartilage. Toutefois, certaines études ont constaté que l'obésité ou le surplus de poids augmentait aussi le risque d'arthrose au niveau d'articulations non portantes comme celles des mains. En fait, une quantité de graisse accrue est associée à la libération de certaines substances comme la leptine. Or, une grande concentration de leptine et d'autres substances augmente le risque d'arthrose chez les personnes avec un surplus de poids.

Plusieurs spécialistes considèrent qu'un surpoids, principalement en graisse, peut accroître le risque d'arthrose au genou déjà présent chez celui qui court. En effet, chaque kilogramme de masse corporelle en surplus augmente la pression sur le genou au moment de l'impact au sol d'environ trois kilogrammes. Il est donc recommandé à tout individu dont l'indice de masse corporelle (kg/m^2) est supérieur à 30 de choisir des activités physiques qui comprennent moins d'impacts que la course à pied. Par exemple, le vélo, la natation, le patin ou le ski de fond sont des exercices aérobie qui présentent un risque amoindri d'arthrose au genou comparativement à la course à pied, principalement pour les gens qui ont un surpoids.

Un risque pour le coureur : le manque de force musculaire

Les résultats de plusieurs études ont montré qu'une force ou une endurance insuffisante des muscles des membres inférieurs augmentait le risque de blessures et d'usure des genoux. Au cours d'un mouvement répétitif comme celui de la course à pied, il est important d'avoir assez de force dans les muscles des cuisses (ex. : quadriceps) pour absorber une partie de l'impact à chaque foulée. De plus, certains muscles devront stabiliser des articulations pour assurer un bon alignement corporel. Par exemple, une force suffisante des adducteurs (muscles de l'intérieur des cuisses) et des abducteurs (certains muscles des fessiers) permet de stabiliser la cuisse et de la maintenir dans un alignement adéquat, ce qui limite le risque d'arthrose et de blessures au genou. D'ailleurs, les résultats d'une étude indiquent que le risque de souffrir du syndrome rotulien (inflammation du genou) était 5,5 fois plus élevé quand les quadriceps étaient trop faibles et 3 fois plus élevé quand les ischio-jambiers étaient trop faibles.

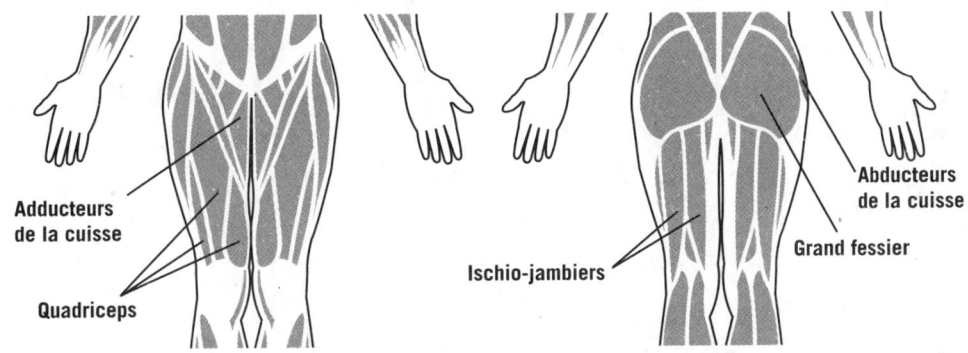

Un risque pour le coureur : trop ou pas assez de flexibilité

Le risque d'arthrose suit une courbe en «U». À une extrémité, les individus qui sont peu flexibles des membres inférieurs voient leur risque d'arthrose au genou augmenter lors de la pratique de la course à pied. Ce risque accru s'explique par le fait qu'un manque de flexibilité pourrait occasionner une technique de course inadéquate. À l'autre extrémité, le risque d'arthrose est également plus élevé pour ceux qui sont très flexibles grâce à la grande laxité de leurs ligaments. Dans cette situation, l'articulation du genou est plus instable, ce qui peut augmenter le risque de cisaillement au cartilage lors d'impacts répétés.

Un risque pour le coureur : une anatomie peu avantageuse

L'angle Q correspond à l'alignement du fémur entre la hanche et le genou. Lorsque le bassin est plus large, l'angle Q est plus prononcé, ce qui augmente le risque de désalignement du genou vers l'intérieur lors de la course à pied, surtout lorsque les muscles des fessiers ne sont pas assez forts. Le risque d'arthrose augmente aussi chez le coureur qui a un *genu valgum* ou un *genu varum*. D'autres situations, comme les pieds plats, les pieds trop arqués ou une rotation interne du genou par rapport à la hanche peuvent aussi accentuer le risque d'arthrose au genou chez le coureur. En outre, une jambe peut être plus longue que l'autre en raison d'une asymétrie des os du bassin ou des membres inférieurs, alors qu'un désalignement de la posture peut donner l'impression d'une jambe plus longue que l'autre. Dans ces deux cas, le risque d'arthrose est aussi accru.

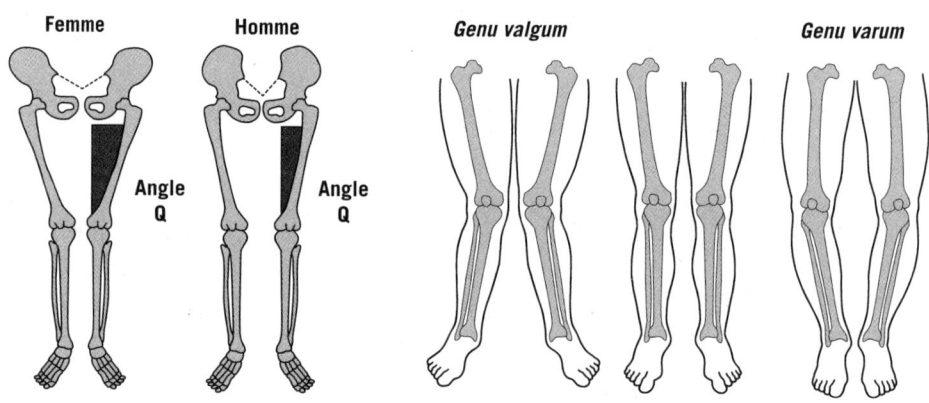

Un risque pour le coureur : une technique inadéquate

Des facteurs comme un désalignement corporel causé par une technique de course déficiente, de trop longues foulées ou une extension au genou lors de l'impact peuvent augmenter le risque de blessures et d'usure de cette articulation. En outre, la technique de course se modifie lorsque la fatigue augmente, ce qui accentue le risque de désalignement corporel.

Un risque pour le coureur : une surface trop dure

A priori, on pourrait croire que plus la surface de course est dure, plus les forces de pression au niveau des genoux seront grandes. La réalité est plus nuancée. Lorsque la surface est dure (ex. : asphalte), le coureur tend à amortir davantage l'impact par une flexion au genou. Donc, s'il est vrai qu'une surface très dure comme le ciment d'un trottoir peut augmenter le risque d'usure des genoux, ce n'est pas uniquement à cause des forces plus grandes exercées sur cette articulation. En fait, sur des surfaces dures comme le ciment ou l'asphalte, les articulations subissent un stress lié aux impacts qui est pratiquement toujours le même, ce qui a pour effet d'augmenter le risque d'arthrose. La surface considérée comme la plus sûre est une route ou un chemin relativement plat en gravier ou en terre.

La plupart des coureurs engrangent les kilomètres sur les rues asphaltées. Afin de diminuer le risque de blessures, il est recommandé de courir au moins une fois par semaine sur une surface différente (gravier, terre, gazon, sable, piste, tapis roulant et même dans l'eau[17]).

Un risque pour le coureur : le type de chaussures

Le débat fait rage actuellement : vaut-il mieux courir avec des chaussures minimalistes qui tentent d'imiter la course pieds nus ou avec des chaussures traditionnelles, plus absorbantes et plus rigides[18]? Sans tirer de conclusions sur le sujet, on peut affirmer que les chaussures traditionnelles qui sont usées peuvent accentuer le risque de blessures aux genoux. Par exemple, la durée de vie d'une chaussure de course traditionnelle est d'environ 700 à 1200 kilomètres. Si l'on court 40 kilomètres par semaine, il est conseillé de changer ses chaussures tous les 6 mois.

Un risque pour le coureur : l'historique de blessures

Un facteur de risque important de l'arthrose du genou chez le coureur est le fait d'avoir déjà eu une blessure à cette articulation. Par exemple, une ou des entorses au genou dans le passé augmentent le risque futur d'arthrose. De plus, il est très important de respecter les signaux de douleur ressentis au cours ou à la suite de l'effort : continuer de courir malgré une douleur au genou augmente le risque d'usure prématurée de cette articulation.

Des risques pour le coureur : l'âge, le sexe et les gènes

Le cartilage tend à s'amincir avec l'âge, ce qui augmente la possibilité de voir apparaître de l'arthrose aux genoux chez le coureur plus âgé, surtout si

---

17. Pour en savoir plus sur la course dans l'eau ou l'aquajogging, lisez : «On améliore ses temps en courant et non en pédalant» (p. 97).
18. Pour en savoir plus, lisez : «Nous sommes nés pour courir avec des chaussures minimalistes» (p. 285).

d'autres facteurs de risque sont présents. Étant donné qu'en général l'angle Q est plus prononcé chez les femmes que chez les hommes et qu'elles ont une moins grande force musculaire, la possibilité qu'elles présentent un désalignement corporel lors de la course est accrue. Par conséquent, les coureuses, surtout celles qui sont plus âgées, présentent un plus grand risque d'arthrose du genou que les coureurs. Finalement, certaines personnes ont un risque accru de souffrir d'arthrose tout simplement en raison d'une prédisposition génétique.

> En cas d'arthrose du genou, il est recommandé de faire de l'activité physique. En effet, l'inactivité physique peut mener à une diminution encore plus importante du volume du cartilage articulaire. Certaines activités sont jugées plus sûres comme le vélo, la natation ou la marche. Ces activités ont l'avantage de diminuer les pressions aux genoux, d'éviter les changements de direction et de réduire les torsions à l'articulation. De plus, il est recommandé d'augmenter ou du moins de maintenir la force, l'endurance et la flexibilité des muscles des membres inférieurs.

Le risque augmente-t-il avec la distance parcourue?

Aucune preuve scientifique ne permet d'affirmer à ce jour que le risque d'arthrose du genou est plus grand chez les coureurs de longue distance comme le marathon. Une étude de 2013 portant sur 75 000 coureurs a d'ailleurs démontré que le risque d'arthrose était de 15 % moins élevé chez ceux qui couraient plus de 2 km par jour que chez les personnes sédentaires, et que le risque n'augmentait pas, même chez les coureurs participant à plusieurs marathons par année. De toute évidence, l'usure des genoux peut tout de même augmenter avec la fréquence, la durée et l'intensité des entraînements si le coureur présente un ou plusieurs des facteurs de risque énoncés précédemment.

LA RÉALITÉ EN BREF

Il est faux de prétendre qu'il y a un lien direct entre la course à pied et l'usure prématurée des genoux. On a même constaté que les coureurs présentaient en général un risque moins élevé d'arthrose que les gens inactifs, entre autres, parce que cette activité leur permettait de maintenir un faible taux de graisse. Par ailleurs, la pratique de certains sports comme le soccer, le basketball ou le tennis augmente le risque d'arthrose du genou comparativement à la pratique de la course à pied, compte tenu des changements de direction rapides et des arrêts brusques qu'ils exigent, ainsi que des risques d'entorses qui y sont liés. Malgré tout, plusieurs facteurs peuvent contribuer à l'augmentation du risque d'usure prématurée des genoux chez le coureur. Parmi ceux-ci, un surpoids corporel, une force ou une endurance insuffisante des muscles des membres inférieurs, une anatomie à risque, une technique de course inadéquate, une surface de course trop dure, des chaussures de course inappropriées, un historique de blessures ainsi que le vieillissement. En résumé, bien qu'il existe pour certaines personnes un risque réel d'arthrose du genou causé par la course, les bienfaits de cette activité physique pour la santé en surpassent généralement les risques.

Vous avez aimé ce sujet ? Lisez :
> Tu devrais perdre du poids avant de commencer à courir (p. 157)
> Le marathon : dur dur pour le cœur (p. 170)
> La course en ville : adieu, poumons roses ! (p. 175)

MYTHE? | LE MARATHON : DUR DUR POUR LE CŒUR

Depuis quelques années, le débat fait rage chez les spécialistes de la santé. L'une des positions défendues est tout à fait surprenante : le marathon pourrait causer des dommages irréversibles au cœur. Plusieurs coureurs ont lu ou entendu cette affirmation qui suscite bien des questions. Est-ce vrai ? Si tel est le cas, ces dommages au cœur exposent-ils les coureurs à des risques importants pour la santé ? Si ces risques existent, ne devrait-on pas carrément éviter de participer à des marathons ou de courir sur de longues distances ? Entrons dans le cœur du problème.

Le « cœur d'athlète »

On sait que le cœur peut subir des transformations physiques lorsqu'il est soumis à un entraînement aérobie. Ces changements sont dus à la demande importante en oxygène qui oblige le cœur à pomper une grande quantité de sang. L'augmentation du volume des ventricules gauche et droit du cœur ainsi que l'épaississement de la paroi les séparant (septum cardiaque) peuvent se produire quand on s'entraîne intensément et pendant de longues heures à la course. Ces changements, qui mènent à ce que l'on nomme le « cœur d'athlète », sont dus à une augmentation en grosseur et en nombre des cellules de cet organe, lui permettant ainsi d'assurer l'expulsion d'une quantité importante de sang au cours d'un exercice intense.

Pendant longtemps, on a cru que les transformations au cœur causées par l'exercice apparaissaient sans créer de dommages, comme du tissu cicatriciel permanent (fibrose). En fait, les scientifiques pensaient que les fibroses apparaissaient seulement en cas de problèmes de santé comme la crise cardiaque ou l'hypertension. Aujourd'hui, grâce à des technologies récentes d'imagerie médicale, on sait que l'exercice comme la course à pied peut causer des modifications au cœur. Parmi celles-ci, les fibroses, qui peuvent être associées à une augmentation du risque de maladies du cœur.

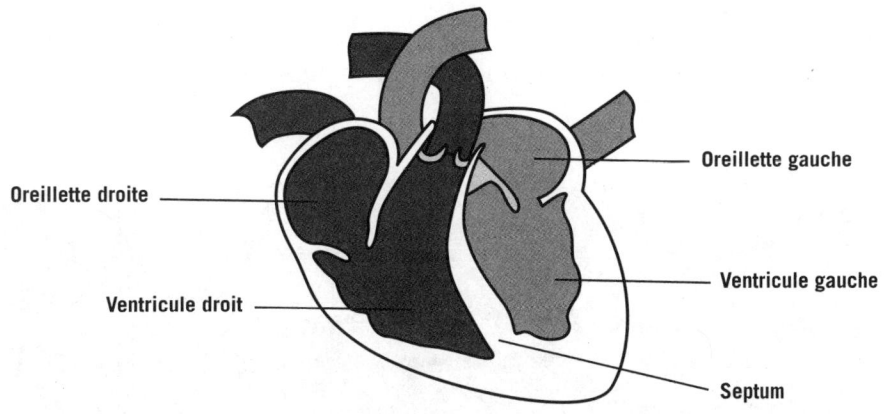

Le marathonien de 28 ans Ryan Shay a perdu la vie lors des essais olympiques américains en 2007. L'autopsie a révélé que le décès avait été causé par une perturbation du rythme cardiaque probablement occasionnée par le grossissement du cœur et la présence de fibroses. Ces anomalies sont apparues à la suite d'une infection virale au cœur (myocardite) au cours de son enfance.

Les fibroses : certainement pas chez tous les coureurs

C'est donc un fait avéré : l'exercice aérobie comme la course peut occasionner des dommages au cœur. Toutefois, la plupart des cœurs de sportifs ne montrent aucune fibrose. Par exemple, les résultats d'une étude canadienne faite en 2012 ont démontré que 25 marathoniens âgés de plus de 50 ans ne présentaient aucun dommage permanent au cœur. Toutefois, les résultats d'une autre étude, portant sur 40 athlètes ayant en moyenne 20 ans d'expérience en course à pied, indiquent que 6 d'entre eux avaient des fibroses au cœur. Bien que les résultats varient d'une étude à l'autre, une chose est certaine : des fibroses ne se forment pas chez tous les coureurs. Des différences en matière de vécu, d'hérédité et de type d'entraînement pourraient expliquer ces variations.

À ce jour, les scientifiques n'en savent pas suffisamment pour déterminer quelle distance courue, quelle fréquence d'entraînement ou quelle intensité d'effort exposent les coureurs à des risques plus importants de dommages au cœur. Toutefois, les coureurs d'élite complétant plus de 10 marathons par année pendant plusieurs années consécutives sont probablement plus à risque que ceux qui ne font pas plus de 40 km par semaine et 10 km par entraînement.

> Selon une étude statistique récente, le nombre de décès causés par un malaise cardiaque est de 1/126 000 participants au marathon, comparé à environ 1/180 000 adultes par jour au Canada. Un entraînement adapté aux exigences de l'épreuve (augmentation progressive de la distance de course) ainsi qu'une hydratation adéquate (150 à 250 ml d'eau toutes les 15 à 20 minutes) durant la course contribuent à réduire ce risque. De plus, on ne devrait jamais courir un marathon si la température et le taux d'humidité sont trop élevés (sensation de chaleur de plus de 28 °C).

Fausse alerte

Il y a quelques années, des chercheurs qui étudiaient le risque de dommages et de dysfonctionnement au niveau du cœur à la suite d'un marathon ont lancé l'alerte. Leurs études, qui se basaient sur des marqueurs sanguins qui semblaient indiquer des dommages importants au cœur, ont probablement surestimé ce risque. D'ailleurs, d'autres chercheurs ont montré par la suite que le cœur revenait à la normale dans les jours qui suivaient la performance.

Pour un cœur en santé : la course à pied

En matière de risque pour la santé, les fibroses au cœur causées par la course ne sont que l'arbre qui cache la forêt. En effet, les preuves scientifiques qui confirment que l'exercice est bon pour le cœur s'accumulent depuis plus de 50 ans. Voici quelques-uns des bienfaits de la pratique régulière d'un exercice aérobie comme la course :

> diminue d'environ 50 % le risque de maladies du cœur ;
> aide à prévenir et peut même réduire l'accumulation de dépôts sur les parois des artères (athérosclérose). L'athérosclérose diminue la capacité des vaisseaux à faire s'écouler le sang de façon adéquate. Par conséquent, elle est une cause importante de maladies du cœur ;

> aide à maintenir une tension artérielle normale ou à la réduire lorsqu'elle est trop élevée (hypertension). L'hypertension est un facteur de risque important de maladies du cœur.

Laissons parler les chiffres

Certains auteurs affirment que les athlètes d'endurance exposent leur cœur, et donc leur vie, à un risque réel, étant donné que l'entraînement aérobie intense et prolongé peut occasionner des transformations qui rendraient cet organe plus vulnérable. Toutefois, les résultats d'études portant sur la longévité des athlètes sont unanimes : l'entraînement aérobie allonge la durée de vie.

Une étude récente sur les cyclistes ayant participé au Tour de France au moins une fois depuis 1947 indique que ces derniers ont eu un taux de mortalité plus faible que le reste de la population française du même âge. Le nombre de décès causés par des maladies cardiovasculaires était de 33 % moins élevé chez les cyclistes. Selon les chercheurs, ces sportifs de haut niveau auraient une durée de vie calculée d'environ 6 ans de plus que le reste de la population. Une autre étude, portant sur la longévité de 73 000 skieurs de fond ayant participé, de 1989 à 1998, à la Course de Vasa en Suède (90 km), va dans le même sens. Les résultats indiquent qu'en 1999 seulement 410 d'entre eux étaient décédés. Pourtant, on estime que, dans un groupe similaire de la population générale, 851 personnes seraient décédées. Finalement, une étude finlandaise a permis de constater que les athlètes d'endurance ayant participé aux Jeux olympiques de 1920 à 1964 avaient vécu environ cinq ans et demi de plus que le reste de la population. Les résultats montraient en effet une espérance de vie de 75,6 ans pour les anciens athlètes, contre 69,9 ans pour la population générale.

LA RÉALITÉ EN BREF

En raison d'études scientifiques suggérant un lien entre l'entraînement en course à pied sur de longues distances et les maladies du cœur, certains n'hésitent pas à conclure que le marathon peut mettre la vie en péril. Cependant, les effets protecteurs d'une pratique régulière de la course à pied sur la santé cardiovasculaire surpassent largement les risques encourus. Pour les marathoniens et ultra-marathoniens, il est probablement préférable d'éviter de tomber dans les excès d'entraînement et de compétitions afin de minimiser les risques, aussi faibles soient-ils.

 Vous avez aimé ce sujet ? Lisez :
> La course à pied, ça use les genoux ! (p. 162)
> La course en ville : adieu, poumons roses ! (p. 175)
> La course, une drogue qui fait voir la vie en rose (p. 180)

MYTHE ? | LA COURSE EN VILLE : ADIEU, POUMONS ROSES !

Vivre en ville expose à une certaine quantité de polluants atmosphériques. La course à pied, le vélo, le tennis ou le soccer sont des activités souvent pratiquées à l'extérieur, surtout durant la belle saison. La pollution de l'air en milieu urbain peut-elle augmenter les risques pour la santé lorsqu'on pratique une activité sportive comme la course à pied ? La pollution de l'air diminue-t-elle la performance sportive ? Si oui, que faire pour diminuer les inconvénients liés à la pollution ?

Les sportifs sont à risque

Qu'ils s'entraînent en ville ou à la campagne, les coureurs respirent davantage de polluants atmosphériques que les gens inactifs. Voici pourquoi.

Quand on court, on respire plus

En premier lieu, pour courir, la quantité d'air inspiré doit être plus grande. Au repos, la quantité d'air inspiré est de 6 à 7 litres par minute. Elle peut augmenter lors d'un effort maximal jusqu'à 120 à 200 litres par minute, selon le gabarit du sportif et la vitesse de course. Cette quantité est 20 à 30 fois supérieure à celle au repos ! En fait, un athlète courant un marathon en 3 heures inspire la même quantité d'air qu'une personne inactive en 48 heures.

Quand on court, on respire par la bouche

Ensuite, une grande proportion de l'air inspiré lors de l'exercice l'est par la bouche. En effet, pour plusieurs coureurs, l'entrée d'air par le nez ne suffit pas à combler les besoins en oxygène quand l'intensité de l'exercice augmente. Malheureusement, la bouche ne permet pas une filtration optimale des polluants comme les voies nasales. En effet, l'inspiration par la bouche laisse entrer dans les voies respiratoires, et donc dans les poumons, une plus grande quantité de polluants, dont les particules fines.

Quand on court, l'air inspiré se déplace plus vite

Finalement, au cours de l'exercice, la vitesse de déplacement de l'air dans les voies respiratoires est plus rapide. L'air déplacé plus rapidement transporte donc les polluants plus loin dans le système pulmonaire. Malheureusement, comme un sportif en bonne condition physique court plus vite, cela entraînera une augmentation de la vitesse de déplacement de l'air, donc une exposition plus importante à ces substances potentiellement nocives.

En résumé, une quantité totale plus importante d'air inspiré, une quantité plus grande d'air inspiré par la bouche et une vitesse de déplacement plus rapide de l'air dans les voies respiratoires sont les raisons qui expliquent pourquoi la santé des sportifs d'endurance comme les coureurs est plus à risque s'ils s'entraînent en milieu pollué.

Des facteurs importants : la durée et l'intensité

En plus des trois raisons expliquées précédemment, les sportifs sont d'autant plus à risque s'ils s'entraînent longtemps, comme le font les marathoniens et les ultramarathoniens. En outre, un sportif avec une bonne condition physique a le potentiel de s'entraîner plus intensivement. Or, un effort de longue durée ou à intensité élevée engendre une plus grande absorption de polluants par le système respiratoire.

> Une consommation adéquate de bêta-carotène et d'autres antioxydants comme ceux que l'on trouve dans les fruits et les légumes est recommandée chez les sportifs, car elle peut réduire les effets négatifs de l'exposition aux polluants atmosphériques.

Des polluants, mais lesquels ?

Plusieurs polluants que l'on trouve dans l'air peuvent avoir un effet néfaste sur la santé. En voici quelques-uns : le monoxyde de carbone (CO), les oxydes d'azote (NO_x), l'ozone (O_3), les particules fines en suspension, le dioxyde de soufre (SO_2) et les composés organiques volatils. Le smog est une forme visible de pollution de l'air. Il s'agit d'un mélange nocif de gaz et de particules fines qui forme souvent un brouillard dans l'air.

Les effets sur la santé et la performance

L'exposition aux polluants pendant la course peut occasionner des symptômes comme l'irritation du nez et de la gorge, la nausée ainsi que le mal de tête. De plus, une diminution de la quantité d'air entrant dans les voies respiratoires peut être causée par une contraction involontaire des muscles des bronches. Dans ce cas, la performance d'endurance sera évidemment diminuée.

Issu de la combustion de carburant comme l'essence mais aussi présent dans la fumée du tabac, le monoxyde de carbone est l'ennemi numéro un du coureur! Lorsque ce gaz est inhalé, il provoque un manque d'oxygène dans le corps. En voici la raison: l'hémoglobine, qui se situe à l'intérieur des globules rouges, a pour rôle de transporter l'oxygène dans le corps. Or, le monoxyde de carbone se lie 200 fois mieux à l'hémoglobine que l'oxygène. Par conséquent, lorsque le monoxyde de carbone se lie à l'hémoglobine, il nuit à l'entrée d'oxygène dans la circulation sanguine. Évidemment, la performance aérobie sera diminuée si on inhale ce gaz, car il diminue la quantité d'oxygène disponible pour les muscles en action.

L'exposition aux polluants atmosphériques fait partie des facteurs accentuant les risques de maladies du cœur et de diabète de type 2. Par ailleurs, des études sur les animaux indiquent que les polluants pourraient augmenter le risque d'obésité en bloquant notamment les graisses à l'intérieur de la cellule, ce qui limite leur utilisation par le corps comme carburant énergétique.

> L'exercice physique pratiqué régulièrement à une intensité modérée, même à l'extérieur, protégerait davantage le cœur contre les effets néfastes du monoxyde de carbone que l'inactivité physique.

S'acclimater à la pollution

L'acclimatation à la pollution atmosphérique ne semble pas possible. Donc, il serait inutile pour un athlète qui prévoit une compétition d'importance dans un milieu pollué de s'entraîner dans ces conditions. Fait intéressant, en 2008 aux Jeux olympiques de Pékin, le champion coureur Haile Gebreselassie, qui est asthmatique, avait renoncé au dernier moment à courir le marathon en raison du smog.

> Selon l'Organisation mondiale de la santé, plus de 6 millions de personnes meurent chaque année de façon précoce à cause de la pollution atmosphérique, la plupart dans les pays pauvres.

Pour limiter l'exposition à la pollution

Voici quelques conseils à suivre lors des entraînements pour limiter l'exposition à la pollution.

- Éviter de s'entraîner pendant les heures de pointe, soit le matin entre 7 et 10 heures et en fin d'après-midi de 16 à 18 heures. Le moment idéal se situe avant 7 heures ou après 20 heures.
- Éviter les rues ou les routes congestionnées par les véhicules. L'exposition aux polluants de l'air diminue considérablement lorsqu'on s'éloigne des routes achalandées.
- Opter pour les parcs ou d'autres espaces verts.
- Vérifier le taux de pollution et éviter de s'entraîner à l'extérieur lorsque cela présente des risques pour la santé. La qualité de l'air peut être vérifiée sur différents sites Web, comme: www.meteomedia.com ou www.iqa.mddefp.gouv.qc.ca (pour le Québec), ou www.notre-planete.info (pour l'Europe).
- En voyage, éviter les entraînements extérieurs de longue durée ou très intenses dans des villes où la pollution atmosphérique est importante, comme Mexico (Mexique), New Delhi (Inde) ou Bangkok (Thaïlande).

LA RÉALITÉ EN BREF

Courir en ville comporte certains risques pour la santé en raison des polluants contenus dans l'air, qui sont parfois présents en grande quantité. En outre, le niveau d'entraînement ainsi que la durée et l'intensité de l'effort peuvent accroître l'absorption de polluants par le coureur. En plus d'être néfaste pour la santé, une exposition importante aux polluants atmosphériques réduit la performance sportive aérobie. Il faut donc suivre quelques règles élémentaires afin de diminuer les risques associés à la pollution, et surtout éviter tout entraînement dans des rues congestionnées par la circulation. Malgré la présence de polluants, la course en ville demeure, en général, plus bénéfique pour la santé que l'inactivité physique. Les personnes souffrant d'asthme ou d'autres maladies pulmonaires et les aînés doivent toutefois être prudents, car ils sont plus susceptibles d'être affectés par la pollution atmosphérique.

 Vous avez aimé ce sujet ? Lisez :
- C'est en respirant mieux qu'on devient un bon coureur (p. 137)
- La course à pied, ça use les genoux (p. 162)
- Le marathon : dur dur pour le cœur (p. 170)

MYTHE ? | LA COURSE, UNE DROGUE QUI FAIT VOIR LA VIE EN ROSE

L'expression latine *mens sana in corpore sano*, en français « un esprit sain dans un corps sain », signifie qu'on ne peut dissocier la santé du corps et celle de l'esprit. D'un côté, on peut se demander si la pratique de la course contribue à nous garder en bonne santé physique et mentale, et si elle nous permet de lutter contre la grisaille ou même la dépression. D'un autre côté, la course peut-elle nuire à la santé si on y devient dépendant, ou encore est-ce que la morosité attend au détour les véritables mordus de la course qui arrêtent de pratiquer leur activité physique favorite ? Dans ce cas, ces sportifs courent-ils inévitablement à la déprime ?

L'état dépressif

La dépression se caractérise par des sentiments de tristesse, de découragement, de mauvaise humeur, de faible estime de soi et de perte de plaisir. On estime qu'environ un adulte sur cinq souffrira d'une dépression majeure au cours de sa vie et les femmes ont deux fois plus de chances d'être touchées que les hommes.

La course, un puissant antidépresseur

Plusieurs études ont montré les bienfaits de la pratique régulière d'une activité physique comme la course sur la dépression. Certaines ont même démontré que l'exercice physique était aussi efficace que la psychothérapie ou les médicaments pour traiter cette maladie. Il y a quelques années, des chercheurs de l'université Duke aux États-Unis ont réalisé une étude d'envergure portant sur 202 adultes inactifs souffrant de dépression. Les résultats de cette étude nommée SMILE indiquent que la pratique régulière d'une activité physique est aussi efficace pour contrer la dépression que les antidépresseurs.

De surcroît, dix mois après la fin de cette étude, ceux qui avaient fait de l'exercice avaient 50 % moins de probabilités d'être dépressifs que ceux qui n'en avaient pas fait. On serait presque tenté de dire : pour éviter la déprime, rien ne sert de courir chez le médecin : il suffit de courir, tout simplement.

> Après avoir accouché, certaines femmes souffrent d'un syndrome dépressif passager. En plus de pouvoir réduire les symptômes d'un état dépressif, la marche ou la course à pied est idéale pour la nouvelle mère, qui peut profiter de cette activité physique accompagnée de son bébé.

Les effets synergiques de la course

Les personnes dépressives sont souvent en mauvaise santé. Les chercheurs sont unanimes : aucune approche ou intervention médicale n'est aussi prometteuse que la pratique régulière d'activité physique pour prévenir les maladies ou en atténuer les symptômes. Les résultats sont sans équivoque : une activité comme la course peut réduire le risque de maladies cardiovasculaires, de diabète de type 2, de certains cancers, d'obésité, d'ostéoporose, de maladie d'Alzheimer, etc. Il est certain que la psychothérapie ou la médication ont des effets positifs sur les personnes déprimées, mais pourquoi ne pas faire d'une pierre deux coups en ajoutant la course ou une autre activité physique à toute forme de traitement ? Ainsi, en plus de voir ses symptômes s'atténuer, la personne déprimée pourra améliorer sa santé et son estime de soi.

Étant donné leur état, les personnes dépressives démontrent généralement peu d'intérêt pour la course à pied ou n'importe quelle autre activité physique. Pour elles, un pas dans la bonne direction est la conscientisation aux bienfaits de l'activité physique. Toutefois, le défi le plus important auquel elles font face est de trouver des moyens pour accroître leur motivation à entamer un programme d'exercices, et surtout à le maintenir pendant plusieurs semaines.

Pourquoi la course à pied ?

Les mécanismes par lesquels l'activité physique peut réduire les sentiments dépressifs ne sont pas clairement connus des scientifiques. Toutefois, quelques hypothèses ont été proposées.

La biochimie du corps

Les endorphines sont des composés chimiques libérés par des neurones qui agissent sur d'autres neurones (neurotransmetteurs). Sécrétées, entre autres, lors de la course, elles ont un effet qui s'apparente à celui de la morphine, par leur action analgésique et leur pouvoir de procurer une sensation de bien-être.

En raison de leurs effets connus, de nombreux entraîneurs et coureurs concluent que les endorphines sont responsables du sentiment d'euphorie ou du *high* que peut procurer une course de longue durée. Toutefois, d'autres substances telles que la sérotonine et les endocannabinoïdes peuvent aussi jouer un rôle. Par ailleurs, certains croient que les endorphines peuvent être responsables de la dépendance à la course à pied, ce que les scientifiques n'ont pas encore pu prouver. On l'a vu : les chercheurs estiment que les endorphines peuvent effectivement contribuer au sentiment de bien-être associé à la course ; ils pensent aussi qu'elles pourraient réduire les sentiments dépressifs, mais, étant donné le manque de preuves scientifiques, d'autres recherches sont nécessaires. De plus, un seul neurotransmetteur ne peut être responsable des états de bien ou de mal-être ; c'est plutôt l'interaction complexe entre diverses substances qui permet de mieux les expliquer.

La course permet notamment d'augmenter la concentration de sérotonine et de noradrénaline dans le cerveau. De plus, l'exercice aérobie cause une élévation de la concentration de dopamine. Ces neurotransmetteurs affectent tous l'humeur d'une façon ou d'une autre. On suggère que la variation du taux de ces neurotransmetteurs lors d'un exercice comme la course est associée à une diminution du risque de dépression et à une réduction des symptômes dépressifs.

Notons encore que la course à pied contribue à la formation de nouveaux neurones dans une structure du cerveau nommée « hippocampe », par l'entremise des endorphines, de la sérotonine et d'autres molécules. Il se pourrait qu'une diminution du nombre de nouveaux neurones dans l'hippocampe d'un adulte soit liée à la dépression.

Finalement, les endocannabinoïdes sont des substances produites par le corps qui pourraient elles aussi contribuer à la diminution des sentiments dépressifs chez ceux qui courent. Quoique différents, les effets de ces molécules sont souvent comparés à ceux du cannabis, qui contient des cannabinoïdes.

> Le *high* du coureur est parfois décrit comme un sentiment d'euphorie. Toutefois, une étude américaine a montré que le sentiment d'euphorie ressenti par les participants ayant consommé 100 mg d'ecstasy, soit l'équivalent d'environ un cachet, était 8 fois plus important que chez ceux qui avaient fourni un effort intense. Si la course est une drogue, c'est donc certainement une drogue douce !

Créer de la distraction
L'exercice physique peut créer une distraction permettant d'oublier momentanément les problèmes quotidiens et les pensées dépressives. Mettre ses problèmes sur pause de cette façon est surtout efficace lorsque l'entraînement en course demande de se centrer sur l'effort, la foulée ou l'environnement. Ainsi, une séance par intervalles, un entraînement technique ou une course en forêt sont tout indiqués pour marquer un temps d'arrêt dans le stress de la vie.

L'estime de soi
L'estime de soi et l'impression d'être efficace peuvent être renforcées par la pratique de la course. L'atteinte d'objectifs d'entraînement réalistes et mesurables peut en effet rehausser l'estime de soi et le sentiment de compétence. De plus, le monde d'aujourd'hui valorise les personnes qui intègrent la course à pied à leur mode de vie. Cependant, que les féroces compétiteurs pour qui la performance est prioritaire soient mis en garde : la course peut aussi leur être nuisible, surtout s'ils se fixent des objectifs irréalistes ou doivent composer avec des contre-performances.

La course : une dépendance ?
La dépendance à la course se caractérise par un besoin incontrôlable de courir. Différents comportements anormaux peuvent indiquer une forme de dépendance à la course. En voici quelques-uns :

> l'entraînement en course échappe au contrôle de la volonté. Par exemple, le coureur augmente de façon démesurée la fréquence, la durée ou

l'intensité d'un ses séances. Cette augmentation injustifiée accroît, entre autres, le risque de blessures et de surentraînement;
> l'entraînement en course cause de la souffrance au sportif ou à son entourage. Par exemple, le coureur centre toute son énergie sur cette activité et délaisse les membres de sa famille ainsi que ses amis;
> l'entraînement en course interfère avec le fonctionnement normal de la vie. Par exemple, le coureur est fréquemment en retard au travail, car il prolonge inutilement ses entraînements le matin ou durant son heure de lunch.

Soulignons que certaines personnes sont plus à risque de présenter une dépendance à la course que d'autres. Les personnes souffrant notamment d'un trouble alimentaire, comme l'anorexie, plongent souvent dans une pratique excessive d'activité physique.

Néanmoins, la vraie dépendance à la course est rare. La très grande majorité des coureurs ont des comportements sains.

> On a constaté que la course pouvait être employée comme traitement pour aider à se défaire d'une dépendance à la drogue. La course: une drogue saine pour se libérer d'une autre.

La grisaille lorsqu'on arrête de courir

Plusieurs études ont observé qu'un arrêt de la pratique de la course ou d'une autre activité physique pouvait occasionner du stress, de l'anxiété, de la mauvaise humeur, de la dépression et de la culpabilité. La cause de cette déprime est basée sur la prémisse selon laquelle la pratique de la course engendre un état psychologique positif, qui s'inverse si on arrête l'exercice.

La raison pour laquelle le coureur arrête l'exercice peut influencer son état psychologique. Par exemple, l'arrêt de la course peut être envisagé dans la planification de l'entraînement, et avoir lieu après une compétition d'importance. En général, ces quelques jours de repos seront appréciés des sportifs. Cette période de répit aidera à récupérer le niveau d'énergie et la motivation pour la reprise de l'entraînement. Toutefois, lorsque le coureur doit arrêter son activité favorite en raison d'une blessure, d'une maladie ou encore d'un manque de temps dû à une surcharge de travail ou d'obligations familiales, il risque davantage de souffrir de sentiments dépressifs. C'est encore pire quand le motif d'arrêt empêche le coureur de participer à une compétition pour laquelle il s'était ardemment préparé. De toute évidence, les personnes souffrant d'une dépendance à la course seront davantage affectées par l'arrêt de l'activité que les autres sportifs.

LA RÉALITÉ EN BREF

La course à pied peut provoquer un effet de pendule sur l'état psychologique. D'une part, en courant régulièrement, le sportif peut ressentir des effets positifs sur son humeur. Ceux-ci sont associés notamment à une diminution du risque de dépression ou à une atténuation de ses symptômes. D'autre part, lorsqu'il cesse son activité favorite, il peut ressentir une sensation de vide, de tristesse ou de stress. Bien que cet effet de pendule soit possible, les bienfaits de la pratique de la course à pied surpassent nettement les méfaits qui y sont associés, surtout lorsque celle-ci n'engendre pas de comportements anormaux comme ceux indiquant une dépendance. Afin qu'elle demeure une activité saine, la course doit faire partie d'un tout et ne doit pas devenir le centre de votre univers. La participation à des compétitions devrait vous permettre de relever positivement des défis, mais non être perçue comme une fin en soi qui vous définit entièrement.

Vous avez aimé ce sujet ? Lisez :

> La course à pied, ça use les genoux (p. 162)
> Le marathon : dur dur pour le cœur (p. 170)
> La course en ville : adieu, poumons roses ! (p. 175)

MYTHE? | LE KÉNYAN PART AVEC UNE LONGUEUR D'AVANCE

Le sprinter jamaïcain est plus rapide que l'éclair sur 100 m. Le basketteur afro-américain y va de *dunks* tout en puissance et en grâce. La plongeuse chinoise virevolte dans tous les sens pour fendre l'eau sans faire d'éclaboussures. Et bien sûr, le coureur kényan pulvérise les records sans montrer le moindre signe d'essoufflement.

Depuis 2003, 87 des 100 meilleures performances au marathon ont été réalisées par des coureurs provenant de l'Afrique de l'Est, principalement du Kenya et de l'Éthiopie. Les coureurs de ces pays aux performances hors du commun se concentrent souvent dans certains villages. Par exemple, la tribu des Kalenjins (Kényans et Ougandais) compte pour moins de 0,1 % de la population mondiale. Pourtant, ses membres ont gagné collectivement plus de 50 médailles olympiques en course d'endurance, soit environ 20 % de toutes les médailles attribuées au 1500 m, au 5 km, au 10 km et au marathon depuis 1960! Comment expliquer une telle domination? S'entraînent-ils plus fort que les autres? Sont-ils dotés de caractéristiques génétiques hors de l'ordinaire? Profitent-ils de l'altitude? Essayons de mieux comprendre pourquoi, quand les Kényans courent, ils laissent si souvent leurs adversaires loin derrière.

> En 2000, lors des Jeux olympiques de Sydney, les trois médaillés du marathon masculin venaient d'Afrique de l'Est. Le même scénario s'est répété lors des Jeux olympiques de Londres, en 2012.

Les déterminants de la performance en course

Peu importe que vous soyez né en Afrique de l'Est ou ailleurs dans le monde, trois conditions sont essentielles pour faire partie des meilleurs coureurs d'endurance. Nous savons qu'il faut:

> avoir un VO$_2$max très élevé ;
> être capable de maintenir un haut pourcentage de la vitesse correspondant au VO$_2$max au cours de l'épreuve ;
> courir en ayant le plus faible coût énergétique.

Un meilleur VO$_2$max ?

La consommation maximale d'oxygène (VO$_2$max) est une mesure de l'aptitude aérobie qui reflète bien la capacité de performance en course à pied. Différentes études ont permis de conclure que les coureurs kényans n'ont pas un VO$_2$max nettement plus élevé que les autres coureurs d'élite (ex. : Européens). Par exemple, on a constaté, en 2010, que des coureurs kényans et allemands, dont le VO$_2$max était le même, obtenaient des temps différents sur 10 km. Les Kényans ont franchi la distance en 28 min 30 s en moyenne et les Allemands en 30 min 39 s. Ces résultats montrent bien que le VO$_2$max n'est pas le facteur le plus important permettant d'expliquer les performances étonnantes des coureurs d'Afrique de l'Est.

> Le coureur britannique Mo Farah a remporté l'or sur 5 km et 10 km aux Jeux olympiques de Londres en 2012 ainsi qu'aux championnats du monde en 2013. Il est Britannique, certes, mais tout de même né en Somalie, pays situé à l'extrémité est de la corne de l'Afrique.

La capacité de maintenir un pourcentage plus élevé du VO$_2$max ?

Pour être performant en course d'endurance, il ne suffit pas d'avoir un VO$_2$max très élevé. Il est impossible de maintenir une vitesse de course correspondant à celle du VO$_2$max pendant plus de 5 à 7 minutes. Ainsi, entre deux sportifs ayant le même VO$_2$max, celui qui sera en mesure de courir en maintenant le pourcentage le plus important du VO$_2$max terminera probablement en premier. Des chercheurs ont estimé cette capacité chez des marathoniens de niveau international d'origines kényane et européenne. Les Kényans et les Européens seraient capables de maintenir respectivement 93 % et 92 % de leur VO$_2$max au cours d'un marathon. À titre comparatif, un coureur de niveau intermédiaire maintient entre 65 et 80 % de son VO$_2$max pendant un marathon, et ce, même si son VO$_2$max est nettement plus bas que celui d'un athlète d'endurance. Bien que la capacité des coureurs d'élite à maintenir un pourcentage important de leur VO$_2$max fasse frémir, la différence entre les athlètes kényans et européens demeure très faible sur ce plan-là.

Une foulée plus économique ?

Outre le VO$_2$max et la capacité de maintenir un pourcentage élevé de celui-ci, le coût énergétique influence également la performance en course. Rappelons qu'un faible coût énergétique signifie une moindre consommation d'oxygène et donc moins d'effort pour une même vitesse de déplacement. C'est en partie sur cet aspect que les Africains de l'Est prennent une longueur d'avance sur leurs adversaires. Une étude américaine a comparé des coureurs érythréens[19] et espagnols ayant les mêmes VO$_2$max. Cette recherche a montré qu'à une vitesse de 21 km/h, les Érythréens consommaient, en moyenne, 66 ml d'O$_2$/kg/min. Les Espagnols, quant à eux, devaient travailler beaucoup plus fort pour maintenir cette vitesse car ils consommaient, en moyenne, 75 ml d'O$_2$/kg/min. Quelques raisons ont été proposées pour expliquer pourquoi les Kényans et d'autres coureurs d'Afrique de l'Est ont une foulée plus économe.

Un corps différent

Généralement, les coureurs d'Afrique de l'Est ont une morphologie différente des autres compétiteurs. Ils ont :

> un indice de masse corporelle[20] plus bas. Le fait d'être moins lourd pour une même taille constitue un avantage important en course, car on doit évidemment déplacer cette charge ;
> une plus petite circonférence de la jambe au niveau du mollet. Le fait de courir avec des jambes légères est avantageux puisque les jambes ne sont pas seulement transportées comme le tronc ou la tête, elles doivent aussi être continuellement en mouvement ;

---

19. L'Érythrée est un pays d'Afrique de l'Est situé au nord de l'Éthiopie.
20. L'indice de masse corporelle représente un rapport entre le poids et la taille (kg/m^2).

> de plus longues jambes (de la cheville au genou), pour une même longueur des membres inférieurs. On estime que cette différence avantage les coureurs d'Afrique de l'Est.

Une meilleure coordination

Certains experts pensent que les Kényans possèdent une meilleure coordination à la course que les Occidentaux. Cette hypothèse est basée sur le fait que de nombreux Kényans commencent à courir jeunes pour se déplacer sur de longues distances, comme pour aller à l'école. De plus, l'apprentissage par mimétisme dans les villages où la course est un mode de transport commun pourrait faciliter l'adoption d'une technique de course plus économe.

Des fibres plus rouges ?

Il est connu du milieu scientifique qu'un coureur ayant une proportion plus élevée de fibres musculaires de type I – celles qui sont les plus résistantes à la fatigue – courra la plupart du temps à un coût énergétique plus bas. Toutefois, les Kényans ne semblent pas pouvoir compter sur cet avantage. Ils auraient une proportion de fibres de type I dans les quadriceps et les muscles des mollets similaire à celle des coureurs scandinaves.

> Certains spécialistes croient que la barrière mythique des 2 heures sera un jour franchie au marathon. Si c'est le cas, ce sera certainement par un athlète à la foulée très économe. Les Africains de l'Est semblent les candidats les plus sérieux pour réaliser cet exploit que plusieurs croyaient impossible il y a quelques années.

Du sang qui transporte plus d'oxygène ?

Pendant des décennies, les spécialistes ont présumé que les coureurs kényans possédaient un net avantage sur les coureurs occidentaux : leur sang transporterait plus d'oxygène. On pensait en effet que certains coureurs kényans avaient un taux de globules rouges plus élevé et un volume de sang plus important que les coureurs occidentaux. Ces différences auraient été attribuables au fait qu'ils sont nés et qu'ils vivent à une altitude d'environ 2000 à 2500 m, qu'ils s'entraînent à cette altitude et, enfin, qu'ils sont dotés de caractéristiques génétiques avantageuses, puisque leurs ancêtres ont vécu de la même façon. Rappelons qu'un sang plus riche en globules rouges et un plus grand volume sanguin améliorent le transport de l'oxygène vers les muscles actifs, ce qui constitue une aide précieuse pour le coureur d'endurance.

Au grand désarroi de ceux qui voyaient l'altitude comme l'arme pas si secrète des coureurs kényans, il semblerait qu'il n'en soit rien. Les résultats d'une étude allemande publiée en 2010 sont sans équivoque: les coureurs kényans n'ont pas un taux de globules rouges et un volume de sang plus élevés que les coureurs allemands. Malgré cela, il n'est pas impossible que d'autres adaptations du corps liées à l'entraînement en altitude puissent les avantager, comme:

> l'augmentation de la production d'un composé nommé 2,3-DPG, qui a pour effet de faciliter la disponibilité de l'oxygène pour les muscles;
> l'augmentation du nombre de capillaires (petits vaisseaux sanguins) dans les muscles.

> L'ex-entraîneur de l'équipe nationale du Kenya, Mike Kosgei, a une opinion ferme quant aux effets de l'altitude sur les performances des coureurs de ce pays: « Si les succès en course étaient basés sur le fait de vivre en altitude, pourquoi n'y a-t-il pas de champions colombiens ou népalais? Notre succès est basé sur l'entraînement intense et l'attitude, non l'altitude! »

Une enzyme qui fait la différence?

Les résultats d'une étude danoise indiquent que l'activité d'une enzyme nécessaire à la course de longue distance serait plus importante dans les muscles actifs des coureurs kényans que dans ceux des coureurs scandinaves: l'enzyme 3-HAD était en effet 20 % plus active dans les muscles des Kényans. Comme celle-ci contribue à utiliser le gras comme source d'énergie, sa plus grande activité pourrait expliquer en partie pourquoi les coureurs kényans dominent autant sur de longues distances, mais dans une moindre mesure sur des distances allant de 800 m à 5 km. Cela expliquerait du même coup en partie pourquoi les coureurs kényans n'ont pas nécessairement un meilleur VO_2max que d'autres coureurs d'élite, mais qu'ils peuvent quand même obtenir de meilleurs temps sur de longues distances. Rappelons qu'une utilisation accrue de gras comme source d'énergie permet de préserver le glycogène (sucre dans les muscles et le foie) et ainsi de retarder la fatigue lors d'un effort de longue durée.

Les coureurs kényans sont-ils plus motivés ?

Est-il possible que les Kényans et autres Africains de l'Est soient plus motivés que le reste des habitants de la planète pour courir, et surtout pour courir vite ? Comme la plupart d'entre eux sont pauvres, certains voient en effet dans cette activité le moyen de réussir socialement et économiquement. En 2006, on a rapporté que 33 % des athlètes kényans couraient tout d'abord dans le but de gagner de l'argent, tandis que seulement 14 % d'entre eux disaient le faire pour la « gloire olympique ». Ces coureurs ont raison d'être motivés : ils savent qu'ils peuvent réussir et être les meilleurs. En effet, leur motivation est constamment alimentée par une tradition d'excellence et de réussite en matière de course d'endurance. Cette motivation les rend acharnés au travail. Ils sont d'ailleurs reconnus pour leur intensité et leur ardeur à l'entraînement.

> Vous ne serez pas surpris d'apprendre que les coureurs d'Afrique de l'Est détiennent les records du monde du 5 km, du 10 km et du marathon. Au 5 km, deux Kényans et deux Éthiopiens s'échangent les records du monde depuis 1994. Au 10 km, deux Éthiopiens et un Kényan se les échangent depuis 1997. Finalement, deux Kényans et un Éthiopien s'échangent les marques mondiales au marathon depuis 2003.

LA RÉALITÉ EN BREF

Les athlètes d'Afrique de l'Est, incluant les Kényans, dominent de façon outrageuse la course d'endurance. Plusieurs spécialistes croient que cette domination s'explique principalement par le fait qu'ils sont nés, vivent et s'entraînent en altitude. Toutefois, ce facteur ne semble pas leur donner une longueur d'avance, car on a constaté que leur capacité à transporter l'oxygène n'était pas meilleure que celle des coureurs européens. D'ailleurs, leur VO$_2$max en témoigne : il n'est pas nécessairement plus élevé que celui d'autres coureurs de niveau international.

Par contre, les coureurs kényans semblent dépenser moins d'énergie que les autres en courant. Cet avantage est attribuable, en partie, à leur corps svelte, et surtout, à leurs longues jambes minces. D'autres facteurs peuvent contribuer à leur réussite exceptionnelle : ils utilisent possiblement plus de gras comme source d'énergie, sont initiés à la course à un jeune âge, peuvent s'appuyer sur une véritable tradition d'excellence en course d'endurance et peuvent espérer améliorer leur statut socioéconomique en réussissant à percer dans ce sport. Finalement, ils sont des travailleurs acharnés, ce qui leur permet de s'entraîner fréquemment de façon très intense.

 Vous avez aimé ce sujet ? Lisez :

> Les champions coureurs sont propres, les cyclistes professionnels sont dopés (p. 276)
> Nous sommes nés pour courir avec des chaussures minimalistes (p. 285)
> On court plus vite avec des chaussures minimalistes (p. 292)

MYTHES ET RÉALITÉS
LA FATIGUE ET LA RÉCUPÉRATION

Quand vos jambes sont lourdes et que les muscles de vos mollets brûlent, au moment où votre cœur se déchaîne et que votre respiration devient haletante, lorsque votre corps et votre tête vous implorent de ralentir et même d'arrêter, vous savez que la fatigue s'empare de vous. Tous les coureurs doivent composer avec la fatigue. Elle est presque toujours ressentie au cours d'une séance d'entraînement et elle peut même, à certaines occasions, continuer à vous affecter durant les heures et les jours qui suivent l'effort. Bien que la fatigue soit nécessaire pour s'améliorer en course, il n'en demeure pas moins que diverses méthodes peuvent être utilisées dans l'espoir d'accélérer la récupération. Vous vous posez sûrement plusieurs questions sur la fatigue. Qu'est-ce qui la cause pendant et après la course? Quelles sont les méthodes efficaces pour favoriser la récupération en vue du prochain entraînement? À l'aide d'explications claires, cette section vous donne l'heure juste sur ce sujet complexe, qui n'est certainement pas à l'abri des mythes.

POUR MIEUX COMPRENDRE LA FATIGUE ET LA RÉCUPÉRATION

Les carburants énergétiques

Comme l'essence, qui agit à titre de carburant pour propulser une voiture, différents carburants énergétiques peuvent être utilisés par les muscles pendant la course.

Les **glucides** (sucres) contenus dans le corps incluent le glycogène et le glucose sanguin.

> Le **glycogène** est un glucide complexe qui est constitué de chaînes de glucose. Il peut être stocké dans le foie ou dans les muscles.
> Le **glucose sanguin** est le sucre contenu dans le sang.

Les glucides sont utilisés comme carburant énergétique préférablement en début d'effort et lorsque la vitesse de course est rapide. Une diminution des réserves de glycogène et du taux de glucose sanguin peut contribuer à la fatigue du coureur.

Les **lipides** (graisse) servent également de carburant énergétique pendant la course. Lorsque l'effort est de longue durée et d'une intensité faible à modérée, la quantité de lipides utilisée est grande. Toutefois, la réserve de graisse corporelle est si importante, même chez ceux qui sont minces, qu'elle ne diminue presque pas pendant la course. La diminution de graisse ne peut donc pas être considérée comme un facteur contribuant à la fatigue.

Nettement moins utilisées que les glucides et les lipides, les **protéines** sont tout de même employées comme carburant énergétique pendant la course. Leur utilisation est plus marquée lorsque l'effort se prolonge et que les réserves de glucides s'épuisent, ou que le coureur suit une diète restreinte en calories.

MYTHE ? — LA FATIGUE EN COURSE À PIED, ÇA SE PASSE DANS LES JAMBES !

Ne serait-il pas agréable de pouvoir courir sans ressentir de fatigue ? Malheureusement, si l'effort se poursuit pendant un certain temps ou si l'intensité atteint un certain niveau, la fatigue survient inévitablement. Pour la retarder, les coureurs savent qu'ils doivent s'entraîner intensément. Par contre, ils connaissent peu les rouages complexes menant à la fatigue. En effet, il existe tellement de théories qu'il y a de quoi s'y perdre. Qu'est-ce qui cause la fatigue ? Le manque de sucre, le manque d'endurance des muscles des jambes, la déshydratation, le manque de motivation ? Est-ce que l'acide lactique s'accumule dans les jambes pour ainsi nuire à la poursuite de l'effort ? Essayons de mieux comprendre quels sont les facteurs pouvant engendrer la fatigue durant la course.

Les réserves de sucres

Le glucose (sucre) contenu dans le sang et le glycogène (chaîne de glucoses) stocké dans le foie ainsi que dans les muscles des jambes et du reste du corps sont des carburants énergétiques indispensables au corps pour courir. Afin de maintenir un effort très intense, le corps utilise beaucoup de glucides (glucose et glycogène).

Malheureusement, les réserves de glycogène ne sont pas illimitées. En fait, les muscles en contiennent environ 300 à 400 g, contre environ 100 g pour le foie. À ce total, nous devons ajouter 4 à 5 g de glucose contenu dans le sang. Ces quantités additionnées correspondent à une dépense calorique maximale d'environ 1600 à 2000 kcal, soit une course d'environ 2 heures. Pendant un effort de longue durée comme l'ultra-marathon, le marathon ou même le demi-marathon, il n'est pas rare qu'une diminution importante des réserves de glycogène limite fortement la capacité du corps à maintenir une vitesse de course rapide. De plus, quand les réserves de glycogène diminuent, il peut également s'ensuivre une baisse du taux de sucre dans le sang, qui sera la cause d'une fatigue importante ou même d'un épuisement. À ce moment-là, la fatigue peut mener à ce que les sportifs appellent « frapper le mur[21] ».

Contrairement au reste du corps, le cerveau n'utilise en temps normal que le glucose pour fonctionner. Ainsi, en situation où le taux de sucre dans le sang diminue trop, il pourrait envoyer des signaux de fatigue au corps afin d'éviter que la baisse soit trop importante. De cette façon, il cherche à maintenir son fonctionnement normal.

Les lipides (ou plus simplement les graisses) contenus dans tout le corps et non seulement dans les jambes sont aussi utilisés au cours de l'exercice. Contrairement aux glucides, ils sont une source quasi inépuisable de carburant énergétique. Selon la quantité de graisse dans le corps, le potentiel énergétique des lipides est d'environ 50 000 à 170 000 kilocalories, soit l'équivalent d'une course de 700 à 2400 km! Malheureusement, une mobilisation importante de lipides jumelée à une faible utilisation de glucides ne permet pas de courir à une vitesse rapide.

Afin d'en savoir plus sur les moyens qui permettent de retarder l'apparition de fatigue causée par une baisse des réserves de glucides, on peut se référer aux thèmes suivants : « La veille de la course : des pâtes, pas un gros steak ! » (p. 233) ; « Pendant la course : des boissons sportives, pas des bananes ! » (p. 239).

Les contractions musculaires

Pour courir, les muscles doivent se contracter afin d'agir sur le squelette. Une diminution de l'efficacité de ces contractions, occasionnée, entre autres, par une perte de force ou de synchronisme entre les fibres des muscles, peut évidemment être une cause de fatigue pendant l'effort.

Pour qu'un muscle se contracte, il doit au préalable être stimulé par une décharge électrique. Par la suite, une séquence complexe de phénomènes chimiques se produira au niveau de ses fibres. Les phénomènes électriques et chimiques qui se produisent à l'intérieur des muscles peuvent être perturbés d'une façon ou d'une autre, et ainsi nuire à l'efficacité des contractions pendant la course.

---

21. Pour en savoir plus, lisez : « Aïe ! J'ai couru si longtemps que j'ai frappé le mur » dans le livre *Mythes et réalités sur l'entraînement physique*.

La décharge électrique

Le muscle est composé de groupes de fibres musculaires. Chaque groupe de fibres musculaires peut être stimulé par une cellule nerveuse appelée « motoneurone ». Le groupe de fibres ainsi que son motoneurone forment une unité fonctionnelle qui permet au muscle de se contracter à la suite d'influx nerveux commandés par le cerveau. Pour courir, une certaine quantité de motoneurones doivent être activés par ces influx nerveux. Lorsque la commande du cerveau n'en active pas suffisamment, la performance diminue. Dans ce cas, il s'agit d'une fatigue centrale[22]. Il a été proposé que ce type de fatigue augmente lorsque l'exercice se prolonge, comme lors d'un marathon ou d'un ultra-marathon.

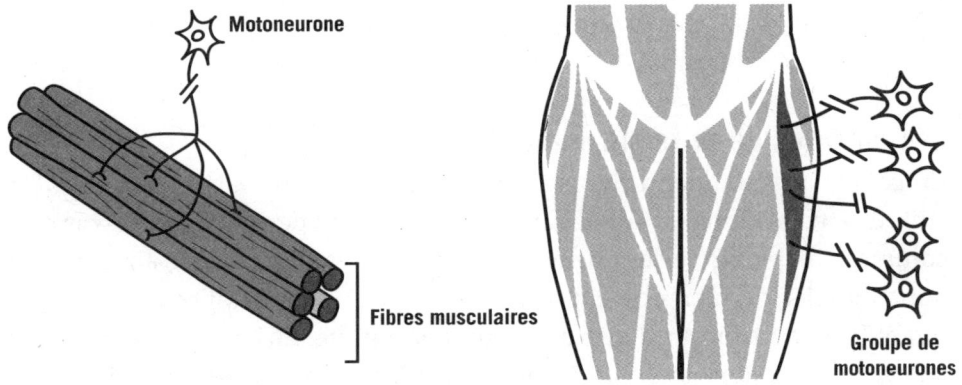

La séquence de réactions après la décharge électrique

Sans entrer dans les détails, on peut dire que chacune des étapes menant à la contraction des muscles peut être perturbée pendant la course à pied et, ainsi, causer de la fatigue. Par exemple, certaines substances peu connues (les protons d'hydrogène (H^+), les phosphates inorganiques (P_i), l'adénosine diphosphate (ADP) ou les protons de magnésium (Mg^+)) qui peuvent s'accumuler dans les muscles lors de l'exercice sont des indices d'une fatigue présente ou à venir. Ou encore, une perte de sensibilité au calcium (Ca^{2+}) par les filaments qui composent les fibres musculaires peut limiter l'efficacité des contractions des muscles. En général, cette fatigue musculaire, qui est dite périphérique, est attribuable à un effort intense.

---

22. Pour en savoir plus, lisez : « La fatigue en course à pied, ça se passe dans la tête ! » (p. 203).

Les microlésions musculaires

Les contractions répétées des muscles lors de la course sont susceptibles de leur causer de légers dommages temporaires. Ces microlésions peuvent être une source de fatigue, car elles peuvent diminuer l'efficacité des muscles à se contracter pendant l'exercice. En course à pied, ce risque s'accentue lorsque l'effort se prolonge ou est réalisé en pente descendante. En effet, courir sur ce type de pente oblige les muscles des jambes à produire des contractions excentriques prononcées. Or, ces dernières, qui surviennent lorsque les muscles se contractent en s'allongeant, sont celles qui causent le plus de microlésions musculaires. Outre le type de contraction, un effort intense ou de longue durée accentue le risque de causer de légers dommages aux muscles. Notons qu'en plus d'être une cause de fatigue, les microlésions aux muscles sont à l'origine des courbatures, qui peuvent être ressenties 8 à 12 heures après l'effort et durer de 24 à 72 heures, selon leur gravité.

Les muscles de la respiration

En course à pied, quand on parle de fatigue des muscles, on pense tout de suite à ceux des jambes. Cependant, les muscles qui permettent la respiration, comme le diaphragme, les muscles abdominaux et intercostaux, ainsi que certains muscles du cou, doivent aussi être pris en considération. Au repos, la quantité d'air inspirée est de 6 à 10 litres par minute. En comparaison, à intensité élevée, certains coureurs d'élite peuvent inspirer jusqu'à 200 litres d'air par minute! Pendant la course, lorsque l'effort se prolonge et que l'intensité est élevée, les muscles de la respiration peuvent se fatiguer. Ils deviennent alors moins efficaces et peuvent ainsi contribuer à la fatigue du coureur. Notons toutefois que cette contrainte ne devrait pas occasionner de fatigue importante lors d'un effort d'intensité faible à modérée chez des coureurs n'ayant pas de problèmes respiratoires comme l'asthme, la bronchite ou l'emphysème.

> Certains athlètes dotés d'une détermination inébranlable font fi des signaux de fatigue que le corps leur envoie. En 1997, au Championnat du monde Ironman (triathlon), Sian Welch et Wendy Ingraham en ont fait la douloureuse démonstration en rampant jusqu'à la ligne d'arrivée. Cette bataille épique pour la quatrième position peut être vue sur YouTube.

L'augmentation de la température corporelle

Le corps produit de la chaleur lors d'une activité comme la course et il doit l'évacuer pour maintenir une température adéquate. Environ 75 % de l'énergie produite est dispersée sous forme de chaleur, tandis que seulement 25 % environ est convertie en vitesse de déplacement. Une chaleur et un taux d'humidité élevés, une hydratation inadéquate ainsi que le port de vêtements trop foncés, trop chauds ou qui ne laissent pas circuler l'air sont des facteurs susceptibles de faire augmenter la température du corps pendant la course à pied. Lorsque la température interne dépasse les 40 °C, la fatigue ressentie par le corps est dictée par le cerveau. De plus, une hausse de la température corporelle, souvent accompagnée de déshydratation[23], serait partiellement responsable de l'augmentation du coût énergétique lors de la course, c'est-à-dire qu'elle causerait une plus grande dépense d'énergie pour la même vitesse de course, provoquant éventuellement une plus grande fatigue. Ajoutons qu'une surhydratation[24] peut également être une cause de fatigue chez le coureur.

> L'Ultra-marathon de Badwater, dans la vallée de la Mort en Californie, est extrêmement difficile. Le système digestif des courageux participants est mis à mal au cours de l'effort, car ils doivent couvrir une distance de 217 km sous une température qui peut parfois avoisiner les 50 °C. Certains doivent abandonner la course après avoir vomi plusieurs fois et rares sont ceux qui franchissent la distance sans être passés par là !

Les troubles gastro-intestinaux

Les coureurs sont vulnérables à divers problèmes gastro-intestinaux qui peuvent occasionner des inconforts et provoquer de la fatigue au cours de l'effort. Il peut s'agir de reflux gastriques, de nausées, de crampes intestinales et même, dans le pire des cas, de vomissements. Différents facteurs permettent d'expliquer la perte d'efficacité du système digestif lors d'un effort physique comme la course. L'un des plus simples est la diminution de l'apport sanguin aux organes digestifs au profit des muscles actifs. Bien

---

23. Pour en savoir plus, lisez : « Il faut boire sans avoir soif, sinon c'est la catastrophe ! » (p. 245).
24. Pour en savoir plus, lisez : « Boire trop d'eau durant l'exercice : impossible ! » dans le livre *Mythes et réalités sur l'entraînement physique*.

que la quantité de sang expulsé par le cœur puisse passer de 5 l/min au repos à 20 à 40 l/min au cours d'un exercice aérobie d'intensité maximale, l'apport sanguin au système digestif peut tout de même être réduit jusqu'à 80 % lors de ce type d'effort. La vulnérabilité du système digestif est d'autant plus importante si la température est chaude et si la course se prolonge, comme lors d'un marathon ou d'un ultra-marathon. En outre, la façon de s'alimenter avant et pendant l'effort ainsi que la déshydratation ou la surhydratation peuvent aussi contribuer aux problèmes gastro-intestinaux et affecter la performance.

> En 1997, lors de l'Ironman d'Hawaii, le triathlonien professionnel Chris Leigh s'est effondré à 50 m de la ligne d'arrivée et est demeuré inconscient pendant 3 heures. Comme il était excessivement déshydraté, une grande portion de son côlon n'a pas été suffisamment approvisionnée en oxygène, ce qui a entraîné la mort d'une partie de cet organe vital (il a fait un infarctus du côlon!). Les médecins ont dû retirer 16 cm de son côlon.

L'acide lactique dans les muscles

L'acide lactique est souvent montré du doigt pour expliquer la fatigue musculaire. Il est produit par les réactions du système anaérobie lactique, qui permet au corps de générer beaucoup d'énergie rapidement grâce à une dégradation des sucres sans impliquer l'oxygène. Dès sa formation dans la cellule musculaire, l'acide lactique se dissocie en une molécule de lactate et un proton d'hydrogène (H^+). Par conséquent, c'est le lactate ou le proton d'hydrogène qui pourrait contribuer à la fatigue, car l'acide lactique ne s'accumule pas dans le muscle.

Lors d'une course à pied de plus de 2 km à un rythme continu, le système anaérobie lactique est peu sollicité, même si l'effort est intense. Dans ce cas, le lactate et les protons d'hydrogène ne s'accumulent pas, ou alors ils augmentent seulement en faible quantité dans les muscles. Toutefois, un entraînement intense par intervalles ou un sprint en fin de course provoquera une production et une accumulation importantes de ces deux substances dans les muscles.

La fatigue et les sensations douloureuses ou de brûlure ressenties lors d'efforts intenses de courte durée (de 20 secondes à 2 minutes) sont souvent attribuées à un taux élevé de lactate. Au cours de ce type d'efforts, l'accumulation de lactate dans les muscles ne semble avoir aucun lien direct avec la fatigue ou les sensations de brûlure ; en fait, le lactate est considéré comme un témoin innocent d'une forte production d'énergie par le système anaérobie lactique. D'ailleurs, les athlètes qui accomplissent les meilleures performances lors d'épreuves sollicitant ce système d'énergie (ex. : 400 m et 800 m en athlétisme) sont ceux qui produisent et accumulent le plus de lactate lors d'un effort intense.

L'accumulation de protons d'hydrogène qui se produit lors d'une course très intense de courte durée provoque une augmentation de l'acidité dans le muscle. Cette augmentation d'acidité est reconnue par plusieurs comme une des causes de la fatigue musculaire. À la suite d'un exercice intense, le niveau d'acidité met environ dix minutes avant de revenir à la normale, alors que deux à trois minutes de repos suffisent aux muscles pour retrouver une capacité quasi complète de performance après un exercice intense ayant provoqué leur épuisement. Plusieurs études récentes minimisent donc l'importance de la hausse du niveau d'acidité comme cause de fatigue dans le cas d'une performance à intensité élevée d'une durée de 20 secondes à 2 minutes.

Par conséquent, il est faux de prétendre que les dérivés de l'acide lactique (lactate et protons d'hydrogène)[25] sont responsables de la fatigue, surtout lorsque la durée d'effort est de plus de 2 minutes.

> En plus d'être considéré comme une cause de fatigue par les commentateurs, les sportifs ainsi que les entraîneurs, l'acide lactique est plus souvent qu'à son tour victime d'autres fausses accusations. En effet, c'est à tort que certains croient qu'il est responsable de l'apparition des courbatures ainsi que des crampes musculaires, sans parler du fait qu'il est souvent décrit comme un déchet que le corps doit éliminer le plus rapidement possible.

---

25. Pour en savoir plus, lisez : « Mes muscles sont pleins d'acide lactique : ça fait mal ! » dans le livre *Mythes et réalités sur l'entraînement physique*.

LA RÉALITÉ EN BREF

Lorsque la course se prolonge et qu'elle est suffisamment intense, la fatigue ressentie est partiellement due à ce qui se passe dans les muscles des jambes : une diminution des réserves de glycogène, une perturbation de l'efficacité de contraction ou l'apparition de microlésions. Toutefois, les jambes ne peuvent être considérées comme les seules responsables de la fatigue du coureur. Une diminution des réserves de glycogène dans le foie et dans les autres muscles, une baisse du taux de sucre dans le sang, la fatigue des muscles de la respiration, l'augmentation de la température corporelle, la déshydratation, la surhydratation ainsi que les troubles gastro-intestinaux peuvent tous contribuer à une diminution de la performance en endurance. En outre, ce qui se passe entre les deux oreilles peut également jouer un rôle quant à la fatigue ressentie par le coureur. Le rôle du cerveau est décrit plus en détail dans le thème qui suit.

Vous avez aimé ce sujet ? Lisez :
- La fatigue en course à pied, ça se passe dans la tête ! (p. 203)
- La formule idéale : un jour d'entraînement, un jour de repos (p. 208)
- Tu cours tous les jours ? Tu vas t'épuiser ! (p. 215)

MYTHE? LA FATIGUE EN COURSE À PIED, ÇA SE PASSE DANS LA TÊTE!

Comme on l'a vu dans le thème précédent, les mécanismes causant la fatigue sont nombreux, complexes et la plupart du temps en interaction les uns avec les autres. Démythifier l'influence du cerveau sur l'apparition de fatigue lors de la course n'est pas plus simple. Les chercheurs ont toutefois trouvé certaines pistes intéressantes.

Dans la tête ou dans les jambes?

Les mécanismes qui expliquent la fatigue pendant l'exercice ne sont pas encore clairement définis par la science. Il est tout de même possible d'en distinguer deux types: la fatigue périphérique et la fatigue centrale. La plupart du temps, les coureurs jettent le blâme sur leurs jambes, leur cœur ou même leurs poumons pour expliquer leur incapacité à maintenir leur vitesse. Dans ce cas, il peut s'agir d'une fatigue périphérique. La fatigue centrale, quant à elle, est d'origine nerveuse. Elle serait causée, entre autres, par différents messages que reçoit et envoie le cerveau, et qui pourraient provoquer une diminution de la performance. La plupart des chercheurs s'entendent en fait pour dire que la fatigue serait causée par une interaction complexe entre la fatigue périphérique et la fatigue centrale.

La fatigue dictée par le cerveau

Le cerveau joue un rôle actif dans la capacité qu'ont les muscles de se contracter lors de la course. À la suite d'une séance d'entraînement en course à pied, on observe une perte de force des muscles des cuisses. Celle-ci peut être attribuable en partie à la fatigue périphérique, mais aussi à la fatigue centrale. Des chercheurs français ont montré que le cerveau joue un rôle de plus en plus important sur la fatigue lorsque la course se prolonge (ex.: 20 km contre 42,2 km).

En effet, il pourrait protéger les muscles pour qu'ils ne s'épuisent pas complètement. De plus, le cerveau pourrait protéger le reste du corps, dont certains organes vitaux. Finalement, il pourrait se protéger lui-même, en évitant une baisse trop importante du taux de sucre dans le sang.

> Faris Al-Sultan, champion du triathlon Ironman d'Hawaii en 2005, a récemment repris cette expression sur son compte Twitter : « Ton esprit abandonnera 100 fois avant ton corps. Ressens la douleur et poursuis ton effort. »

Des substances peu connues, mais déterminantes

L'interaction entre certains composés chimiques libérés par les cellules du cerveau (neurotransmetteurs) peut contribuer à la fatigue du coureur. Parmi ceux-ci, la dopamine, la noradrénaline, la sérotonine, l'adénosine et l'acide y-aminobutyrique (GABA) peuvent exercer une influence sur la sensation de fatigue. Par exemple, on a émis l'hypothèse que l'augmentation de sérotonine dans le cerveau pourrait limiter l'activation des muscles du coureur. De plus, des interactions entre les différents neurotransmetteurs pourraient influencer le degré de fatigue. Une quantité importante de sérotonine par rapport à la dopamine est associée à une sensation de fatigue, alors qu'une faible quantité favorise l'éveil et le maintien d'une bonne motivation, qui se manifesteront possiblement par une amélioration de la performance.

Des zones du cerveau responsables de la fatigue

Actuellement, on sait que l'hémisphère gauche du cerveau est associé à la fréquence cardiaque et à la pression artérielle, alors que l'hémisphère droit est associé à la perception d'effort, à la douleur et à la fatigue. Il est possible de stimuler des portions bien précises du cerveau par un courant électrique, de façon à modifier le mode de communication entre les cellules (neurones) qui le composent. Cette méthode, réalisée à l'aide d'électrodes placées sur la tête, est jugée tout à fait sans danger par les spécialistes qui l'utilisent. Par ce moyen, des chercheurs de l'université Rio Grande au Brésil ont activé, à l'aide d'impulsions réelles et simulées, le cerveau de cyclistes d'élite avant un effort maximal. Les résultats, publiés en 2013, montrent que, lorsque les cyclistes étaient soumis à de vraies stimulations électriques, ils avaient ensuite une fréquence cardiaque et une perception d'effort plus basses pour un effort de même intensité. De plus, ils ont obtenu une amélioration de leur performance de 4 % comparativement à ceux qui ont subi la fausse stimulation.

Ce type d'étude démontre clairement l'importance du cerveau dans l'apparition de la fatigue lors de l'exercice. Néanmoins, beaucoup reste à faire pour décrire clairement son rôle. D'autres recherches sont nécessaires pour avoir la certitude que la stimulation électrique du cerveau peut réellement améliorer la performance. Si elle s'avère efficace, cette méthode pourrait en effet être attrayante pour les entraîneurs et les athlètes. Deviendra-t-elle une forme de préparation légale pour les compétitions, une nouvelle forme de dopage, ou tombera-t-elle dans l'oubli faute de preuves scientifiques convaincantes ? Seul l'avenir nous le dira.

> Une maladie comme la grippe s'accompagne souvent d'une fatigue importante. Cet état limite l'envie et la capacité de faire des activités exigeant une grande dépense d'énergie. On pense que la production de cytokines (substances produites par le système immunitaire) pourrait expliquer en partie l'état léthargique lié à la maladie et la fatigue qui peut survenir pendant et après la course à pied.

Le paradoxe des glucides

On sait que la consommation d'une boisson contenant des glucides (sucres) lors d'une course de plus d'une heure peut améliorer la performance en retardant la fatigue. Toutefois, lorsque l'effort dure une heure ou moins, un apport supplémentaire en glucides ne devrait avoir, en théorie, aucun effet. En temps normal, les réserves de glycogène ne diminuent pas suffisamment au cours d'un effort de moins d'une heure pour causer la fatigue.

Pourtant, plusieurs études ont tout de même montré une amélioration de la performance dans cette situation. Une explication de ce paradoxe, qui est du même coup une démonstration du rôle du cerveau sur la fatigue, a été fournie par une équipe de chercheurs britanniques. En donnant du glucose (sucre) par voie intraveineuse à des participants au cours d'un effort maximal d'une heure sur vélo, ils ont constaté que leur performance n'était pas meilleure que celle obtenue lorsqu'ils leur administraient un soluté ne contenant pas de glucose. Étonnamment, les résultats d'une autre étude de la même équipe de chercheurs indiquent que, si les sportifs se rinçaient régulièrement la bouche avec un liquide contenant des glucides sans l'avaler, leur performance était améliorée! Les auteurs confirment que, lors d'un effort d'une heure ou moins, la prise de glucides peut retarder légèrement la fatigue. Toutefois, l'amélioration de performance ne serait pas due à une plus grande disponibilité de glucides dans le corps, mais plutôt à l'information transmise au cerveau par certains récepteurs de glucides situés dans la bouche. Ces récepteurs pourraient faire croire au cerveau que plus de glucides sont disponibles dans le corps, même si ce n'est pas le cas, et lui permettre ainsi de retarder l'envoi de signaux de fatigue.

La motivation

Le degré de motivation d'un coureur est un aspect important qui lui permet de repousser la fatigue. En plus de certains neurotransmetteurs, comme la dopamine et la noradrénaline, qui peuvent influencer la motivation, d'autres aspects plus pratiques peuvent la déterminer. On sait que, si un coureur a des objectifs précis et qu'ils sont réalisables, il sera fort probablement en mesure de fournir une meilleure performance que s'il ne s'en est pas fixé ou qu'ils sont inatteignables. Par exemple, l'objectif de réussir un temps précis sur une distance de 10 km ou de respecter un rythme de course favorisera certainement une bonne performance. En outre, le fait de participer à une épreuve qui a exigé un investissement important en temps et en efforts, comme un premier marathon ou une compétition de niveau relevé, sera, en général, une grande source de motivation.

> Une étude américaine réalisée en 1981 sur des nageurs est devenue un classique en matière de tolérance à la douleur lors de l'effort. Cette étude soutient bien l'expression « *no pain no gain* ». Les chercheurs ont conclu que les nageurs d'élite avaient une très grande tolérance à la douleur lors d'un exercice ou lors de tests spécifiques de tolérance à la douleur. Toutefois, ces athlètes ne sont pas nés avec cette capacité, ils l'auraient plutôt améliorée au fil de séances intenses d'entraînement. Quand vous courez: embrassez la douleur, et votre tolérance à la souffrance s'améliorera!

LA RÉALITÉ EN BREF

Qu'ils soient d'origine centrale ou périphérique, les mécanismes qui permettent d'expliquer la fatigue sont complexes. En plus, ils sont souvent en interaction. Une chose est certaine : ce qui se passe entre nos deux oreilles va influencer la fatigue que nous ressentons en courant ainsi que notre capacité à la supporter. Concernant l'impact du cerveau sur la fatigue lors d'un effort physique, les pistes pour l'expliquer ne manquent pas : l'activation des muscles, la présence de messagers chimiques dans le cerveau et leur interaction, les zones du cerveau, le taux de sucre dans le sang ainsi que la température du corps en font partie.

Vous avez aimé ce sujet ? Lisez :
- La fatigue en course à pied, ça se passe dans les jambes ! (p. 195)
- La formule idéale : un jour d'entraînement, un jour de repos (p. 208)
- Tu cours tous les jours ? Tu vas t'épuiser ! (p. 215)

MYTHE? | LA FORMULE IDÉALE : UN JOUR D'ENTRAÎNEMENT, UN JOUR DE REPOS

En course à pied, il est souvent question de récupération. On entend fréquemment dire que l'alternance entre un jour d'entraînement et un jour de repos constitue la formule idéale. Mais quelle est la durée de récupération recommandée après un entraînement ? Cette question est capitale quand le coureur doit décider s'il est préférable de s'entraîner ou de se reposer. La réponse, quant à elle, est complexe, étant donné que la récupération varie selon les individus et selon l'entraînement réalisé. Essayons tout de même d'explorer quelques avenues de réponses.

Récupérer, mais de quoi ?

Un entraînement de course occasionne de la fatigue, ce qui oblige le corps à récupérer pour pouvoir ensuite répéter une performance de même niveau. Par exemple, immédiatement après avoir franchi la ligne d'arrivée d'un marathon, il est clair qu'un coureur ne sera pas en mesure de répéter la même performance sur un autre 42,2 km ! En fait, le marathonien devra se reposer au moins quelques jours afin de reprendre les forces qui lui permettront de reproduire un tel effort.

> Le Tour de France est l'une des épreuves sportives où une récupération rapide est essentielle à la performance. Les cyclistes parcourent en effet près de 3500 km sur une période de 3 semaines, souvent en montagne, à une vitesse moyenne d'environ 40 km/h.

En course, les facteurs causant la fatigue et exigeant une récupération d'une certaine durée sont nombreux : diminution des réserves de sucres, déshydratation, augmentation de la température du corps, troubles gastro-intestinaux, perte de force et d'endurance musculaires, commandes du cerveau, etc. Ils sont abordés dans les deux thèmes précédents.

Tous ces facteurs ne seront pas nécessairement cause de fatigue pour toutes les distances de course. Par exemple, la déshydratation ne sera pas un problème pour un coureur de 1500 m, mais pourrait l'être pour un marathonien. De plus, la durée de récupération varie en fonction du facteur occasionnant la fatigue. La réhydratation et une diminution de température du corps peuvent par exemple être nécessaires après un marathon : en général, quelques minutes à quelques heures devraient suffire pour revenir à un état normal. Toutefois, le processus est beaucoup plus long pour reconstituer complètement les réserves de glycogène (sucres) des muscles : il peut prendre de 3 à 7 jours. Quant à la réparation des microlésions musculaires pouvant limiter la performance, elle peut prendre, dans certains cas, jusqu'à environ 10 jours. En plus de causer des courbatures et de limiter l'efficacité des contractions, ces microlésions peuvent également ralentir le processus de reconstitution des réserves de glycogène dans les muscles.

Une récupération complète signifie que le potentiel de performance est revenu au moins au même niveau qu'avant l'entraînement ou la compétition. En général, à ce moment-là, tous les indicateurs de fatigue sont eux aussi revenus à l'état d'avant l'effort. Après un entraînement de course intense et de longue durée, une récupération complète peut prendre jusqu'à une semaine chez certains sportifs. Toutefois, ceux-ci doivent presque toujours se contenter d'une récupération partielle avant de s'entraîner de nouveau, s'ils désirent courir fréquemment en vue d'améliorer leur performance d'endurance. Par exemple, le célèbre coureur marocain Hicham El Guerrouj pouvait s'entraîner jusqu'à deux fois par jour ; il le faisait souvent en matinée et en début de soirée. Il profitait alors d'une certaine récupération entre ses deux entraînements, mais il serait faux de prétendre qu'il avait pleinement récupéré de son entraînement matinal. Pour maintenir son niveau d'excellence, il était important que le « roi du mile » s'astreigne à des entraînements fréquents et intenses. Il est tout de même conseillé de prévoir de plus longues périodes de récupération avant des entraînements plus difficiles.

La récupération : une question de durée et d'intensité d'entraînement

Plus l'effort est prolongé, plus la fatigue sera grande et plus la période de récupération sera longue. La Traversée internationale du lac Saint-Jean au Québec est une épreuve de natation que les meilleurs réalisent en un peu moins de 7 heures. De toute évidence, cette épreuve demandera au sportif une plus longue période de récupération qu'un entraînement de nage de 45 minutes. Il en va de même pour la course à pied, si l'on compare un ultra-marathon de 100 km et un 10 km. D'ailleurs, les résultats d'une étude portant sur des coureurs ayant participé à un ultra-marathon de 90 km indiquent que 18 jours de récupération leur ont été nécessaires pour retrouver leur puissance musculaire initiale. Par conséquent, après une longue séance (ex. : de plus de 2 heures), il est généralement recommandé aux coureurs de prendre au moins une journée complète de repos.

Pour une durée identique, plus l'intensité d'entraînement ou l'effort perçu sont élevés, plus la récupération sera longue. Prenons par exemple un match de tennis en simple. Cette activité obligera les joueurs à plus de déplacements qu'un match en double. Cette charge de travail accrue engendre davantage de fatigue, donc, possiblement, une plus longue période de récupération. On peut en dire autant de la course à pied : un jogging causera moins de fatigue qu'un entraînement intense par intervalles. Par conséquent, après une séance intense par intervalles, il est généralement recommandé de se reposer au moins une journée avant de refaire un entraînement du même genre.

> En 2010, les joueurs de tennis Nicolas Mahut et John Isner se sont disputé la victoire sur le gazon de Wimbledon pendant un peu plus de 11 heures ! L'ultime manche, remportée par John Isner, s'est terminée par un score de 70 à 68 ! Après cette épuisante rencontre, Isner a subi une défaite cinglante (6-0, 6-3, 6-2) contre un joueur moins bien classé que lui. Parions que ce revers est partiellement attribuable à une récupération insuffisante.

La récupération : une question de mode de vie

La durée de la récupération en course n'est pas seulement déterminée par la durée et l'intensité de l'entraînement ou de la compétition. La qualité de la récupération est aussi à considérer. En effet, des facteurs comme l'hydratation, le sommeil et la gestion du stress peuvent influencer sa durée. Ou encore des habitudes de vie malsaines comme la consommation abusive d'alcool, de drogues et de tabac peuvent nuire à la récupération. Abordons maintenant un aspect crucial pour la récupération d'un coureur : l'alimentation.

L'alimentation du coureur devrait contenir une quantité suffisante de glucides pour aider à renflouer les réserves de glycogène dans les muscles et le foie.

> Environ 1 g de glucides/kg de poids corporel (ex. : 60 g pour un coureur de 60 kg) dans les 30 minutes qui suivent l'entraînement et à toutes les 2 heures pour 4 à 6 heures. Pour les athlètes confirmés, cette recommandation peut s'élever jusqu'à 1,5 g/kg.
> Environ 3 à 8 g de glucides/kg de poids corporel/jour selon la fréquence, la durée et l'intensité des entraînements. Pour les athlètes confirmés, cette recommandation peut s'élever jusqu'à 6 à 10 g.
> Les calories provenant des glucides devraient correspondre à environ 50 à 60 % de la consommation calorique journalière.

Voici le contenu en glucides et en protéines de quelques aliments et boissons.

Aliments et boissons	Teneur en glucides	Teneur en protéines
500 ml de boisson sportive (ex. : Gatorade®)	≈ 30 g	0 g
250 ml de jus de pommes	≈ 30 g	≈ 1 g
1 barre granola de 40 g	≈ 20 à 30 g	≈ 2 à 5 g
1 banane de grosseur moyenne	≈ 25 g	≈ 1 g
100 g de pâtes alimentaires (crues)	≈ 70 g	≈ 12 g
100 g de riz blanc (cru)	≈ 77 g	≈ 7 g
2 tranches de pain	≈ 35 g	≈ 8 g

L'alimentation du coureur devrait aussi contenir une quantité suffisante de protéines pour aider à la réparation et à la reconstruction des muscles.

> Environ 15 à 20 g de protéines dans les 30 minutes qui suivent l'entraînement.
> Environ 0,8 à 1,7 g de protéines/kg/jour selon la fréquence, la durée et l'intensité des entraînements.
> Les calories provenant des protéines devraient correspondre à environ 15 % de la consommation calorique journalière.

Voici la teneur en protéines et en glucides de quelques aliments et boissons.

Aliments et boissons	Teneur en protéines	Teneur en glucides
500 ml de lait au chocolat	≈ 18 g	≈ 55 g
1 barre de protéines régulière de 45 g	≈ 10 à 20 g	≈ 15 à 20 g
175 g de yogourt grec à la vanille	≈ 14 g	≈ 18 g
100 g d'amandes	≈ 20 g	≈ 20 g
3 gros œufs	≈ 18 g	≈ 3 g
200 g de viande, volaille ou poisson	≈ 40 à 60 g	0 g

Voici un exemple caricatural de récupération tout sauf idéale : à la suite d'une victoire au 7e match d'une finale endiablée de la coupe Stanley, les hockeyeurs du Canadien de Montréal ont fêté leur grande victoire toute la nuit, ont bu du champagne dans la coupe, ont négligé de manger et ont même fumé le cigare. Heureusement que le lendemain matin les champions n'avaient pas à rechausser leurs patins !

La récupération : une question de niveau d'entraînement

Pour un même entraînement, un coureur d'élite récupérera plus vite qu'un coureur occasionnel. C'est une question d'adaptation. Le corps d'un athlète a été soumis régulièrement à des efforts intenses et de longue durée ; il s'y est donc adapté, ce qui accélère la récupération. Par exemple, un coureur participant à une épreuve par étapes, comme le Marathon des sables (≈ 250 km en 6 jours), est habitué aux efforts difficiles répétés jour après jour, ce qui n'est pas le cas du sportif du dimanche. Par conséquent, un coureur récréatif se doit de prendre au moins une journée complète de repos après un entraînement long ou intense.

La récupération : une question d'âge

Qu'on le veuille ou non, la récupération est influencée par l'âge. Pour une même activité physique, la récupération sera plus rapide pour le sportif de 20 ans que pour celui de 50 ans. Bien que des athlètes âgés de 40 ans ou plus, comme Martin Brodeur, gardien de but au hockey, ou le coureur éthiopien Haile Gebreselassie brillent toujours, leur récupération est tout de même plus longue que lorsqu'ils étaient dans la vingtaine. Afin de pallier ce problème, ils doivent adapter leur entraînement et leur saison de compétition en conséquence. Ainsi, le coureur plus âgé aura généralement avantage à prendre une journée complète de repos à la suite d'une séance longue ou intense.

La récupération : une question de méthode

Des méthodes, telles que l'immersion en eau froide, la prise de certains suppléments alimentaires, le retour au calme actif, les bains contrastes, la massothérapie ou les accessoires de compression sont utilisés par certains sportifs qui espèrent ainsi accélérer leur temps de récupération[26].

Récupérer d'un marathon, c'est long

De nombreux coureurs croient qu'une épreuve de longue distance comme le marathon impose une période de récupération nécessairement très longue. Est-il possible qu'elle prenne jusqu'à 3 mois, comme certains l'affirment ?

Même s'il peut falloir du temps pour que les muscles récupèrent complètement, on estime que la durée de récupération nécessaire pour répéter une performance à un marathon est d'environ 7 à 15 jours. Elle est certainement un peu moins longue pour un jeune athlète et un peu plus longue pour un coureur récréatif d'un certain âge. D'ailleurs, les résultats d'une étude française indiquent qu'à la suite d'un marathon, des coureurs de niveau national avaient le même VO_2max qu'avant l'épreuve après 3 jours de récupération seulement. Les résultats d'une étude américaine portant sur

---

26. Pour en savoir plus, lisez : « Bain froid et compression pour récupérer plus vite ! » (p. 223).

des coureurs de niveau intermédiaire sont différents. Ils indiquent que plus de 15 jours de récupération ont été nécessaires pour que leur VO$_2$max revienne au niveau d'avant la compétition. Bien qu'un test de VO$_2$max ne corresponde pas au même type d'effort qu'un marathon, il demeure un excellent indice de la performance aérobie.

> L'Espagnol Ricardo Abad Martinez détient le record du monde du plus grand nombre de marathons courus lors de journées consécutives avec 607! Il a réalisé cet exploit sur une période allant du 1er octobre 2010 au 12 février 2012. Étant donné la période de récupération limitée, il n'a certainement jamais amélioré son meilleur temps au marathon, bien qu'il en ait eu la possibilité à 607 reprises!

LA RÉALITÉ EN BREF

La durée de récupération idéale après un entraînement en course est déterminée par une multitude de facteurs, parmi ceux-ci la durée et l'intensité de l'effort, le niveau d'entraînement, l'âge, les facteurs génétiques et le mode de vie du sportif. Selon le coureur, une récupération complète à la suite d'une épreuve difficile comme le marathon peut prendre de 7 à 15 jours. Toutefois, lorsque l'objectif est d'améliorer la performance en course à pied, une récupération partielle est suffisante si l'on veut s'entraîner fréquemment. Par conséquent, un entraînement de course de 30 à 60 minutes peut, en général, être répété le lendemain.

 Vous avez aimé ce sujet? Lisez:
> La fatigue en course à pied, ça se passe dans les jambes! (p. 195)
> La fatigue en course à pied, ça se passe dans la tête! (p. 203)
> Tu cours tous les jours? Tu vas t'épuiser! (p. 215)

MYTHE? TU COURS TOUS LES JOURS? TU VAS T'ÉPUISER!

Les mordus de la course à pied aiment fournir des efforts intenses et suer à grosses gouttes. Certains d'entre eux le font tous les jours et les plus zélés jusqu'à deux fois par jour. Un entraînement quotidien très intense peut-il mener à l'épuisement ou, dans le langage sportif, au «surentraînement»?

Qu'est-ce qui cause le surentraînement?

Lorsque l'accumulation de fatigue chez le coureur devient trop importante et qu'elle se manifeste par une diminution de performance, elle peut être le signe d'un surentraînement. La plupart du temps, cet état se manifeste en cas d'augmentation marquée et subite de la fréquence, de la durée ou de l'intensité des entraînements. De plus, lorsqu'un ou plus d'un de ces paramètres augmente trop et se maintient sur une assez longue période (ex.: un coureur récréatif faisant le choix de s'entraîner intensément par intervalles pendant une heure tous les jours pendant 3 mois), le risque de surentraînement s'accroît encore davantage.

La fatigue accumulée peut également être due à une récupération inadéquate causée par des habitudes de vies malsaines, comme une mauvaise alimentation, un nombre d'heures de sommeil insuffisant ou un sommeil de piètre qualité, une mauvaise gestion du stress, ainsi qu'une consommation abusive d'alcool ou de drogues. Finalement, le risque de surentraînement varie aussi selon l'âge, le niveau d'entraînement et des facteurs génétiques.

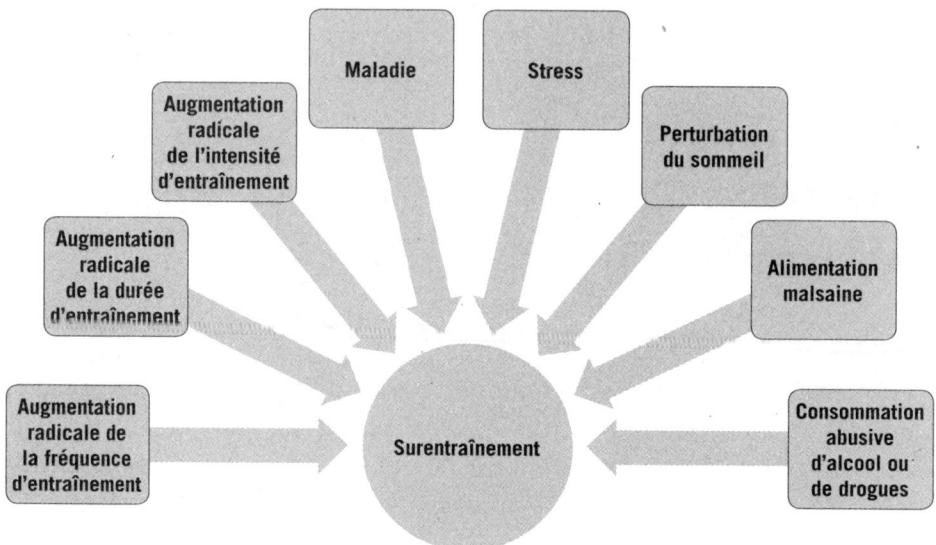

Une grande fatigue, une diminution de performance, mais encore…

En plus d'une fatigue excessive et d'une diminution de performance, différents symptômes peuvent se manifester et indiquer un état possible de surentraînement. En voici quelques-uns :

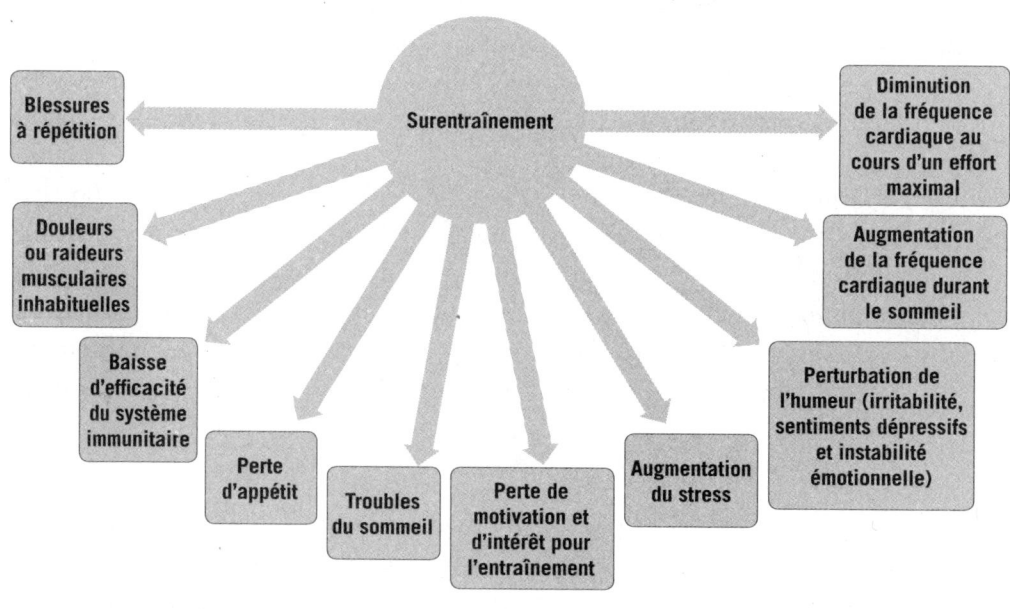

Évolution de la fatigue et de la récupération

Voici un schéma illustrant l'évolution de la fatigue et de la récupération à la suite d'une séance de course.

En pratique, il pourrait représenter celle d'un coureur qui s'entraîne seulement le lundi.

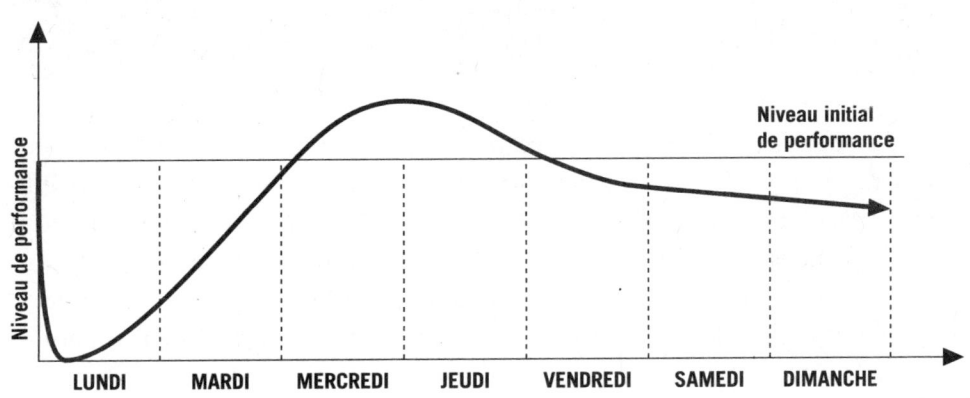

Lundi : Au cours et à la suite de l'entraînement, on observe une diminution de la capacité initiale de performance.

Mardi : Après l'exercice, un certain temps de récupération est nécessaire afin de retrouver un niveau initial de performance.

Mercredi et jeudi : La récupération est achevée et les capacités de performance atteignent un niveau supérieur à la normale. Cette phase, appelée « surcompensation », correspond au moment idéal pour s'entraîner de nouveau ou participer à une compétition.

Vendredi, samedi et dimanche : Après la phase de surcompensation, s'il n'y a pas de nouvel entraînement, une diminution progressive des capacités de performance est inévitable.

> La participation à certaines épreuves de course d'ultra-endurance, comme le Marathon des sables (≈ 250 km en 6 jours dans le désert du Sahara au Maroc), le Spartathlon (≈ 246 km entre Athènes et Sparte), l'Ultra-marathon de Bad Water (217 km dans la vallée de la Mort en Californie) ou le Championnat canadien des 24 heures de Drummondville, ainsi que la préparation qui les précède, occasionnent une accumulation de fatigue qui peut mener au surentraînement.

Afin de mieux comprendre comment l'accumulation de fatigue peut diminuer la performance et mener au surentraînement, voici une autre illustration. Comme on peut le constater dans ce schéma, la récupération qui suit les séances d'entraînement en course n'est jamais suffisante pour assurer une récupération complète ou une amélioration des qualités entraînées. Pire, le niveau de fatigue augmente au fil du temps, ce qui accentue sérieusement le risque de surentraînement.

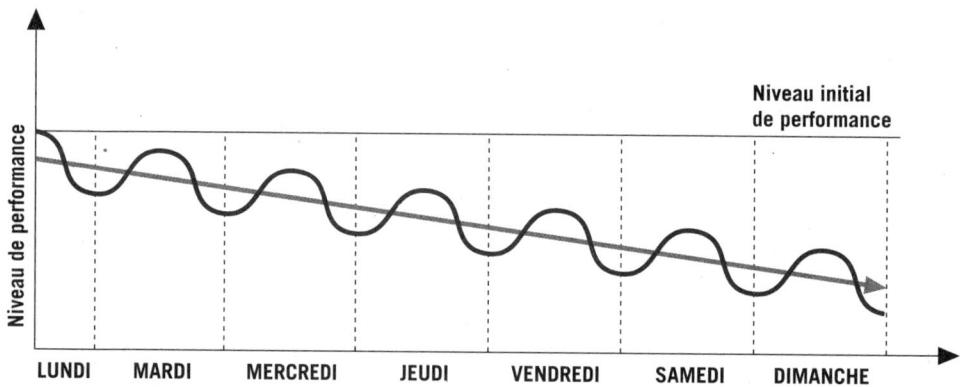

Toutefois, la réalité n'est pas toujours aussi simple que dans les schémas précédents. Par exemple, pour permettre une progression plus marquée des performances, il peut être nécessaire de s'entraîner fréquemment et intensément sur une certaine période (ex.: 4 semaines). Ces entraînements successifs causeront une accumulation de fatigue. La clé de cette méthode est d'ensuite réduire, pendant une courte période (ex.: 1 semaine), le nombre de séances et leur difficulté, dans le but de récupérer et de créer une surcompensation importante. Une planification d'entraînement se compose de cycles où la quantité et l'intensité d'entraînement peuvent être élevées par moments. Il ne s'agit alors pas de surentraînement, mais plutôt d'une surcharge d'entraînement communément appelée *overreaching*.

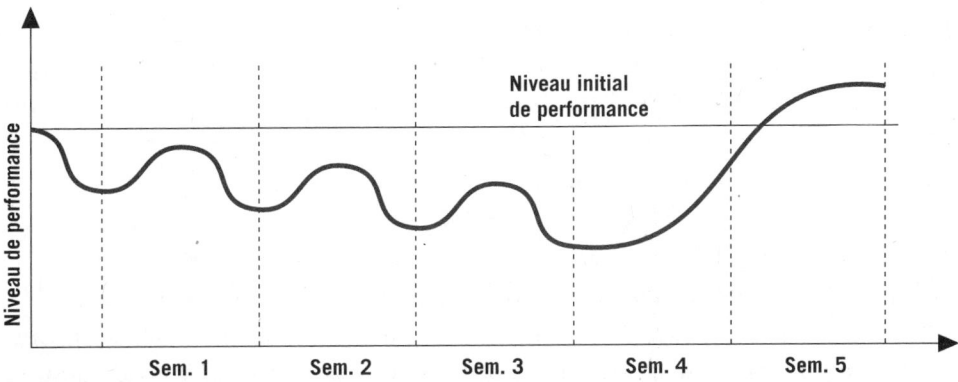

Le triple déca-Ironman est probablement l'épreuve sportive la plus épuisante qui soit. En 2013, elle a eu lieu en Italie et consistait à réaliser un Ironman par jour pendant 30 jours. Les distances couvertes à chaque jour de cette compétition très exténuante sont : 3,8 km de natation, suivis de 180 km de vélo, puis enfin 42,2 km de course à pied.

Aidé par une équipe de bénévoles, le Québécois Didier Woloszyn a brisé un record Guinness en 2013 en complétant 33 Ironman en 33 jours. Il est tout simplement impossible de réaliser ce type d'exploit sans manifester de symptômes de surentraînement.

Quelques conseils pour éviter le surentraînement

Les coureurs aimeraient souvent connaître avec exactitude combien de kilomètres ou d'entraînements intenses peuvent être réalisés sans s'exposer à un risque de surentraînement. Puisque les facteurs influençant le risque de surentraînement sont nombreux, les scientifiques n'ont pu déterminer aucune recommandation précise afin de définir quand l'exercice est sain et bénéfique pour le coureur et quand il est malsain et mène au surentraînement. Toutefois, certains conseils peuvent être appliqués afin d'éviter la fatigue excessive.

Un conseil très important pour les débutants ou pour ceux qui recommencent à courir est d'éviter d'en faire trop, trop rapidement. Les kinésiologues proposent une évolution de l'entraînement appelée «surcharge progressive». Qu'il s'agisse de fréquence, de durée ou d'intensité de l'entraînement, il est primordial de les augmenter de façon progressive afin de diminuer le risque de blessures, de perte de motivation et d'accumulation de fatigue. Par exemple, un néophyte de la course à pied ne devrait surtout pas commencer par 6 séances de 90 minutes par semaine! Le coureur débutant devrait plutôt se limiter à 3 entraînements de 30 minutes par semaine pendant le premier mois. Par la suite, il pourrait augmenter la fréquence à 4 fois par semaine, ou encore la durée à 45 minutes par séance. Avec le temps, ses entraînements pourront être encore plus fréquents, plus longs et plus intenses.

Bien qu'il n'y ait pas de recommandation précise quant à l'augmentation sûre du nombre de kilomètres courus par semaine, les entraîneurs suggèrent régulièrement de limiter l'augmentation à 10%. Par exemple, si 40 km ont été courus au cours d'une semaine, ce nombre ne devrait pas excéder 44 km la semaine suivante. Cette règle simple peut facilement être respectée. N'oubliez pas toutefois qu'elle n'est pas une vérité absolue. Certains coureurs plus expérimentés ou ceux qui parcourent de courtes distances (ex: 5 km/séance) peuvent augmenter leur nombre de kilomètres franchis par semaine de 20 à 25% sans trop de risques.

L'adoption de saines habitudes de vie est essentielle au coureur afin de faciliter une bonne récupération, et ainsi limiter le risque de surentraînement. Le recours à un ou plusieurs spécialistes de la santé (médecin, physiothérapeute, ostéopathe, kinésiologue, kinésithérapeute, etc.) l'aidera à mieux gérer sa récupération afin de diminuer le risque de fatigue excessive et d'éviter que certaines blessures ne deviennent chroniques.

L'image du coureur s'entraînant intensément et tombant du jour au lendemain dans le précipice du surentraînement n'est pas réaliste. Les symptômes du surentraînement se manifestent progressivement, d'où l'importance de rester vigilant afin de les reconnaître. La tenue quotidienne d'un journal de bord est un excellent moyen d'identifier les signes de fatigue et les symptômes qui pourraient en être des indices. Voici des informations qui pourraient y être consignées:

> mesures concrètes et comparables des entraînements (ex.: 10 km en 45 minutes);

- nombre d'heures et indice de la qualité de sommeil ;
- degré de motivation pour l'entraînement ;
- humeur ;
- blessures ou inconforts physiques.

En plus d'aider à prévenir le surentraînement, ce type de journal peut faciliter la planification de l'entraînement et contribuer à maintenir la motivation.

> En période de préparation physique, certains athlètes d'ultra-endurance peuvent courir une vingtaine d'heures par semaine ! Par exemple, Lahcen Ahansal, surnommé le prince des Sables, court environ 220 km par semaine durant les mois qui précèdent le Marathon des sables. Ces longues heures d'effort, qui sont nécessaires à ces athlètes pour performer à un haut niveau dans leur sport, les exposent à un risque particulièrement élevé de surentraînement.

Que faire en cas de surentraînement ?

Lorsqu'on constate des symptômes de surentraînement, il est conseillé de réduire la fréquence, la durée et l'intensité de l'entraînement. Il faudrait aussi modifier les habitudes de vie qui pourraient nuire à la récupération, s'il y a lieu. Ensuite, il est important d'observer l'évolution des symptômes. Si ceux-ci persistent malgré les modifications apportées à l'entraînement ou au mode de vie, il faut diminuer davantage, voire arrêter l'entraînement pendant une certaine période (ex. : 3 à 4 semaines). En ce sens, une étude britannique portant sur 12 olympiens surentraînés a montré une amélioration de leur VO_2max après un repos de 3 à 5 semaines. Il est impératif qu'après une période de repos le retour à l'entraînement soit très progressif. Notons que la fatigue peut aussi être causée par une maladie. En cas de doute, il ne faut pas hésiter à consulter un médecin.

Maximiser l'entraînement, effleurer le surentraînement

Le coureur qui cherche à s'améliorer en vue d'atteindre un haut niveau de performance doit s'entraîner fort, et même très fort. Qu'on le veuille ou non, ce type d'entraînement cause une fatigue qui peut être importante. Si bien qu'à certaines périodes de l'année, les athlètes peuvent effleurer les limites du surentraînement. Pour eux, il est important d'être à l'écoute de leur corps afin d'adapter la fréquence, la durée et l'intensité des séances, et ainsi minimiser le risque de surentraînement.

LA RÉALITÉ EN BREF

Il est vrai que l'entraînement quotidien en course à pied peut engendrer de la fatigue, ce qui augmente le risque de surentraînement, mais il est simpliste de croire qu'il en est la seule cause possible. En fait, la plupart du temps, cet état est causé par une modification abrupte d'un ensemble de paramètres d'entraînement comme la fréquence, la durée et l'intensité. L'adoption d'habitudes de vie malsaines, l'âge, l'hérédité et la présence d'une maladie sont aussi des facteurs à considérer.

La plupart du temps, des séances quotidiennes sont très bien tolérées par les sportifs, si leur durée et leur intensité varient. N'oublions pas que la recommandation quotidienne d'activité physique chez les adultes est d'environ 30 minutes, ce qui est en principe insuffisant pour causer une grande fatigue. Enfin, il faut garder à l'esprit que le surentraînement est une réalité qui ne touche qu'une minorité de sportifs. Inversement, le sous-entraînement frappe une proportion importante de la population!

Vous avez aimé ce sujet? Lisez:
> La fatigue en course à pied, ça se passe dans les jambes! (p. 195)
> La fatigue en course à pied, ça se passe dans la tête! (p. 203)
> La formule idéale: un jour d'entraînement, un jour de repos (p. 208)

MYTHE? BAIN FROID ET COMPRESSION POUR RÉCUPÉRER PLUS VITE !

Il est important pour le coureur ou la coureuse qui s'entraîne intensément de récupérer rapidement. Outre l'adoption d'un mode de vie sain, de nombreuses méthodes visent à accélérer la récupération : la thérapie par le froid, les bains contrastes, les vêtements de compression, le retour au calme actif, les étirements, les massages, le sauna ainsi que les crèmes et les gels. Ces méthodes peuvent-elles réellement accélérer la récupération après un entraînement intense ou prolongé en course à pied ?

La thérapie par le froid

L'immersion en eau froide est la thérapie par le froid (cryothérapie) la plus utilisée pour la récupération. À la suite d'un entraînement intense ou prolongé, le coureur peut s'immerger dans un bain d'eau froide à une température se situant entre 10 et 15 °C pendant un certain temps (ex. : 15 minutes) ou il peut aussi entrecouper 2 périodes d'immersion (ex. : de 10 minutes chacune) par une pause (ex. : 5 minutes). Plusieurs études ont montré que cette méthode pouvait accélérer la récupération. Par exemple, la quantité de créatine-kinase, substance (enzyme) qui sert à mesurer les dommages musculaires, était plus faible 24 à 72 heures après l'immersion en eau froide. Il en allait de même pour la quantité de protéine C réactive, qui sert à mesurer l'inflammation. De plus, certains chercheurs qui ont étudié cette méthode ont observé une diminution des indices subjectifs de fatigue musculaire que pouvaient ressentir les sportifs après l'entraînement. Finalement, quelques-uns d'entre eux ont même noté une légère amélioration de la performance en course à pied à la suite d'une immersion en eau froide. Notons que l'efficacité de cette méthode de récupération est plus marquée chez les athlètes que chez les sportifs occasionnels.

> Depuis 2009, dans le cadre du Grand Défi Pierre Lavoie, l'homme de fer Pierre Lavoie enfourche son vélo chaque année pour une chevauchée de 1000 km en 48 heures. Devant récupérer rapidement, il a su utiliser à bon escient la thérapie par le froid en s'immergeant dans un tonneau rempli d'eau glacée entre certaines étapes.

Bien qu'elle puisse accélérer la récupération, l'immersion en eau froide nécessite une bonne dose de motivation et de courage. À la maison, afin d'obtenir une eau comprise entre 10 et 15 °C, vous devez remplir votre bain d'eau froide et y ajouter une bonne quantité de glaçons! Ceux qui en ont fait l'expérience seront en mesure de le confirmer: les désagréments et le stress que provoque l'immersion en eau froide ne sont pas négligeables.

> En plus de l'immersion en eau froide, d'autres méthodes utilisant le froid sont employées dans l'espoir d'accélérer la récupération ou même d'améliorer la performance, comme des cabines dont l'air est refroidi à l'azote liquide, des vestes de refroidissement qui peuvent être portées avant l'exercice, l'ingurgitation de glaçons ou encore des vêtements qui refroidissent les paumes et les avant-bras du sportif durant l'effort!

Les bains contrastes

Les bains contrastes consistent à alterner l'immersion du corps ou d'une portion de celui-ci dans l'eau chaude à une température de 35 à 40 °C (ex.: pendant 60 à 120 s) et ensuite dans l'eau froide entre 10 et 15 °C (ex.: pendant 60 à 90 s), pendant un certain temps (ex.: pendant 10 à 15 min). Malgré des résultats moins convaincants qu'avec l'immersion en eau froide seulement, les bains contrastes permettent une légère diminution de la sensation de courbatures après un entraînement difficile. Toutefois, l'amélioration de performance qui pourrait suivre leur utilisation reste à démontrer.

> Contrairement à ce que certains sportifs croient, la thérapie par le froid (application de glace ou immersion en eau froide) est un traitement plus efficace que les bains contrastes pour réduire l'inflammation causée par une blessure comme une entorse à la cheville ou au genou.

Les vêtements de compression

Les vêtements de compression sont de plus en plus populaires auprès des coureurs. Certains d'entre eux les portent au cours de l'entraînement ou de la compétition dans le but d'améliorer leur performance, mais ils peuvent également être utilisés après l'entraînement dans le but présumé d'accélérer la récupération. Lorsque les vêtements de compression sont portés pendant une période de 12 à 48 heures après un entraînement intense, ils peuvent réduire la perception de courbatures et d'inconfort physique. L'amélioration de la performance en course à pied qu'ils pourraient procurer reste toutefois à prouver. De plus, la force de compression idéale du vêtement ainsi que la partie du corps qu'il doit comprimer ne sont pas encore clairement définies. Pour le moment, on suggère, en toute logique, que les vêtements de compression portés par les coureurs couvrent les membres inférieurs.

> Les vêtements de compression sont probablement plus efficaces pour d'autres objectifs que ceux d'accélérer la récupération ou d'améliorer la performance sportive. Ils peuvent, entre autres, accélérer la guérison à la suite d'un choc (ex.: un coup de genou sur la cuisse au rugby), favoriser une meilleure circulation sanguine lorsqu'elle est déficiente et prévenir les troubles de la circulation lors de longs voyages en avion chez ceux qui ont des varices.

Le retour au calme actif

Le retour au calme actif, comme un léger jogging de 10 minutes après un entraînement de course intense, est une méthode utilisée par un certain nombre de coureurs qui espèrent accélérer leur récupération en vue d'une course ou de la prochaine séance d'entraînement. Malheureusement, la science n'a pu prouver l'efficacité de cette technique. Certaines études ont tout de même observé une légère diminution des courbatures (cela reste à confirmer) avec cette méthode.

Les étirements

Les étirements qui suivent l'entraînement ne sont pas reconnus comme étant efficaces pour accélérer la récupération. D'ailleurs, certains seront surpris et déçus de l'apprendre, le pouvoir « anti-courbatures » des étirements exécutés tout de suite après l'exercice n'est qu'un mythe. Plusieurs études ont montré que les étirements n'avaient aucun effet ou un effet non significatif sur les douleurs ressenties dans les jours qui suivent. On risque même d'accentuer les courbatures causées par la course à pied si les étirements après l'entraînement sont prolongés (une minute ou plus pour chacun), d'amplitude maximale et réalisés plusieurs fois sur les mêmes muscles. Ajoutons que, si le sportif est courbaturé, des étirements peuvent tout de même atténuer momentanément l'inconfort ressenti. Néanmoins, ce soulagement temporaire n'affecte en rien la durée de la récupération.

Les massages

Les massages donnés par des praticiens qualifiés permettraient de diminuer la sensation de raideur des muscles. Bien qu'ils puissent réduire légèrement les courbatures, aucune étude n'a permis de démontrer de façon claire une amélioration de performance en course lorsque le massage était utilisé comme méthode de récupération. Notons qu'un massage profond localisé et de longue durée peut par contre accentuer les courbatures et, par le fait même, affecter les performances qui suivront.

Le sauna

Bien qu'une séance dans un sauna sec ou humide puisse amener une détente musculaire, le sauna n'est pas reconnu comme une méthode permettant d'accélérer la récupération du coureur. Sans compter qu'une détente en sauna nécessite de bien s'hydrater, surtout après un entraînement qui a provoqué une forte sudation. Si le sauna occasionne une déshydratation, il peut même nuire à la récupération.

Les crèmes et les gels

Pour soulager les muscles ou les articulations douloureuses, plusieurs crèmes et gels sont en vente libre et certains coureurs les utilisent dans l'espoir d'accélérer la récupération. Certaines crèmes (ex.: Bengay®, RUB-A535 Antiphlogistine®) contiennent du salicylate de méthyle, un composé présent dans l'aspirine qui permet de soulager la douleur et l'inflammation lorsqu'il est pris par voie orale. Toutefois, lorsqu'il est appliqué sur la peau, les chercheurs sont catégoriques: il ne produit pas les effets escomptés.

D'autres gels contiennent des substances anti-inflammatoires comme le diclofénac ou le kétoprofène (ex.: Voltaren Emulgel®, Ketum®) qui peuvent réduire l'inflammation et soulager la douleur. Par contre, ces gels doivent être réservés aux personnes ayant une blessure musculaire ou articulaire (ex.: claquage, entorse, tendinite), ou encore à celles qui souffrent d'arthrose ou d'arthrite. L'utilisation de ces gels peut comporter des risques cardiovasculaires. Ils ne sont pas recommandés ni efficaces pour accélérer la récupération.

La capsaïcine est le composé qui donne le goût piquant au piment. Cette substance est présente également dans certaines crèmes (ex.: Flex-O-Flex capsaïcine®, ArthriCare®). Elle pourrait diminuer la concentration d'une substance chimique, nommée substance P, qui est responsable des signaux de douleur envoyés au cerveau. Appliquer sur la peau une crème ou un gel contenant cet ingrédient peut-il accélérer la récupération? Rien n'est moins sûr: cela peut tout au plus diminuer la sensation de douleur.

Certaines crèmes ou certains gels contiennent également des ingrédients comme du menthol ou de l'huile d'eucalyptus (ex.: Tiger Balm®). Ces ingrédients permettent de réduire temporairement la sensation de douleur en causant une distraction à cet endroit. Toutefois, ces substances ne peuvent probablement pas accélérer la récupération. Ajoutons que les gels et les crèmes créant une sensation de froid ne peuvent remplacer la glace. L'application de glace est reconnue comme un moyen efficace pour réduire l'inflammation à la suite d'une blessure comme une entorse à la cheville.

L'arnica est une plante dont les fleurs sont utilisées dans la fabrication de gels et de crèmes. Selon certaines études, l'utilisation d'un gel ou d'une crème contenant de l'arnica pourrait aider, entre autres, à réduire les douleurs musculaires et celles liées à l'arthrose. À moins d'être courbaturé, et même encore, il est impossible d'affirmer que l'arnica est efficace pour accélérer la récupération.

> Employé selon les recommandations, le salicylate de méthyle contenu dans les crèmes (ex.: Bengay®) est en principe sans danger. Toutefois, pour certaines personnes allergiques ou lorsqu'elle est appliquée en grande quantité ou trop souvent, elle peut s'avérer toxique. En 2007, une jeune coureuse américaine de 17 ans est décédée après avoir utilisé une crème contenant cet ingrédient. L'autopsie a indiqué que l'adolescente avait fait un usage excessif de la crème.

Jumeler des méthodes

La science en sait très peu sur l'efficacité éventuelle du jumelage de plus d'une méthode de récupération. Par exemple, est-ce que le port de vêtements de compression après avoir fait une séance d'immersion en eau froide s'avérerait efficace pour accélérer la récupération? Ce type de question demeure pour le moment sans réponse.

L'effet placebo

On peut croire aux vertus d'une méthode après avoir été informé de sa présumée efficacité. Cette croyance peut être renforcée par une expérience positive vécue à la suite de son utilisation, comme une amélioration de performance ou encore une diminution des courbatures. Dans ces cas-là, il est possible que la simple croyance puisse accélérer la récupération. Cet effet que l'on nomme «placebo» pose problème aux chercheurs, car il peut fausser les données. En effet, il est difficile, voire impossible de cacher aux participants d'une étude le recours à une méthode de récupération comme l'immersion en eau froide ou le massage! Ce qu'il faut retenir, c'est que, lorsqu'on croit que la méthode de récupération est bénéfique, il est possible qu'elle le devienne.

Le meilleur des investissements pour améliorer la performance

La plupart des coureurs et des coureuses ne sont pas des athlètes d'élite. La grande majorité d'entre eux doit composer avec un horaire chargé qui combine travail ou études, vie familiale et sociale, ainsi qu'entraînement en course. Par conséquent, le temps consacré à l'entraînement est souvent restreint. Pour améliorer les performances à la course, il serait plus bénéfique de s'entraîner plus judicieusement ou davantage, plutôt que d'intégrer des méthodes de récupération qui prennent du temps. D'autant plus qu'à ce jour, la science a montré que les méthodes abordées dans le présent thème sont au mieux timidement efficaces ou, au pire, carrément inutiles pour améliorer la performance.

LA RÉALITÉ EN BREF

La récupération est une composante de l'entraînement que les coureurs ne doivent pas négliger. Toutefois, peu de méthodes semblent réellement en mesure de l'accélérer. Des différentes approches discutées, l'immersion en eau froide est la seule dont les effets bénéfiques ont été clairement établis. Par contre, les désagréments physiques qui l'accompagnent diminuent de beaucoup sa popularité. L'adoption de saines habitudes de vie, telles qu'une bonne alimentation, une hydratation adéquate et un sommeil réparateur, demeure le meilleur moyen d'assurer une récupération adéquate à la suite d'un entraînement intense ou prolongé. Finalement, n'oublions pas que les périodes de repos entre les séances d'entraînement sont à la base même de la récupération.

Vous avez aimé ce sujet ? Lisez :
> La formule idéale : un jour d'entraînement, un jour de repos (p. 208)
> Tu cours tous les jours ? Tu vas t'épuiser ! (p. 215)
> Les bas de compression : les essayer, c'est les adopter (p. 312)

MYTHES ET RÉALITÉS
L'ALIMENTATION, LES BOISSONS, LES SUPPLÉMENTS ET LES AUTRES PRODUITS

Vous participerez bientôt à une course. Vous avez entendu et lu beaucoup de théories sur ce qu'il faut manger et boire avant et pendant l'effort. Vous vous questionnez. Avant la course, dois-je consommer des glucides ou des protéines ? Durant la course, dois-je boire seulement quand j'ai soif ou à intervalles réguliers ? Dois-je boire de l'eau ou une boisson sportive ? Le café peut-il m'aider à améliorer ma performance ? Les boissons, les suppléments ou les produits spéciaux pour courir plus vite existent-ils vraiment ? Nous sommes convaincus qu'après avoir lu ce chapitre, vous trouverez des réponses pertinentes à ces questions. Vous pourrez alors faire des choix sains en ce qui a trait aux aliments, aux boissons ainsi qu'aux suppléments et produits pouvant vous aider à être plus performant lors de votre prochaine course.

MYTHE? LA VEILLE DE LA COURSE : DES PÂTES, PAS UN GROS STEAK !

Faire le plein d'essence est nécessaire avant d'entreprendre un long trajet en voiture. L'analogie se prête bien au coureur, qui doit faire le plein de carburant énergétique avant un effort prolongé. Manger des pâtes la veille d'une compétition est presque devenu un incontournable pour n'importe quel sportif d'endurance. Mais quelle quantité de glucides le coureur devrait-il consommer ? La prise de protéines et de lipides (gras) doit-elle également faire partie de la stratégie nutritionnelle avant une compétition ? Quel est le petit-déjeuner idéal avant de s'élancer pour une épreuve de course à pied ? Devrait-on prendre une boisson sportive immédiatement avant l'exercice ?

Pourquoi manger des glucides avant une compétition ?

Selon l'intensité de l'effort et le niveau d'entraînement, les glucides (sucres) contribuent pour environ 50 à 65 % de l'énergie dépensée lors d'une course à pied de 1 à 4 heures. Par conséquent, les réserves de sucres sous forme de glycogène dans les muscles et le foie peuvent fortement diminuer au cours de l'effort et, ainsi, contribuer à la fatigue[27]. Plus les réserves de glycogène sont importantes au départ d'une épreuve de plus de 90 minutes, plus le potentiel de performance du coureur augmente. De nombreuses études indiquent qu'en situation où les réserves de glycogène sont maximisées, le temps pour franchir une distance précise (ex. : 42,2 km) diminue de 2 à 3 %. En outre, le risque de « frapper le mur » diminue également[28]. Toutefois, lorsque l'effort dure moins de 90 minutes, il ne sert à rien d'essayer de maximiser les réserves de glycogène.

---

27. Pour en savoir plus, lisez : « La fatigue en course à pied, ça se passe dans les jambes ! » (p. 195).
28. Pour en savoir plus, lisez : « Aïe ! J'ai couru si longtemps que j'ai frappé le mur » dans le livre *Mythes et réalités sur l'entraînement physique*.

Manger des glucides le ou les jours avant la compétition

Afin de maximiser les réserves de glycogène, il est conseillé de consommer une quantité plus importante de glucides que d'habitude, de 36 à 48 heures avant la compétition. Par exemple, un marathonien pourrait ingérer, deux jours avant l'épreuve, une quantité plus importante d'aliments glucidiques comme du pain, des pâtes alimentaires, du riz ou des pommes de terre. La quantité idéale de glucides à consommer afin de maximiser le stockage de glycogène dans les muscles et le foie est d'environ 10 g/kg/jour (de 500 à 800 g/jour, selon le poids du coureur). En pratique, on suggère souvent aux coureurs d'augmenter leur ingestion quotidienne de glucides de 200 à 300 g/jour 48 heures avant la course. Comme la viande, la volaille et le poisson ne contiennent pas de glucides, ils ne contribuent pas à la mise en réserve du glycogène. Par conséquent, lorsque des aliments pauvres en glucides sont ingérés avant une compétition qui dure plus de 90 minutes, ils devraient être accompagnés d'autres aliments qui en contiennent beaucoup.

Aliments pauvres en glucides	Quantité de glucides
Bœuf (100 g)	0 g
Poulet (100 g)	0 g
Saumon (100 g)	0 g
Fromage cheddar (50 g)	≈ 1 g
Oeufs brouillés (2)	≈ 2 g
Amandes (37 g)	≈ 7 g
Arachides (37 g)	≈ 8 g
Boisson gazeuse diète (355 ml)	0 g

Aliments riches en glucides	Quantité de glucides
Macaronis cuits (1 tasse ou 250 ml)	≈ 42 g
Riz blanc ou brun cuit (1 tasse ou 250 ml)	≈ 46 g
2 pommes de terre bouillies	≈ 54 g
1 bagel	≈ 38 g
Pain de blé entier (2 tranches)	≈ 36 g
1 banane	≈ 25 g
1 pomme	≈ 19 g
Yogourt aux fruits (175 ml)	≈ 30 g
Jus d'orange (250 ml)	≈ 26 g
Boisson gazeuse – cola (355 ml)	≈ 39 g
Boisson sportive (500 ml)	≈ 30 à 40 g
Lait au chocolat (500 ml)	≈ 55 g

Après une surcharge en glucides de 2 jours, certains coureurs peuvent prendre jusqu'à 1,5 kg (3 lb). En effet, chaque gramme de glycogène est stocké dans les muscles et le foie avec environ 3 g d'eau. Cette quantité supplémentaire d'eau peut contribuer à prévenir les effets indésirables liés à la déshydratation.

Manger des glucides quelques heures avant la compétition

Toujours dans le but de maximiser les réserves de glycogène, il est également recommandé de prendre un petit-déjeuner ou un repas contenant une quantité importante de glucides 4 heures avant la compétition ou l'entraînement: la quantité suggérée est d'environ 200 à 300 grammes. Il est important de laisser passer quelques heures entre le repas et l'exercice, car il faut environ 4 heures pour digérer les glucides et les stocker sous forme de glycogène. Puisque le départ des courses organisées est souvent tôt en matinée, il est difficile de respecter le délai de 4 heures pour le petit-déjeuner. Dans ce cas, le coureur peut limiter sa consommation de glucides à environ 100 à 150 g, 2 heures avant la course.

En plus d'être riche en glucides, le petit-déjeuner ou le repas du coureur précédant la compétition devrait :

> contenir une quantité suffisante de liquide (250 à 400 ml) ;
> contenir peu d'aliments gras et de fibres alimentaires, afin de faciliter l'évacuation du contenu de l'estomac et de diminuer le risque de problèmes gastro-intestinaux au cours de l'effort ;
> contenir une quantité modérée de protéines (≈ 20 à 25 g) ;
> contenir des aliments familiers qui sont bien tolérés.

Ces recommandations sont d'autant plus importantes si l'effort prévu est de longue durée, très intense ou fait en pleine chaleur. Notons que les coureurs qui ont plus de difficulté à digérer voient augmenter leur risque de souffrir d'inconforts gastro-intestinaux pendant l'effort. Il est donc préférable qu'ils mangent un peu moins et qu'ils s'assurent que les aliments choisis sont digestes. Voici quelques exemples de petits-déjeuners contenant 200 à 300 g de glucides.

Petits-déjeuners		
Exemple 1	Exemple 2	Exemple 3
2 bagels avec confiture	4 gaufres avec sirop d'érable	1 grand bol de gruau
1 barre granola	1 muffin	2 rôties avec du miel
1 banane	1 pomme	1 yogourt aux fruits
1 verre de lait au chocolat (250 ml)	1 boisson au soya (250 ml)	1 verre de jus de fruits (250 ml)

Manger des glucides 30 à 60 minutes avant la compétition

La prise de glucides 30 à 60 minutes avant l'effort peut occasionner une diminution importante du taux de sucre dans le sang chez certains coureurs. Cette baisse est appelée hypoglycémie réactionnelle. Elle est caractérisée par une augmentation rapide du taux de sucre sanguin, suivie d'une baisse par effet rebond. La quantité de glucides ingérés (25 à 125 g) ne semble pas être un facteur déterminant la variation du taux de sucre sanguin. Par contre, l'hypoglycémie réactionnelle est plus courante lorsque les glucides sont ingérés seuls et ont un index glycémique[29] élevé (ex.: boisson sportive, gel sportif, pain blanc, riz blanc). S'il y a hypoglycémie, il est possible que la performance aérobie diminue, mais ce n'est pas nécessairement le cas chez tous les coureurs. Afin de réduire le risque d'une baisse du taux de sucre dans le sang, les glucides peuvent être consommés de 5 à 10 min avant l'effort ou au cours de l'échauffement.

Outre le risque d'hypoglycémie, les scientifiques ont longtemps cru que consommer des glucides peu de temps avant l'exercice pouvait causer une utilisation plus importante de glucides au cours de l'effort. Dans ce cas, cela mènerait à une diminution prématurée des réserves de glycogène, et donc à une diminution de la performance. Toutefois, cette utilisation marquée des glucides ne se manifesterait qu'au cours des 20 premières minutes d'effort. En fait, il serait étonnant qu'elle puisse avoir un effet négatif lors d'une course: certains chercheurs ont plutôt observé une amélioration de la performance.

Des suppléments en poudre à prendre avant l'exercice (ex.: EM·PACT®) contenant, entre autres, des glucides, des lipides et des protéines sont maintenant en vente sur le marché. Ces boissons sont conçues pour favoriser, en plus de celle des glucides, l'utilisation des graisses et des protéines comme carburant énergétique. Les résultats d'une étude américaine publiée en 2010 indiquent, entre autres, une amélioration de plus de 4 % du VO_2max lorsque ce type de boisson est consommé 30 minutes avant l'effort. Toutefois, d'autres recherches sont nécessaires afin de clarifier les effets de ces suppléments sur la performance en course.

> Voici les équivalents énergétiques en sucre pour franchir différentes distances de course:
>
> › env. ½ cuillère à soupe pour 100 m ;
> › env. 3 ½ tasses pour 42,2 km ;
> › env. 8 tasses pour 100 km.

---

29. L'index glycémique est un critère de classement des aliments contenant des glucides, basé sur leur effet sur le taux de sucre dans le sang durant les deux heures suivant leur consommation.

À part les glucides

La performance d'endurance peut être améliorée lorsqu'on consomme de la caféine[30] une heure avant l'exercice ou lorsqu'on ingère des nitrates[31] trois heures avant la compétition. Idéalement, ces derniers doivent également être ingérés pendant les quelques jours précédant la course.

LA RÉALITÉ EN BREF

Manger des pâtes la veille d'une course à pied est pratiquement un incontournable, car elles sont riches en glucides, ce qui n'est pas le cas d'un steak. Ce nutriment est essentiel afin de maximiser les réserves de glycogène et ainsi retarder la fatigue. Toutefois, une surcharge glucidique 36 à 48 heures avant la compétition n'est efficace que si l'effort se prolonge au-delà de 90 minutes. Idéalement, le petit-déjeuner ou le repas précédant la course (4 heures avant) devrait lui aussi contenir une part importante de glucides. La consommation de glucides 30 à 60 minutes avant l'effort demeure quant à elle recommandée, malgré une possibilité de baisse du taux de sucre sanguin (hypoglycémie réactionnelle) chez certains coureurs. Pour l'éviter, il est possible d'ingérer les glucides 5 à 10 minutes avant l'épreuve ou au cours de l'échauffement. Une fois votre réservoir de carburant bien rempli, vous partirez du bon pied pour parcourir de nombreux kilomètres !

 Vous avez aimé ce sujet ? Lisez :

> Pendant la course : des boissons sportives, pas des bananes ! (p. 239)
> Un bon jus de betterave pour courir plus vite (p. 251)
> Un bon café pour courir encore plus vite (p. 256)
> Il doit bien y avoir un produit pour m'aider à améliorer mes temps (p. 269)

---

30 Pour en savoir plus, lisez : « Un bon café pour courir encore plus vite » (p. 256).
31 Pour en savoir plus, lisez : « Un bon jus de betterave pour courir plus vite » (p. 251).

MYTHE? PENDANT LA COURSE : DES BOISSONS SPORTIVES, PAS DES BANANES !

Pour ne pas tomber en panne sèche lors d'un très long voyage en voiture, il est nécessaire de pouvoir se ravitailler en chemin. L'analogie se prête encore bien à la course. Pour la plupart des coureurs, ce n'est pas un secret : lorsque l'effort se prolonge, il faut consommer des glucides (sucres) si l'on veut être performant. Toutefois, des incertitudes demeurent. Est-il préférable d'ingérer des boissons sportives, des jus de fruits, des gels ou encore des aliments sucrés comme des bananes ou du chocolat ? Quelle quantité de sucre devrait-on consommer ? Y a-t-il une boisson sportive meilleure que les autres ? Essayons d'y voir un peu plus clair.

Pourquoi doit-on consommer du sucre ?

On sait depuis plusieurs années que la performance s'améliore lorsqu'on consomme des glucides au cours d'un effort prolongé. Par exemple, on a observé que, grâce à une consommation adéquate de glucides, l'effort pouvait être maintenu pendant 4 heures à une intensité constante (70 % du VO_2max), au lieu de seulement 3 heures sans glucides. Récemment, les résultats d'une étude britannique ont indiqué une amélioration de la performance de 19 % lors d'une course à vélo d'environ une heure, précédée d'un effort de deux heures à faible intensité lorsque les cyclistes consommaient une boisson contenant des glucides plutôt que de l'eau ! En général, les études portant sur différentes distances de course (15 à 40 km) indiquent une amélioration de la performance de 2 à 10 %. L'apport en glucides pendant l'effort est d'autant plus important si le coureur n'a pas consommé un repas qui en contenait une grande quantité quelques heures avant l'exercice ou encore si l'effort se prolonge.

La consommation de glucides au cours de l'exercice améliore la performance pour différentes raisons. Voici les plus communes :

- l'augmentation de la quantité de sucre dans le sang ;
- l'augmentation de l'utilisation du sucre contenu dans le sang ;
- l'économie du glycogène (réserves de sucre contenues dans les muscles et le foie) ;
- la diminution des signaux de fatigue commandés par le cerveau ;
- le maintien d'un meilleur fonctionnement des muscles.

> Selon certains chercheurs, la consommation de glucides lors d'un entraînement ou d'une compétition pourrait atténuer la baisse d'efficacité du système immunitaire qui se produit généralement 1 à 3 jours après un effort long et intense.

Du sucre sous différentes formes

Le sucre existe sous différentes formes. Les plus connues sont :

- le **fructose,** que l'on retrouve notamment dans les fruits ;
- le **glucose,** qui forme, à parts égales avec le fructose, le sucre de table ;
- le **galactose**, que l'on retrouve, avec le glucose, notamment dans le lait (lactose).

Un sucre ou deux ?

Lorsqu'il est consommé seul, le glucose est utilisé à un taux maximal de 55 à 60 g/h. Le fructose est utilisé à un taux maximal qui se rapproche de celui du glucose, mais sa consommation devrait être réduite au cours de l'exercice, car il augmente le risque de problèmes gastro-intestinaux. Quant au galactose, son utilisation prend 40 à 50 % plus de temps que le glucose, car il doit au préalable être transformé en glucose par le foie.

Lorsque différentes formes de sucre sont ingérées ensemble, cela permet d'augmenter la quantité totale utilisée. Par exemple, la combinaison du glucose et du fructose dans un rapport de 2 pour 1, ou de la maltodextrine (composée de différents sucres) et du fructose dans un rapport de 1 pour 0,8 permet au corps d'utiliser le sucre au taux maximal d'environ 100 g/h. Ainsi, la performance peut être améliorée. Cette augmentation de l'utilisation s'explique par le fait que certaines formes de sucre (ex.: glucose et fructose) ont différents transporteurs dans l'intestin. On pense donc que les transporteurs du glucose se retrouvent en nombre limité si celui-ci est ingéré seul et en grande quantité au cours de l'exercice. Par conséquent, consommer des glucides combinant différentes formes de sucres permettrait le transport d'une plus grande quantité de sucre vers le sang.

> Grâce à la palatabilité, c'est-à-dire le plaisir à consommer une boisson qui a bon goût, certains coureurs boivent davantage lorsqu'ils choisissent de s'hydrater avec une boisson sportive plutôt qu'avec de l'eau.

Boisson sportive ou gel?

Peu importe que les glucides soient ingérés sous forme liquide, solide ou sous forme de gel, ils sont absorbés tout aussi rapidement par le corps lorsque l'exercice n'est pas trop intense (60 % du VO_2max). Cependant, il est important de boire une certaine quantité d'eau si on consomme des glucides sous forme solide ou de gel. Par exemple, comme la plupart des gels contiennent environ 25 g de glucides, cette quantité devrait être accompagnée de 200 à 300 ml d'eau. Lorsque les glucides sont mélangés à une boisson, celle-ci devrait contenir de 5 à 8 g de glucides par 100 ml (5 à 8 %). Soulignons que les glucides devraient, idéalement, être pris de façon régulière, soit toutes les 15 à 20 minutes.

> Les boissons gazeuses ne sont pas idéales pour la performance en course à pied. En effet, elles peuvent causer des inconforts gastro-intestinaux, car elles ont une teneur trop élevée en glucides ($\approx 11\%$) et sont gazéifiées. Idéalement, elles devraient être diluées avec de l'eau (5 à 8 %) et dégazéifiées avant d'être bues au cours de l'effort.

Boisson sportive, jus d'orange, banane ou chocolat?

Lorsqu'on court, il est préférable de boire une boisson sportive que de manger des bananes. Ces dernières contiennent en effet une quantité presque équivalente de fructose et de glucose, un ratio qui rend leur utilisation par le corps moins efficace que la plupart des boissons sportives et augmente le risque d'inconforts gastro-intestinaux. Notons que certains fruits ont un ratio fructose/glucose encore plus élevé: les raisins, les pommes, les mangues, les melons, etc. De plus, les fruits contiennent des fibres alimentaires, ce qui n'est pas idéal pour une absorption rapide des glucides. Néanmoins, ils demeurent nettement plus digestes que le chocolat ou les mélanges de noix, qui contiennent, entre autres, une quantité appréciable de lipides (gras).

Le jus d'orange ou n'importe quel autre jus n'est pas idéal pour la course. Selon le fruit, la proportion de sucre dans un jus est d'environ 10 à 15 % (≈ 10 à 15 g/100 ml), ce qui est nettement plus que la quantité idéale (5 à 8 %). La consommation d'une boisson à teneur trop élevée en glucides augmente les risques de troubles digestifs et retarde la réhydratation. De plus, la proportion de fructose contenue dans les jus est plus élevée que dans les boissons sportives, les rendant moins efficaces. Les coureurs désirant boire du jus au lieu d'une boisson sportive lors d'entraînements devraient le diluer avec une part égale d'eau et, idéalement, y ajouter une pincée de sel (1,5 ml pour 1 litre de jus).

> Dans les hôpitaux, on administre une solution par voie intraveineuse (soluté dans le jargon médical) aux patients qui ne peuvent se nourrir adéquatement. Généralement, ce liquide, qui est injecté à un débit de 100 ml/heure, contient 5 % de glucose et des électrolytes. Ce « Gatorade » médical sert principalement à assurer l'hydratation et à fournir un minimum de glucides pour le maintien de base des fonctions vitales du corps.

Quelle quantité consommer?

En général, les spécialistes recommandent une consommation de 0,7 g de glucides/kg de poids corporel/heure, soit environ 50 g/h pour un coureur de 70 kg, au cours d'un effort aérobie de plus d'une heure. Lorsque l'épreuve est de très longue durée (plus de 2 h 30 min), comme lors d'un marathon ou d'un ultra-marathon, on peut consommer jusqu'à 90 g/h de glucides composés de différents sucres. Bien qu'une quantité de glucides supérieure à 60 g/h augmente le risque d'inconfort intestinal, certaines études ont montré qu'elle permettait une amélioration de performance lorsque l'effort se prolongeait au-delà de 2 h 30 min. Par conséquent, avant de prendre une quantité aussi importante de glucides au cours d'une compétition, il est plus prudent d'en faire l'essai à quelques reprises au cours de l'entraînement, dans le but d'en constater les effets sur le système digestif.

Aliments et boissons	Quantité de glucides
Boisson sportive (500 ml)	≈ 30 g
Boisson sportive faible en calories (500 ml)	≈ 10 g
Gel (41 g)	≈ 25 g
« Bonbon » sportif (1 morceau)	≈ 8 g
Barre énergétique (60 g)	≈ 58 g
Banane	≈ 25 g
Jus d'orange (500 ml)	≈ 52 g
Boisson gazeuse (500 ml)	≈ 56 g

La diminution des réserves de glycogène ne peut être considérée comme un facteur contribuant à la fatigue lorsque l'effort dure moins d'une heure. Malgré ce fait, certaines études notent une légère amélioration de performance grâce à un apport de glucides au cours d'un effort intense de 45 minutes seulement. Une faible consommation de glucides ou simplement le fait de se rincer la bouche avec une boisson qui en contient peut être suffisant pour retarder la fatigue[32].

Les glucides doivent-ils être accompagnés ?

Des électrolytes ou de la caféine[33] peuvent être jumelés aux glucides afin d'aider à la performance en course. L'ingestion de protéines, quant à elle, soulève beaucoup de questions. Il a été suggéré que l'ajout de protéines aux glucides puisse améliorer la performance. Comme les protéines peuvent

---

32. Pour en savoir plus, lisez : « La fatigue en course à pied, ça se passe dans la tête ! » (p. 203).
33. Pour en savoir plus, lisez : « Un bon café pour courir encore plus vite » (p. 256).

légèrement contribuer à la production d'énergie au cours de l'effort, certains croient que l'ajout de protéines aux glucides permettait d'économiser le glycogène. Cependant, davantage de recherches sont nécessaires afin de déterminer si les protéines peuvent réellement contribuer à améliorer la performance en course. Il est toutefois recommandé de consommer des protéines avec des glucides au cours des 30 minutes qui suivent l'exercice et au prochain repas, afin d'accélérer la récupération.

LA RÉALITÉ EN BREF

La consommation de glucides au cours de l'effort peut améliorer de façon notable la performance lors d'une course de plus d'une heure. Au cours de l'exercice, il est recommandé de consommer de 30 à 60 g de glucides par heure sous forme liquide, solide ou de gel. Toutefois, lors d'un effort prolongé (plus de 2h30min), on peut aller jusqu'à 90 g/h s'ils sont composés de différents sucres (ex.: glucose + fructose) présents en certaines concentrations. Contrairement aux électrolytes et à la caféine, les protéines ajoutées aux glucides semblent avoir un effet limité sur la performance d'endurance. Les bananes constituent certes une source intéressante de glucides pendant la course, mais les boissons sportives ou les gels sont à privilégier.

> **Vous avez aimé ce sujet? Lisez:**
> › La veille de la course: des pâtes, pas un gros steak! (p. 233)
> › Il faut boire sans avoir soif, sinon c'est la catastrophe! (p. 245)
> › Un bon café pour courir encore plus vite (p. 256)
> › Avec le jus de cornichon, finies les crampes! (p. 263)

MYTHE? IL FAUT BOIRE SANS AVOIR SOIF, SINON C'EST LA CATASTROPHE !

Si le prince Hamlet, personnage de l'une des plus célèbres pièces de Shakespeare, avait été un coureur du XXIe siècle, il aurait probablement entamé son célèbre monologue ainsi : « Boire ou ne pas boire, telle est la question ». Faut-il boire sans avoir soif pour améliorer sa performance d'endurance ? Que ce soit pour une course de 5 ou 10 km, le fait de boire est-il le gage d'un meilleur temps ? Pour une distance plus longue, comme le demi-marathon ou le marathon, quelle est la meilleure des stratégies en matière d'hydratation ? Ne pas boire assez ou encore boire trop lors d'un effort prolongé fait-il courir des risques pour la santé ? Nous tâcherons de répondre à ces questions.

Boire sans soif : l'origine

Il va sans dire que la course à pied peut entraîner une perte importante d'eau par sudation. Jusqu'à tout récemment, les scientifiques croyaient qu'une déshydratation occasionnant une perte de plus de 2 % du poids corporel causait chez tous les coureurs une diminution de la performance, et ce, en toutes circonstances. Par conséquent, afin d'éviter une telle déshydratation, il leur était recommandé de boire même s'ils n'avaient pas soif, c'est-à-dire dès le début de l'épreuve ainsi qu'à de courts intervalles réguliers. Or, aujourd'hui, rien n'est moins sûr.

La déshydratation et la performance

Au cours des dernières années, quelques études nous ont informés qu'une déshydratation entraînant une perte de plus de 2 % du poids corporel n'était pas un signe annonciateur d'altération de la performance au cours d'une épreuve de longue durée, mais qu'au contraire elle pouvait même être associée à de meilleurs résultats. En fait, certains spécialistes pensent qu'une perte de poids n'excédant pas 4 % au cours de l'effort ne cause pas, en général, une diminution de la performance en course à pied. Notons toutefois que ce risque reste accentué lors d'une course par temps chaud et humide.

> On sait aujourd'hui que la consommation d'une boisson contenant un composé chimique nommé « glycérol » peut retarder ou éviter la déshydratation, et même possiblement améliorer la performance lors d'une épreuve d'endurance. Néanmoins, cette substance pourrait causer chez certains coureurs des effets secondaires tels que des nausées, des étourdissements et des maux de tête. De plus, elle a été bannie en 2010 par l'Agence mondiale antidopage.

En 2009, lors du Marathon du Mont Saint-Michel, des chercheurs ont mesuré le poids de chacun des 643 participants avant et après la course et ont établi un lien avec leur performance. Les résultats sont surprenants. Selon le tableau, la perte de poids exprimée en pourcentage était inversement proportionnelle aux temps obtenus par les coureurs et coureuses. De plus, tous les participants ayant terminé le marathon en moins de trois heures avaient perdu plus de 3 % de leur poids corporel.

Évolution du poids entre le début et la fin de l'épreuve	Nombre de coureurs	Moyenne des temps
Gain de poids	62	3 h 58 min
Perte de poids de moins de 2 %	223	3 h 54 min
Perte de poids comprise entre 2 et 4 %	245	3 h 47 min
Perte de poids de plus de 4 %	113	3 h 40 min

Cette année-là, l'ex-détenteur du record du monde du marathon, Haile Gebreselassie, a perdu 9,8 % de son poids corporel pendant le Marathon de Dubaï. Cette perte importante de poids ne semble pas lui avoir nui outre mesure, puisqu'il remporta la course en 2 h 05 min 29 s !

> Les athlètes qui pratiquent un sport de combat doivent souvent perdre beaucoup de poids avant la pesée qui précède la compétition. Par exemple, le champion du monde d'arts martiaux mixtes Georges St-Pierre perd environ 9 % de son poids corporel la veille d'un combat. Le poids perdu en raison d'une déshydratation volontaire est normalement entièrement repris avant le combat grâce à une hydratation et à une alimentation adéquate.

Boire sans avoir soif : les risques

En plus d'une diminution possible de la performance, une consommation abusive d'eau peut occasionner un problème appelé « hyponatrémie »[34]. Il se caractérise par une trop faible concentration de sodium dans le sang et se produit généralement lors d'un effort prolongé (plus de 4 heures). L'hyponatrémie découle d'une hyperhydratation au niveau de la cellule. Cette hyperhydratation provoque un dangereux gonflement des cellules dont la gravité ne doit pas être sous-estimée compte tenu des symptômes qu'elle peut provoquer : confusion, mal de tête, vomissements, épuisement et dégoût de l'eau. De plus, s'il survient une accumulation de liquide au cerveau causant une hypertension intracrânienne, elle peut même s'avérer fatale. Au cours d'une épreuve de longue durée comme le marathon, le coureur ou la coureuse devrait éviter d'ingérer une quantité trop importante de liquide, et s'en tenir généralement à 0,5 à 1 litre par heure au maximum.

> Les compétitions de triathlon Ironman prennent au sérieux les problèmes reliés à l'hydratation. En général, le participant est pesé 2 ou 3 jours avant la compétition. Lorsque le sportif éprouve un malaise pendant ou à la fin de la course, il est pris en charge par l'équipe médicale et, à ce moment, il est pesé. S'il est plus lourd qu'avant la course, l'hyponatrémie est un suspect qu'on ne peut ignorer. S'il a perdu beaucoup de poids, la déshydratation est sûrement en cause.

---

34. Pour en savoir plus, lisez : « Boire trop d'eau durant l'exercice : impossible », dans le livre *Mythes et réalités sur l'entraînement physique*.

Boire selon sa soif pour améliorer ses performances

Bien qu'une légère déshydratation (1 à 4 % du poids corporel) ne semble pas nuire à la performance, boire au cours d'une épreuve de longue durée demeure une nécessité. Par exemple, l'absorption de glucides au cours de l'effort est facilitée par le simple fait de boire[35]. Voici quelques conseils qui permettront aux coureurs de mieux s'hydrater.

Avant l'effort : être bien hydraté

On sait désormais que la consommation maximale d'oxygène (VO_2max) et la performance d'endurance diminuent lorsque le coureur commence l'exercice déshydraté (en ayant perdu plus de 2 % de son poids corporel). Normalement, une urine jaune pâle dénote un taux d'hydratation adéquat. Afin de s'assurer d'être bien hydraté au début de l'effort, il est recommandé de boire de 300 à 800 ml de liquide deux heures avant la course. Notons que boire 150 à 250 ml d'un liquide frais immédiatement avant l'exercice facilitera le passage, de l'estomac aux intestins, des liquides et des glucides ingérés principalement au début de l'effort. Attention tout de même de ne pas trop boire juste avant le départ, vous aurez envie d'uriner pendant la course !

Durant l'effort : boire quand on a soif

Certains croient que, lorsque la soif se manifeste, il est déjà trop tard pour boire et que la performance diminuera inévitablement. Selon le professeur Éric Goulet de l'Université de Sherbrooke, il n'en est rien. En fait, la performance en endurance semble être maximisée lorsque le coureur boit selon les signaux de soif qu'il perçoit. En général, la soif se caractérise par la sensation d'avoir la bouche et la langue sèches, collantes et épaisses. En temps normal, boire en quantité suffisante devrait soulager ces sensations.

Durant un effort de moins d'une heure : boire très peu

Les études nous indiquent que boire au cours d'un exercice aérobie de moins d'une heure n'est pas un facteur déterminant pour la performance. Au contraire, trop boire pendant une course d'intensité élevée peut provoquer des inconforts gastro-intestinaux pouvant même nuire à la performance. En fait, boire de petites gorgées d'une boisson sucrée ou se rincer la bouche pendant 5 à 10 secondes avec ce type de boisson toutes les 10 mi-

---

35. Pour en savoir plus, lisez : « Pendant la course : les boissons sportives, pas les bananes ! » (p. 239).

nutes peut être suffisant pour améliorer légèrement la performance. Ajoutons que le fait de boire de petites gorgées d'eau ou d'une boisson sucrée diminue la sécheresse de la bouche.

Boire selon sa soif : les risques

Ne pas boire assez, principalement lors d'une épreuve de longue durée dans un environnement chaud et humide, peut exposer le coureur à certains risques graves pour la santé[36]. Dans ces conditions, si le coureur oublie de boire ou s'oblige à fournir un effort quasi à sec, la déshydratation peut être de plus de 4 % du poids corporel. Une telle déshydratation réduit l'efficacité du corps à maintenir sa température et augmente le stress imposé au système cardiovasculaire. Par conséquent, le coureur s'expose davantage à un coup de chaleur ou à un malaise cardiovasculaire. Bien que le risque de décès au cours de l'exercice demeure extrêmement faible, il s'accroît dans ces conditions. Il est donc important de bien s'hydrater : il est recommandé de boire suffisamment dans les heures qui précèdent l'effort et de 150 à 250 ml de liquide toutes les 15 à 20 minutes au cours d'un exercice de longue durée.

> Les 24 000 participants de l'édition 2011 du Marathon de Montréal ont dû composer avec une température de 25 °C et un indice humidex de 31. Les organisateurs ont rapporté qu'environ 40 coureurs ont eu besoin d'une assistance médicale, et 25 d'entre eux ont dû être transportés en ambulance. Les problèmes liés à la déshydratation et la chaleur ont été les plus fréquemment traités. Certes, la fatigue guette tous les marathoniens, mais aucun d'entre eux ne souhaite terminer sa journée à l'hôpital !

---

36. Pour en savoir plus, lisez : « Courir un marathon : à vos risques et périls ! » dans le livre *Mythes et réalités sur l'entraînement physique*.

LA RÉALITÉ EN BREF

Le besoin de boire, et surtout de boire beaucoup pendant l'effort, est trop souvent surestimé par les coureurs. Aujourd'hui, il est permis de croire qu'une déshydratation n'entraînant pas une perte de poids supérieure à 4 %, entre le début et la fin d'une course ou d'un entraînement de longue durée, ne nuit pas à la performance. D'ailleurs, les coureurs d'élite perdent fréquemment plus de 3 % de leur poids corporel lors de marathons et accomplissent tout de même d'excellentes performances. Afin d'être bien hydraté, le coureur devrait boire suffisamment quelques heures avant l'effort, et boire lorsqu'il a soif. De plus, il devrait limiter sa consommation d'eau lorsque l'effort dure moins d'une heure. Finalement, n'oublions pas que la façon de s'hydrater au cours d'un exercice de longue durée peut comporter des risques pour la santé: trop boire accentue le risque d'hyponatrémie, alors que ne pas boire assez augmente le risque de coup de chaleur et même de malaise cardiaque, surtout par temps chaud.

 Vous avez aimé ce sujet ? Lisez :

> Pendant la course : des boissons sportives, pas des bananes ! (p. 239)
> Un bon jus de betterave pour courir plus vite (p. 251)
> Un bon café pour courir encore plus vite (p. 256)
> Avec le jus de cornichon, finies les crampes ! (p. 263)

MYTHE ? UN BON JUS DE BETTERAVE POUR COURIR PLUS VITE

Depuis quelques années, le jus de betterave suscite beaucoup d'intérêt chez les coureurs, les entraîneurs ainsi que les scientifiques, et ce n'est certainement pas parce qu'il égaye les papilles gustatives de ceux qui le consomment. En fait, plusieurs sportifs d'endurance croient aux vertus de la betterave pour réaliser de meilleures performances. Mais est-il réellement possible de courir plus vite ou plus longtemps en consommant le jus de ce légume ?

Le secret est dans la betterave
Ce n'est pas tant la betterave ou son jus qui intéressent les chercheurs que les nitrates de sodium qui y sont présents en quantité importante. Ce sont en effet ces nitrates, une fois transformés par le corps en nitrites puis en oxyde nitrique (à peine mieux connu sous le nom de « monoxyde d'azote »), qui pourraient avoir un effet positif sur la performance d'endurance.

Les effets du jus de betterave
Les résultats d'études récentes ont montré que l'ingestion de nitrates de sodium pouvait diminuer le coût énergétique au cours d'un effort d'intensité modérée à très élevée. En clair, cela signifie qu'un coureur ayant bu du jus de betterave pourrait dépenser moins d'énergie, ou encore utiliser avec plus d'efficacité son système aérobie ou ses muscles, pour courir à une même vitesse que s'il n'en avait pas bu. Par conséquent, il est permis de croire qu'une consommation de nitrates pourrait améliorer la performance en course à pied.

Les études qui ont observé l'amélioration de performance la plus importante sont celles qui ont testé la capacité à maintenir le plus longtemps possible une intensité constante (ex.: 12 km/h). Certains résultats indiquent que les sujets ayant consommé des nitrates maintenaient l'intensité imposée de 5 à 15 % plus longtemps que ceux qui n'en avaient pas consommé. Toutefois, ce type de test représente peu la réalité que vivent les coureurs en compétition, ceux-ci devant plutôt effectuer une distance précise comme 5, 10 ou 20 km le plus vite possible. C'est pourquoi d'autres chercheurs en sports d'endurance ont mesuré les effets d'une consommation de nitrates sur les temps obtenus pour certaines distances. Leurs résultats sont plus mitigés. Lorsqu'une amélioration de performance était mesurée, elle variait, en général, entre 1 et 3 %. Aussi faible soit-elle, cette amélioration pourrait éventuellement permettre de réaliser un record personnel.

Il est important de mentionner que les résultats les plus probants ont été obtenus chez des sujets qui étaient inactifs ou qui s'entraînaient de façon récréative. En effet, il leur est beaucoup plus facile d'améliorer leur performance que les sportifs confirmés. D'ailleurs, quand on constate une amélioration de performance chez des athlètes qui ont absorbé des nitrates, les résultats sont davantage marqués s'ils les ont consommés pendant les quelques jours précédant l'effort.

> Voici ce qu'a dit la détentrice du record du monde du marathon, Paula Radcliffe, à propos du jus de betterave: « Je l'ai essayé une seule fois et presque tout est sorti par l'autre bout! »

Le sucre contenu dans les betteraves

Certains diront qu'il est tout à fait normal que les performances soient meilleures après qu'on a bu du jus de betterave, car ce légume contient du sucre naturel qui peut être utilisé comme carburant énergétique lors de l'effort. Mais les chercheurs ne sont pas dupes: les sujets du groupe contrôle consommaient toujours une quantité équivalente de sucre. Par exemple, si un jus de betterave était bu quelques heures avant l'effort, la même quantité d'un jus de betterave appauvri en nitrates était bue en situation contrôle. Ou encore, si des sujets mangeaient des betteraves, en situation contrôle d'autres consommaient par exemple un fruit pauvre en nitrates, comme des canneberges. Ainsi, c'est seulement l'effet des nitrates qui était mesuré et non celui du sucre.

> Mâcher de la gomme, se gargariser avec un rince-bouche ou se brosser les dents avec un dentifrice antibactérien avant de boire du jus de betterave n'est pas recommandé. En effet, l'efficacité de certaines bactéries contenues dans la salive, qui ont pour rôle de convertir les nitrates en nitrites, s'en trouverait réduite. Ainsi, moins de nitrites seront alors transformés en oxyde nitrique, le composé qui peut améliorer la performance d'endurance.

Voici quelques recommandations pour ceux qui désirent consommer des nitrates en vue d'une compétition:

› La quantité de nitrates de sodium à consommer est de 300 à 600 mg/jour (ex.: 500 ml de jus de betterave, 70 ml de jus de betterave concentré ou 200 g de betteraves cuites).
› La source de nitrates devrait provenir de légumes comme la betterave, le jus de betterave ou un supplément alimentaire de betterave.
› Les nitrates doivent être consommés environ 3 heures avant la compétition et, idéalement, pendant les quelques jours la précédant (ex.: 3 à 7 jours avant).
› Il est préférable d'essayer de consommer les nitrates sous différentes formes (jus, jus concentré, légumes) avant d'en prendre pour une compétition.

> Le jus de betterave concentré est une option intéressante pour ceux qui ressentent un inconfort digestif après avoir bu un demi-litre de jus de betterave ordinaire. En effet, avec le jus concentré (ex.: Beet IT®), 70 ml suffisent pour ingérer une quantité équivalente de nitrates.

Le jus de betterave, nocif pour la santé ?

Les nitrates sont présents de façon naturelle dans l'environnement. D'autres légumes en contiennent beaucoup, comme la laitue, le céleri, les radis et les épinards. Bien que les légumes constituent la source principale de nitrates dans l'alimentation, il en existe aussi en faible quantité dans l'eau, le poisson, le bœuf, la volaille et certains produits laitiers comme le fromage. Par ailleurs, le nitrate de sodium est utilisé comme agent de conservation et comme fixateur de couleur d'aliments, notamment dans les charcuteries et certains fromages.

L'Organisation mondiale de la santé (OMS) a établi la consommation maximale de nitrates à 3,7 mg/kg de poids corporel/jour, soit environ 260 mg pour une personne de 70 kg. On estime que le Canadien moyen en ingère environ 50 mg/jour. Or, comme on l'a vu précédemment, la consommation quotidienne de nitrates recommandée en vue d'améliorer la performance d'endurance est de 300 à 600 mg/jour, idéalement pendant quelques jours. Cette recommandation excède la consommation maximale quotidienne établie par l'OMS. Alors, boire du jus de betterave dans le but de soutirer quelques secondes au chrono est-il nocif pour la santé ?

Lorsque les nitrates contenus dans l'eau et les aliments sont absorbés en grande quantité, ils peuvent avoir différents effets nocifs pour la santé, comme une augmentation du risque de cancer. Mais paradoxalement, les nitrates peuvent aussi avoir des effets bénéfiques, comme une diminution de la pression artérielle et une amélioration de l'état des vaisseaux sanguins. De plus, une consommation importante de légumes est associée à une diminution du risque de cancer et de maladies du cœur, et ce, même s'ils contiennent une quantité non négligeable de nitrates.

Les scientifiques doivent donc poursuivre leurs recherches afin de mieux comprendre pourquoi, dans certaines circonstances, l'ingestion de nitrates occasionne des risques pour la santé alors que, dans d'autres, elle est bénéfique. Notons tout de même qu'il est possible que le pouvoir « anticancer » des antioxydants, des fibres et des composés phytochimiques contenus dans les légumes atténue les effets néfastes des nitrates. Ainsi, il serait plus prudent que les coureurs désirant augmenter leur apport en nitrates les consomment à partir de légumes, idéalement biologiques.

Voici un tableau présentant quelques aliments et boissons contenant des nitrates de sodium

Aliments et boissons	Quantité de nitrates de sodium
500 ml de jus de betterave	≈ 400 mg
70 ml de jus de betterave concentré	≈ 400 mg
200 g de betteraves cuites	≈ 500 mg*
200 g d'épinards	≈ 500 mg*
200 g de céleri	≈ 500 mg*

*La quantité de nitrates peut varier selon les sols cultivés.

> Lorsqu'en 1929 Elzie Crisler Segar créa le personnage de Popeye, il ne se doutait certainement pas que les épinards, riches en nitrates, seraient considérés 80 ans plus tard comme un produit pouvant améliorer la performance physique.

LA RÉALITÉ EN BREF

Selon les résultats de récentes études, la consommation de jus de betterave pourrait améliorer légèrement la performance en course à pied. En fait, c'est l'oxyde nitrique, formé dans le corps à partir des nitrates contenus dans certains légumes comme la betterave, qui semble en être la cause. L'amélioration de performance parfois mesurée par les chercheurs serait attribuable au fait que la consommation de nitrates réduirait le coût énergétique, pour une même vitesse de course, rendant le fonctionnement de l'organisme plus efficace. Toutefois, les résultats obtenus chez les sportifs d'expérience et les athlètes demeurent mitigés.

Vous avez aimé ce sujet ? Lisez :
> Un bon café pour courir encore plus vite (p. 256)
> Avec le jus de cornichon, finies les crampes ! (p. 263)
> Il doit bien y avoir un produit pour m'aider à améliorer mes temps (p. 269)

MYTHE? | UN BON CAFÉ POUR COURIR ENCORE PLUS VITE

Le café est une boisson appréciée par d'innombrables personnes pour son goût et son effet stimulant. On estime qu'il se boit 400 milliards de tasses de café dans le monde chaque année. Peut-être en buvez-vous un ou même deux avant votre entraînement du matin ? Le café, ou plus précisément la caféine qu'il contient, peut-il réellement permettre de meilleures performances à la course ? Les vertus de la caféine ne s'arrêteraient pas là. Certains prétendent qu'elle pourrait également aider à récupérer plus vite. Est-ce vrai ?

La caféine, pas seulement dans le café

La caféine est non seulement présente dans le café, mais aussi dans d'autres boissons, ainsi que dans différents aliments et suppléments. En voici quelques exemples.

Boisson, aliment, supplément		Quantité de caféine (mg)
Café	Filtre (≈ 240 ml)	130 à 180
	Expresso (≈ 60 ml)	80 à 150
	Double expresso (≈ 60 ml)	160 à 300
	Décaféiné (≈ 240 ml)	5
Thé	Noir (≈ 240 ml)	40 à 60
	Vert (≈ 240 ml)	30 à 50
Boisson gazeuse	Coca-Cola Classic® (≈ 355 ml)	34
	Pepsi-Cola® (≈ 355 ml)	38

→

Boisson, aliment, supplément		Quantité de caféine (mg)
Boisson énergisante	Red Bull® (250 ml)	80
	Rock Star® (473 ml)	160
Chocolat	Chocolat au lait (45 g)	10
	Chocolat noir (45 g)	30
	Lait au chocolat (250 ml)	4 à 7
Boisson sportive contenant de la caféine	InfinIT® (500 ml)	50 à 200
Gel sportif contenant de la caféine	1 gel (41 g)	20 à 100
Gomme à mâcher contenant de la caféine	1 morceau	10 à 100
Comprimé	1 comprimé	50 à 200

La caféine pour être plus performant

La caféine est probablement la substance la plus populaire auprès des sportifs désirant améliorer leur performance. Et pour cause. Sa consommation est associée à une amélioration de performance dans différentes disciplines, mais c'est vraiment dans les épreuves d'endurance aérobie comme la course qu'elle se démarque par ses effets ergogènes, c'est-à-dire qu'elle améliore les aptitudes physiques et, ainsi, la performance.

Les effets sur la performance

Un grand nombre d'études ont porté sur les effets de la caféine sur la performance en sports d'endurance. Les chercheurs ont placé des participants dans un contexte représentatif d'une compétition de course à pied et ont mesuré les performances liées à la consommation de caféine sur une distance précise (ex.: 10 km) ou sur une distance franchie en un temps donné (ex.: 1 heure). Les résultats indiquent qu'une prise de caféine avant et pendant l'exercice pouvait améliorer la performance jusqu'à 17 %, mais qu'en moyenne elle l'améliorait d'environ 5 %. Ainsi, un coureur qui achève un marathon en 4 heures sans prendre de caféine pourrait anticiper une amélioration de 12 minutes s'il en consommait en suivant les recommandations découlant des recherches sur le sujet (voir p. 259).

Différents aspects sont à considérer quant aux effets ergogènes de la caféine :

- bien que des effets positifs aient été mesurés sur des efforts de courte durée (ex. : 20 minutes), ils sont en général plus prononcés lors d'une épreuve de longue durée comme un marathon ou un ultra-marathon ;
- pour une même quantité de caféine consommée, l'amélioration de performance sera équivalente peu importe la forme sous laquelle elle est ingérée (ex. : boisson sportive, gel, cola, café[37], gomme, comprimé) ;
- la caféine devrait être consommée 30 à 90 minutes avant l'effort pour que le coureur puisse en profiter dès le début de l'épreuve. Les effets de la caféine peuvent durer jusqu'à 4 à 6 heures après sa consommation ;
- la prise de caféine avant et au cours de l'effort accroît davantage les effets ergogènes (environ 5 %) que sa consommation uniquement avant l'exercice (environ 3 %) ;
- certains chercheurs suggèrent que les consommateurs réguliers de caféine n'obtiennent pas d'effets aussi marqués que ceux qui n'en prennent qu'à l'occasion ;
- la prise de caféine n'a pas nécessairement un effet ergogène chez tous les coureurs.

> Un sondage mené en 2005 auprès de triathloniens devant participer au Championnat du monde Ironman nous informe que 89 % des répondants avaient l'intention de consommer de la caféine au cours de l'épreuve. Parmi ceux-ci, 78 % envisageaient d'en prendre grâce aux boissons gazeuses et 42 % au moyen de gels.

Pourquoi la caféine est-elle efficace ?

Les chercheurs ont proposé différents mécanismes qui permettent d'expliquer pourquoi la consommation de caféine peut améliorer la performance d'endurance. Voici les deux plus connus :

- La consommation de caféine favoriserait une utilisation accrue des lipides (graisses) au cours de l'effort, ce qui aurait l'avantage de favoriser l'économie de glycogène lors d'une course de longue durée. Rappelons

---

[37]. Notons tout de même que le café contient un grand nombre d'ingrédients actifs dont il est difficile de prédire les effets sur la performance.

que le glycogène (sucres) est un carburant énergétique important durant l'exercice et que, si ses réserves diminuent trop, cela peut causer de la fatigue[38]. Bref, en préservant le glycogène, la caféine améliorerait la performance d'endurance.

› L'adénosine, composé biochimique dont la concentration augmente au cours de l'exercice, est responsable de la diminution de l'activité nerveuse. La caféine se fixe sur les mêmes récepteurs que l'adénosine dans le cerveau, en provoquant un effet inverse sur le système nerveux : elle le stimule. Par conséquent, on suggère que la caféine peut altérer la perception d'effort chez les coureurs et, ainsi, retarder ou diminuer les signaux de fatigue provenant du cerveau[39].

> Le Comité international olympique considère la caféine comme une substance permise avec restriction. Le seuil déterminant une utilisation dopante de la caféine a été fixé à 12 µg/ml dans l'urine. Il est presque impossible pour un athlète d'être contrôlé positif à la caféine en buvant du café. En fait, pour que cela soit possible, il devrait boire environ 6 expressos une heure avant la compétition !

Les recommandations

Voici quelques conseils afin de profiter au maximum des effets positifs de la caféine sur la performance en course :

› La quantité de caféine recommandée est de 3 à 6 mg/kg, soit 150 à 540 mg selon la dose désirée et le poids du sportif.
› La caféine (ex. : 3 mg/kg) devrait être consommée environ 60 minutes avant l'effort et également au cours de celui-ci (ex. : 1 mg/kg, toutes les heures).
› En plus d'accroître le risque d'effets secondaires, l'augmentation de la consommation de caféine chez les consommateurs réguliers (ex. : 9 mg/kg) n'est pas efficace pour améliorer leur performance davantage.
› Les consommateurs réguliers de caféine devraient s'abstenir d'en prendre pendant au moins 7 jours avant une compétition, de manière à pouvoir profiter pleinement de ses effets ergogènes le jour de la course.

---

38. Pour en savoir plus, lisez : « La fatigue en course à pied, ça se passe dans les jambes ! » (p. 195).
39. Pour en savoir plus, lisez : « La fatigue en course à pied, ça se passe dans la tête ! » (p. 203).

> Comme certaines personnes sont plus sensibles aux effets de la caféine que d'autres, il est recommandé de l'essayer pendant l'entraînement avant d'en consommer en compétition.

> Même si elles contiennent de la caféine et des glucides, les boissons énergisantes de type Red Bull® ne sont pas idéales pour améliorer la performance sportive. En effet, leur teneur en sucre est, en général, trois fois trop élevée, ce qui augmente le risque de troubles digestifs, nuit à la réhydratation et peut même provoquer une baisse du taux de sucre sanguin (hypoglycémie réactive). Une solution : diluer la boisson énergisante avec de l'eau afin que la teneur en sucre ne soit plus que de 5 à 8 %. Notons que, contrairement aux boissons sportives (ex. : Gatorade®, Powerade®, Powerbar®, Cytomax®), les boissons énergisantes ne contiennent pas d'électrolytes.

La caféine pour mieux récupérer

Lorsque le coureur s'entraîne quotidiennement ou même deux fois par jour, il est essentiel qu'il récupère le plus rapidement possible, l'une des difficultés étant de reconstituer le plus rapidement possible ses réserves de glycogène musculaire afin que le prochain entraînement soit efficace. En effet, si les réserves de glycogène du coureur sont basses et qu'il s'entraîne, il y a un risque que :

> l'entraînement soit moins intense que désiré ;
> les protéines contenues dans les muscles contribuent davantage à la production d'énergie, ce qui peut occasionner une perte de masse musculaire ;
> le système immunitaire soit moins efficace.

En général, le milieu scientifique estime qu'une consommation de glucides de 1 à 1,2 g/kg/h au cours des heures qui suivent l'exercice est la meilleure façon de refaire rapidement le plein de glycogène dans les muscles. Une consommation plus importante de glucides ne semble pas augmenter cette mise en réserve.

Depuis peu, on suggère que la prise de glucides soit jumelée à de la caféine, ce qui permettrait d'améliorer la reconstitution des réserves de glycogène au cours des heures qui suivent l'exercice. En effet, les résultats d'une étude australienne indiquent que, quatre heures après un entraînement intense, la quantité de glycogène stockée dans les muscles était 66 % plus élevée lorsque des glucides étaient consommés avec de la caféine que lorsqu'ils étaient pris seuls. Les sportifs qui s'entraînent deux fois par jour pourraient donc bel et bien tirer profit de cet effet de la caféine.

La caféine paraît donc alléchante pour les coureurs désirant récupérer rapidement. Le problème, c'est que la quantité idéale pour obtenir les gains escomptés semble grande. Les chercheurs qui ont obtenu les résultats les plus intéressants donnaient en effet aux sportifs jusqu'à 8 mg de caféine par kilogramme de poids, jumelée à des glucides. Pour une femme de 50 kg, cela correspond à 400 mg de caféine, soit un peu plus de 3 tasses de café. Pour un homme de 90 kg, c'est 720 mg de caféine ou environ 5 tasses de café ! À ce stade, le risque d'éprouver des effets secondaires comme des maux de tête, de l'irritabilité, des perturbations du rythme cardiaque ou encore de l'insomnie augmente considérablement. Certaines personnes ressentent déjà ces effets indésirables à partir d'une consommation de 100 à 160 mg. Il serait plus prudent d'attendre que la science détermine précisément la quantité de caféine nécessaire pour aider à reconstituer plus vite les réserves de glycogène avant de noyer vos pâtes dans du café !

> Contrairement à la croyance populaire, la consommation modérée de boissons contenant de la caféine entraîne la même production d'urine que la consommation de boissons sans caféine. Selon les individus, l'effet diurétique peut se produire après une consommation située entre 250 et 640 mg. Cependant, même dans les cas où elle produit un effet diurétique, la caféine ne provoque pas la déshydratation.

LA RÉALITÉ EN BREF

Il peut être judicieux de boire un café durant le petit-déjeuner précédant une épreuve de course à pied, dans le but d'améliorer sa performance. Cependant, comme le petit-déjeuner devrait idéalement être ingéré 3 à 4 heures avant l'exercice, il serait préférable de boire son café plus tard. En effet, il est recommandé de consommer la caféine (ex.: 3 mg/kg) environ une heure avant l'exercice et au cours de celui-ci (ex.: 1 mg/kg/h) pour maximiser ses effets ergogènes. Au cours de l'effort prolongé, il est pratique pour le coureur de consommer la caféine en même temps que les glucides, notamment dans des gels ou des boissons sportives. Outre l'amélioration potentielle de la performance lors de l'exercice, on pense depuis peu qu'une consommation relativement importante de caféine (8 mg/kg) peut favoriser la récupération en accélérant la mise en réserve du glycogène musculaire. Toutefois, cette quantité est souvent associée à des effets secondaires nuisibles pour la santé.

> **Vous avez aimé ce sujet ? Lisez :**
> - Pendant la course : des boissons sportives, pas des bananes ! (p. 239)
> - Un bon jus de betterave pour courir plus vite (p. 251)
> - Avec le jus de cornichon, finies les crampes ! (p. 263)
> - Il doit bien y avoir un produit pour m'aider à améliorer mes temps (p. 269)

MYTHE ? | AVEC LE JUS DE CORNICHON, FINIES LES CRAMPES !

Ça fait mal, tellement mal ! Ceux qui ont déjà souffert de crampes lors d'une course sont souvent prêts à tout pour éviter ou être délivrés de cette douleur qui peut surgir quand l'effort se prolonge. Certains coureurs boivent même du liquide de cornichons marinés dans le but de les éviter ou de les soulager. Est-ce vraiment efficace ou n'est-ce qu'un attrape-nigaud ? Si c'est efficace, quel est l'ingrédient miracle ? Existe-t-il d'autres solutions plus ragoûtantes que ce liquide, communément appelé «jus de cornichon» ? Essayons d'apprivoiser la crampe musculaire.

L'ABC de la crampe musculaire

La crampe musculaire se caractérise par une contraction douloureuse, involontaire, soudaine et temporaire d'un muscle ou d'un groupe de muscles. Chez le coureur, elle peut survenir lors d'une épreuve de longue durée, comme un demi-marathon ou un marathon, et ce sont la plupart du temps les muscles des mollets qui en souffrent. Il s'agit d'un problème physique commun qui peut nécessiter une aide médicale. D'ailleurs, on estime que de 30 à 50 % des marathoniens éprouveront une crampe au moins une fois, en courant ou après l'effort. En plus d'être douloureuse, la crampe peut être invalidante, car elle empêche le sportif de courir pendant un certain temps. Et lorsque la crampe s'atténue, elle risque fort de se reproduire peu de temps après la reprise de l'effort.

Les faux suspects : la déshydratation et la perte de sels minéraux

Les coureurs et les entraîneurs soupçonnent depuis longtemps la déshydratation et la perte d'électrolytes (sels minéraux) par la sueur d'être les causes les plus probables des crampes qui se manifestent fréquemment lors d'un effort prolongé par temps chaud. En effet, dans ces conditions, la sudation est souvent abondante, ce qui augmente le risque de déshydratation et de déséquilibre électrolytique (en sodium, potassium, chlore, calcium, magnésium, etc.). Les risques sont encore plus grands lorsque l'hydratation est insuffisante et que du sodium et d'autres sels minéraux ne sont pas ingérés au cours de l'effort.

Même si de nombreux sportifs et entraîneurs seront difficiles à convaincre et que certaines incertitudes persistent, des résultats d'études récentes indiquent qu'il n'y a pas de relation entre l'apparition d'une crampe musculaire chez le coureur et la déshydratation ou la perte d'électrolytes. En effet, des chercheurs ont montré que les athlètes chez qui survenait une crampe pendant un exercice prolongé n'étaient pas plus déshydratés que ceux qui n'en avaient pas. De plus, d'autres études indiquent que les sportifs ayant souffert de crampes au cours de l'effort n'avaient pas un taux de sodium, de chlore ou de calcium dans le sang plus bas que les autres.

> Plusieurs sportifs croient que le fait de manger des bananes aide à prévenir l'apparition de crampes musculaires. Rien n'est moins certain, puisque les vertus de la banane contre les crampes s'expliqueraient par la présence importante de potassium dans ce fruit. En fait, à la lumière des connaissances les plus récentes, le potassium ou n'importe quel autre électrolyte n'est pas en cause.

Le vrai suspect : la fatigue musculaire

Bien que les causes exactes des crampes restent encore à préciser, on observe une constante chez tous ceux qui en font la douloureuse expérience au cours de l'exercice: la crampe survient dans un muscle qui s'est contracté à maintes reprises.

En fait, les muscles se contractent sous l'action de la volonté, mais aussi par réflexe, c'est-à-dire sans l'intervention du cerveau. Ces réflexes sont influencés par de petites structures qu'on retrouve dans les muscles et les tendons, appelées « fuseaux neuromusculaires » et « organes tendineux de Golgi ». Ces structures peuvent protéger les muscles en les aidant respectivement à se contracter ou à se relâcher. Il est possible qu'avec la fatigue les fuseaux neuromusculaires envoient trop de signaux aux muscles pour qu'ils se contractent et que les organes tendineux de Golgi n'en envoient pas suffisamment pour leur permettre de se relâcher. Par conséquent, on estime que c'est lorsque le muscle est fatigué et que les motoneurones alpha[40] sont trop stimulés que la crampe peut survenir. D'ailleurs, on a prouvé en laboratoire qu'une stimulation électrique de ces motoneurones pouvait causer des crampes musculaires, et ce, malgré des taux d'hydratation et d'électrolytes tout à fait normaux.

L'un des moyens les plus efficaces pour soulager une crampe est l'étirement du muscle. Lorsque ce dernier est étiré, la tension dans les organes tendineux de Golgi augmente. L'augmentation de la tension dans ces structures favoriserait le relâchement du muscle et, ainsi, atténuerait la crampe. Par ailleurs, le risque de crampe augmente lorsque les muscles restent contractés longtemps en position raccourcie, comme ceux du mollet chez le nageur qui doit garder les pieds pointés. Le soulagement d'une crampe par l'étirement du muscle appuie l'hypothèse suggérant que celle-ci est causée par des mécanismes liés à la contraction, et non à la déshydratation ou à la perte d'électrolytes.

D'autres mécanismes peu étudiés pourraient aussi expliquer pourquoi la fatigue musculaire est une cause probable de crampes. Les légers dommages aux muscles qui surviennent pendant la course pourraient provoquer leur contraction involontaire lorsqu'ils sont fatigués. En outre, certains signaux envoyés par des récepteurs de la douleur ou de la pression à l'intérieur du corps pourraient occasionner des crampes.

> Au début du XXe siècle, c'est chez les mineurs et les hommes travaillant sur des bateaux à vapeur qu'un lien a tout d'abord été établi entre la déshydratation et les crampes. En effet, ces ouvriers suaient abondamment et souffraient fréquemment de crampes musculaires. Selon les connaissances actuelles, ce serait plutôt la fatigue musculaire causée par leur travail physique qui les exposait aux crampes.

---

40. Les motoneurones alpha sont des cellules nerveuses qui innervent les fibres des muscles. Lorsque ces cellules nerveuses sont stimulées, les muscles se contractent.

D'autres suspects

De récentes études ont mis en lumière d'autres facteurs accentuant le risque de crampes musculaires au cours de l'effort prolongé. Le coureur qui en a déjà fait l'expérience au cours de l'exercice serait plus à risque, ainsi que celui dont l'un des membres de la famille est sujet aux crampes. Il est donc possible que l'hérédité ait un rôle à jouer. En outre, lorsque le coureur est plus âgé, qu'il a un surplus de poids ou qu'il s'étire rarement, le risque qu'il soit victime de crampes pendant l'exercice s'accroît.

Le jus de cornichon : efficace ou non ?

Certains entraîneurs recommandent de boire une petite quantité (30 à 60 ml) de jus de cornichon mariné en vue de soulager ou même de prévenir les crampes musculaires qui peuvent survenir pendant la course. Une boisson a même été commercialisée (Pickle Juice Sport®). Comme le jus de cornichon, elle contient entre autres de l'eau, du sodium en grande quantité ainsi que de l'acide acétique (vinaigre).

Peu d'études se sont penchées sur les effets de ce type de boisson sur les crampes musculaires. Toutefois, les auteurs d'une étude américaine publiée en 2010 concluent que l'ingestion de petites quantités de jus de cornichon peut accélérer le soulagement d'une crampe provoquée par une stimulation électrique des muscles. La crampe était atténuée en environ 1 min 30 s lorsque le jus de cornichon était bu immédiatement après son apparition, comparativement à 2 min 30 s lorsqu'aucun liquide n'était ingéré. Les auteurs suggèrent qu'un ingrédient du jus de cornichon pourrait entraîner un relâchement du muscle contracté en inhibant les motoneurones alpha : ce serait le vinaigre (acide acétique) et non le sodium ou l'eau qui aurait un effet sur la vitesse de soulagement de la crampe. Cependant, pour le moment, aucune étude n'a encore montré que le jus de cornichon peut prévenir les crampes au cours de l'exercice. De toute évidence, il faudra davantage d'études pour préciser ces effets.

Quoique nous ne recommandions pas aux coureurs de boire du jus de cornichon ou une boisson s'y apparentant avant ou pendant une épreuve d'endurance, ceux qui désirent tout de même l'essayer devraient idéalement le diluer avec de l'eau étant donné sa teneur trop élevée en sodium. Bien qu'elles ne préviennent pas les crampes, les boissons sportives demeurent plus appropriées que le jus de cornichon lors d'efforts de longue durée. Outre les glucides, qui favorisent la performance, la plupart des boissons sportives contiennent différents électrolytes qui permettent :

> de faciliter l'absorption des glucides ;
> d'accélérer l'absorption de l'eau ;
> de stimuler la sensation de soif.

> Le terme « crampe de chaleur » n'est pas approprié. En fait, on sait maintenant que l'exposition à la chaleur sans la pratique d'un exercice ne cause pas de crampes, et qu'elles peuvent même survenir lors d'un effort par temps froid.

Que faire pour soulager ou prévenir les crampes ?

Hormis le jus de cornichon, l'étirement du muscle qui est sous l'effet d'une crampe demeure probablement le moyen le plus efficace pour la soulager. La glace et le massage peuvent aussi faire partie des moyens pour l'atténuer. De même, il est possible que l'étirement fréquent des muscles sujets aux crampes puisse les prévenir. De plus, certains médicaments peuvent être prescrits à ceux qui souffrent fréquemment de crampes, comme celles qui surviennent pendant le sommeil.

> Consommer d'autres produits contenant du vinaigre, comme la moutarde, est un remède de grand-mère pour soulager les crampes musculaires.

LA RÉALITÉ EN BREF

Les crampes musculaires surviennent fréquemment au cours d'épreuves d'endurance. Comme ce type de compétition occasionne normalement une certaine perte en eau et en électrolytes, on a depuis longtemps établi un lien entre ces facteurs et les crampes musculaires. Toutefois, cette hypothèse est de plus en plus contestée. Actuellement, les scientifiques penchent plutôt en faveur de mécanismes liés à la fatigue musculaire.

Le jus de cornichon est recommandé par certains entraîneurs pour soulager plus rapidement, et même prévenir, les crampes musculaires qui surviennent pendant la course. Ce n'est certainement pas en raison de la grande quantité de sodium, mais plutôt du vinaigre qu'il contient. Avant de se gorger de ce jus vinaigré hypersalé, il serait plus sage d'attendre de connaître un peu mieux ses effets réels.

> **Vous avez aimé ce sujet ? Lisez :**
> - Pendant la course : des boissons sportives, pas des bananes ! (p. 239)
> - Il faut boire sans avoir soif, sinon c'est la catastrophe ! (p. 245)
> - Un bon jus de betterave pour courir plus vite (p. 251)

MYTHE ? | IL DOIT BIEN Y AVOIR UN PRODUIT POUR M'AIDER À AMÉLIORER MES TEMPS

Comme on l'a vu dans les thèmes précédents, les glucides, les électrolytes, le jus de betterave et la caféine pourraient aider le coureur en quête d'une meilleure performance. Évidemment, cela ne s'arrête pas là ! L'industrie des suppléments alimentaires est florissante ; elle génère plus de 70 milliards de dollars par année dans le monde. Il est important d'être bien informé, car certaines entreprises sans scrupule n'hésitent pas à déformer la réalité pour vanter les supposées vertus de leurs produits, dans le but d'attirer tous les types de clientèles, et les coureurs n'y font pas exception. Voici l'opinion scientifique concernant les effets ergogènes[41] de différents suppléments alimentaires dans le domaine de la course à pied.

Les antioxydants

Les principaux antioxydants sont les flavonoïdes (responsables, entre autres, de la couleur des fruits), les caroténoïdes (responsables, entre autres, des couleurs jaune et orange de divers aliments), la coenzyme Q10 (substance similaire à une vitamine), les vitamines C et E ainsi que le sélénium (minéral). Ils peuvent être présents dans les aliments, mais sont également vendus sous forme de suppléments. Notons que les antioxydants peuvent être produits par le corps et que leur rôle est de protéger les cellules contre les radicaux libres. En effet, il est connu que les radicaux libres sont reliés au vieillissement et ont un rôle à jouer dans l'apparition de différentes maladies, dont le cancer et les maladies cardiovasculaires.

---

41. Qui améliore les aptitudes physiques, et donc la performance.

Durant la course, la consommation d'oxygène est de 8 à 20 fois plus importante qu'au repos. Cette oxydation supplémentaire mène inévitablement à une production accrue de dérivés réactifs de l'oxygène tels que les radicaux libres. Par conséquent, plusieurs sportifs croient que le fait de consommer un supplément d'antioxydants pourrait les aider à contrecarrer les «agressions» causées par le stress de l'oxydation associé à l'exercice d'endurance. Toutefois, la réalité est plus complexe. Dans certains cas, l'entraînement peut en effet occasionner un stress oxydatif important qui deviendra nuisible. Chez les coureurs qui s'entraînent de façon intense tous les jours, ce stress peut être nuisible à la santé. En pareille situation, on estime qu'une prise d'antioxydants pourrait limiter ces dommages.

Toutefois, l'entraînement en course n'occasionne pas nécessairement un besoin de consommer plus d'antioxydants. Comme le «système antioxydant» des coureurs assidus est nettement plus efficace que celui des personnes inactives, une pratique modérée d'activités physiques ne provoque pas un stress oxydatif important. Les scientifiques croient que, si les coureurs s'entraînent de façon modérée et qu'ils ont une alimentation saine contenant des fruits et des légumes variés, et des produits céréaliers à grains entiers, ils sont au moins aussi bien protégés contre les radicaux libres que les personnes inactives. Par conséquent, une consommation accrue d'antioxydants serait probablement superflue pour eux.

Maintenant, que pensent les chercheurs des effets des antioxydants sur la performance? Quoique la majorité d'entre eux suggèrent que la consommation de ces substances n'a aucun effet sur la performance d'endurance, quelques-uns croient qu'elle peut avoir un effet positif, alors que d'autres penchent pour un effet négatif!

En fait, l'une des hypothèses suppose que les antioxydants peuvent neutraliser la présence de radicaux libres et, ainsi, accélérer la récupération. L'autre suggère que la présence de dérivés réactifs de l'oxygène causés par l'exercice intense signale au corps le besoin de s'adapter à ce stress et qu'ainsi les aptitudes physiques peuvent s'améliorer. Si les dérivés réactifs de l'oxygène sont neutralisés par une quantité trop importante d'antioxydants, les adaptations menant à l'amélioration de performance pourraient diminuer. Étant donné les incertitudes existantes, il est donc recommandé aux coureurs de se nourrir sainement et de limiter leur consommation de suppléments d'antioxydants.

La vitamine C
En plus d'être un antioxydant, la vitamine C contribue à de nombreuses fonctions du corps, dont celles du système immunitaire. Certaines études scientifiques indiquent que la consommation d'un supplément de vitamine C, à raison de 500 mg/jour, peut réduire le risque de contracter un rhume ou une grippe chez les coureurs qui s'entraînent. Toutefois, la prise de vitamine C n'améliore pas la performance chez les coureurs. Notons qu'afin d'atténuer les effets néfastes d'entraînements fréquents, longs et intenses sur le système immunitaire, il est également possible de consommer des glucides au cours de l'exercice, des probiotiques ou des polyphénols (molécules présentes dans divers aliments comme le chocolat et les agrumes ainsi que dans des suppléments comme la quercétine).

Les vitamines du groupe B
Certains coureurs, des femmes en particulier, ont une carence en vitamines du groupe B, comme la vitamine B_9 (acide folique) ou B_{12} (cobalamine). Elle touche spécialement celles qui s'entraînent intensément et qui ont une diète restreinte en calories ou qui sont végétariennes. Lorsque cette carence est sévère, elle peut provoquer de l'anémie et ainsi réduire la performance en course. Notons qu'une supplémentation en acide folique pourrait réduire le risque de maladies cardiovasculaires.

Le fer
Certains coureurs, principalement des femmes, peuvent manquer de fer. Qu'elle soit accompagnée ou non d'une anémie, la carence en fer peut limiter la capacité de performance d'endurance. L'apport quotidien en fer recommandé est de 18 mg pour les femmes et de 8 mg pour les hommes. Plus les entraînements sont fréquents, longs et intenses, plus cette quantité augmente. Pour les coureuses et coureurs de longue distance, la quantité recommandée atteint environ 30 mg/jour pour les femmes et 15 mg/jour pour les hommes. Les coureurs qui sont végétariens peuvent avoir de la difficulté à atteindre ces recommandations. Par conséquent, ils devraient s'assurer de consommer suffisamment de fer. Finalement, ceux qui donnent du sang régulièrement devraient également en consommer plus.

Les suppléments de protéines

Tout comme la consommation d'aliments contenant des protéines (viande, volaille, poisson, lait, œufs, légumineuses, noix et graines, etc.), les suppléments de protéines (poudre, boisson, barre) peuvent contribuer à combler les besoins quotidiens de ce nutriment essentiel au bon fonctionnement du corps. Puisque les protéines sont les principaux éléments composant les muscles, leur consommation quotidienne permet, entre autres, de contribuer à réparer les légers dommages qui surviennent à la suite d'entraînements difficiles. Chez les coureurs, l'apport quotidien en protéines recommandé varie de 0,8 à 1 g/kg de poids corporel pour le coureur occasionnel, de 1,2 à 1,7 g/kg de poids corporel pour les athlètes d'endurance. De plus, lorsqu'elles sont consommées moins de 30 minutes après un effort de longue durée ou à intensité élevée (15 à 20 g de protéines avec 60 à 80 g de glucides), elles peuvent contribuer à accélérer la récupération. Les suppléments de protéines peuvent aider à combler les besoins quotidiens en protéines chez les coureurs qui en consomment peu, comme ceux qui sont végétariens. De plus, un supplément de protéines ne demande aucune préparation culinaire, ce qui facilite sa consommation au cours des 30 minutes qui suivent l'exercice.

Les acides aminés

Les acides aminés sont les composantes de base des protéines.

La bêta-alanine

La consommation d'un supplément de bêta-alanine, à raison d'environ 2 à 5 g/jour pendant 30 à 60 jours, peut favoriser une augmentation de la concentration d'une substance nommée «carnosine» dans les muscles. Selon certains chercheurs, l'augmentation de cette substance pourrait retarder la fatigue lorsque l'exercice est intense : par exemple, les coureurs de courtes distances comme le 800 ou le 1500 m peuvent espérer profiter de la prise de ce supplément. Sinon, il serait peut-être également utile pour ceux qui désirent sprinter plus vite à la fin d'une épreuve plus longue. Davantage d'études sont nécessaires pour déterminer la quantité de bêta-alanine qu'il convient de consommer afin d'améliorer la performance sportive.

> Les résultats d'une étude allemande parue en 2012 indiquent qu'une consommation quotidienne de 1 à 1,5 litre de bière sans alcool contenant des polyphénols réduit l'inflammation dans le corps après un marathon. Cet effet surprenant a été observé lorsque la bière avait été bue pendant les 3 semaines précédant l'épreuve. De plus, une diminution de l'incidence du rhume et de la grippe a aussi été observée chez les participants qui ont continué à boire ce type de bière 2 semaines après le marathon. Nous pouvons avancer, au grand regret de certains, que les résultats auraient été bien différents avec de la bière alcoolisée!

La L-arginine

La prise d'un supplément de L-arginine, à raison de 6 g/jour pour un minimum de 3 jours, peut améliorer légèrement la performance des coureurs. Toutefois, ses effets ergogènes n'ont pas encore été démontrés chez les athlètes. Les mécanismes qui permettent d'expliquer les effets de cet acide aminé sur la performance d'endurance s'apparentent à ceux du jus de betterave[42]. Il semblerait que l'oxyde nitrique obtenu par la décomposition de la L-arginine puisse améliorer la circulation sanguine ainsi que le transport de l'oxygène et des nutriments aux muscles actifs lors de la course. Notons qu'une grande consommation de cette substance (plus de 9 g/jour) peut augmenter le risque d'inconforts gastro-intestinaux. Davantage d'études sont nécessaires pour déterminer la quantité de L-arginine qu'il convient de consommer afin d'améliorer la performance d'endurance.

Le phosphate de sodium

Le phosphore est principalement contenu dans les muscles. Ce nutriment essentiel se consomme dans divers aliments comme la viande rouge, le poulet, le poisson, les œufs et les produits laitiers. Différentes hypothèses ont été proposées pour expliquer pourquoi la prise d'un supplément de phosphore sous forme de phosphate de sodium pouvait améliorer la performance d'endurance.

Tout d'abord, la consommation de phosphate de sodium pourrait augmenter la concentration d'un composé qui participe au transport de l'oxygène dans le sang: le 2,3-DPG. Dans ce cas, la quantité d'oxygène pouvant être amenée

---

[42]. Pour en savoir plus, lisez: « Un bon jus de betterave pour courir plus vite » (p. 251).

aux muscles actifs pendant la course est augmentée. Ensuite, la consommation de ce supplément pourrait améliorer l'efficacité des contractions du cœur au cours de l'effort, ce qui aurait pour effet d'accroître le volume de sang expulsé par le cœur. Encore une fois, une plus grande quantité d'oxygène pourrait alors être transportée jusqu'aux muscles actifs. Finalement, le phosphate de sodium pourrait tamponner (absorber) les protons d'hydrogène, qui peuvent contribuer à la fatigue du coureur lorsque l'effort est intense[43].

> Les résultats d'une étude britannique publiée en 2010 indiquent que la prise de 1,5 g d'acétaminophène, aussi appelé paracétamol (ex.: Tylenol®), améliorait la performance de 2 % au cours d'une épreuve de vélo de 10 miles (16,1 km). Les chercheurs concluent que l'atténuation de la douleur causée par ce médicament a pu repousser la fatigue des cyclistes. Nous ne recommandons toutefois pas la consommation d'acétaminophène en vue d'améliorer la performance, car il a été conçu pour soulager la douleur et abaisser la fièvre en cas de maladie. De plus, une prise de plus de 4 g comporte un risque d'intoxication.

Des chercheurs ont mesuré une amélioration de 3 à 12 % du VO_2max et de l'endurance aérobie après la consommation de phosphate de sodium. Ainsi, il est permis de croire que les effets ergogènes de ce supplément peuvent être appliqués à différentes distances de course (ex.: de 1500 m jusqu'à 42,2 km). Toutefois, comme l'intérêt de la science pour ce supplément est relativement récent, ses effets restent à préciser.

Afin d'espérer profiter des vertus du phosphate de sodium sur la performance, les coureurs doivent en consommer de 3 à 5 g/jour (soit 1 g, 3 à 5 fois par jour) pendant 3 à 6 jours. Ses effets pourraient durer jusqu'à deux semaines après la fin de la période d'ingestion. Les scientifiques croient que ce supplément est généralement sans risque pour la santé. Toutefois, il est préférable de ne pas le consommer de façon prolongée afin d'éviter d'éprouver des troubles gastro-intestinaux (ex.: maux de ventre, diarrhée ou constipation). De plus, il est important que le supplément soit ingéré avec de l'eau ou un autre liquide afin d'éviter les nausées et les

---

43. Pour en savoir plus, lisez: « La fatigue en course à pied, ça se passe dans la tête ! » (p. 203).

vomissements. Finalement, il n'est pas recommandé aux personnes souffrant de maladie rénale.

> Le bicarbonate de sodium, familièrement appelé au Québec « petite vache », est considéré comme un produit pouvant améliorer la performance des coureurs lors d'un effort très intense et de courte durée (environ 1 minute). Bien qu'il puisse être efficace, il a un inconvénient : chez certains coureurs, il peut causer des inconforts intestinaux pouvant provoquer des vomissements.

LA RÉALITÉ EN BREF

Les coureurs sont souvent à la recherche d'un produit légal et sans risque pour la santé qui leur permette d'améliorer leurs performances. D'après les connaissances actuelles, la consommation de glucides au cours de l'effort demeure le moyen le plus efficace, surtout lorsque la durée de l'exercice excède une heure. La caféine, prise avant et pendant la course, est également reconnue pour ses effets ergogènes. Bien qu'une amélioration de la performance d'endurance ait déjà été mesurée grâce à la consommation de certains légumes riches en nitrates (ex. : jus de betterave) ou de suppléments d'antioxydants, de bêta-alanine, de L-arginine et de phosphate de sodium, davantage de recherches sont nécessaires afin de conclure sur leurs effets ergogènes. La pilule miracle qui vous transformera en une machine de course n'existe pas. Des entraînements bien choisis ainsi que des efforts intenses se solderont par des gains nettement plus appréciables que ceux que peut apporter la prise de n'importe quel supplément.

Vous avez aimé ce sujet ? Lisez :

> Pendant la course : des boissons sportives, pas des bananes ! (p. 239)
> Un bon jus de betterave pour courir plus vite (p. 251)
> Un bon café pour courir encore plus vite (p. 256)

 ## LES CHAMPIONS COUREURS SONT PROPRES, LES CYCLISTES PROFESSIONNELS SONT DOPÉS

Les histoires de dopage éclaboussent le cyclisme depuis plusieurs années. Le scandale le plus médiatisé est celui qui a impliqué Lance Armstrong, le gagnant déchu des éditions 1999 à 2005 du Tour de France. En 2012, il a été trouvé coupable de dopage par l'Agence américaine antidopage. D'autres vainqueurs de la «Grande Boucle» ont également été déclassés : Bjorn Riis en 1996, Floyd Landis en 2006 et Alberto Contador en 2010. En 2013, le cycliste canadien et vainqueur du Tour d'Italie de 2012, Ryder Hesjedal, a également admis s'être dopé. Il faudrait donc être vraiment naïf pour croire que la plupart des cyclistes professionnels sont propres. Qu'en est-il de l'élite internationale en course à pied ? Utilise-t-elle les mêmes moyens illégaux que les cyclistes ? Les coureurs échappent-ils aux autorités antidopage ? Mettraient-ils leur santé en péril en utilisant des substances dopantes ?

En quête d'oxygène

La performance à une épreuve d'endurance est grandement déterminée par la quantité d'oxygène que peut consumer l'athlète durant l'effort. Certains athlètes utilisent des moyens illégaux permettant d'augmenter la capacité à consommer de l'oxygène : l'EPO et la transfusion sanguine sont les plus employés. D'ailleurs, Lance Armstrong a avoué avoir triché en utilisant notamment ces deux moyens. D'autres produits dopants, moins connus du grand public, comme les substances mimant l'EPO et les transporteurs d'oxygène synthétiques, sont aussi utilisés par les tricheurs.

L'EPO

L'érythropoïétine (EPO) est une hormone produite naturellement par le corps. Principalement sécrétée par les reins et, dans une moindre mesure, par le foie, l'EPO agit sur la moelle osseuse, où elle stimule la production des globules rouges. Les globules rouges du sang ont pour rôle de transporter l'hémoglobine sur laquelle se fixe l'oxygène.

Afin d'augmenter la quantité de globules rouges dans leur sang, certains sportifs prennent de l'EPO synthétique. Elle augmente les capacités d'endurance, car lorsque la quantité d'EPO est plus élevée que la normale, une plus grande quantité d'oxygène est disponible pour les muscles actifs lors de l'effort.

> Le dopage génétique à l'EPO, qui permettrait une plus grande production de cette hormone sans avoir recours à l'EPO synthétique, n'est probablement pas encore utilisé par les athlètes. Toutefois, dans un avenir pas si lointain, il pourrait devenir un nouveau fléau en matière de tricherie sportive.

La transfusion sanguine

La transfusion sanguine est un autre moyen illégal utilisé pour augmenter le nombre de globules rouges dans le sang en vue d'améliorer la performance. Certains athlètes d'élite se font réinjecter leur propre sang, qui a été conservé pendant une certaine période, il s'agit de dopage sanguin autologue. Lorsque le sang provient d'une autre personne dotée du même groupe sanguin, on parle de dopage sanguin homologue. En plus d'être interdite, il est évident que cette procédure comporte un risque élevé pour la santé.

Les transporteurs d'oxygène synthétiques

Contrairement à l'EPO ou à la transfusion sanguine, les transporteurs d'oxygène synthétiques n'augmentent pas la quantité de globules rouges. Ces substances dopantes augmentent plutôt la capacité du corps à transporter l'oxygène jusqu'aux muscles actifs.

Les stéroïdes anabolisants

Les stéroïdes anabolisants et les hormones de croissance sont généralement consommés par certains athlètes qui désirent augmenter leur force, leur puissance ou leur masse musculaire (ex.: sprinter en athlétisme et haltérophile). Chez les sportifs d'endurance de haut niveau, ils sont parfois consommés dans le but d'accélérer la récupération musculaire. Cet effet peut être recherché lors d'une épreuve épuisante par étapes comme le Tour de France. Ces produits dopants peuvent également stimuler la production d'EPO par le corps.

Et les coureurs…

Comme on l'a vu précédemment, différentes formes de dopage sont utilisées afin d'augmenter la quantité d'oxygène disponible durant l'effort. Elles pourraient donc aider de façon illicite tout athlète pratiquant une discipline dont la performance est déterminée par la disponibilité d'oxygène. Les courses de demi-fond et de fond en athlétisme (du 800 m au marathon) font partie de cette catégorie.

On a pu constater qu'à la suite d'une prise d'EPO ou d'une transfusion sanguine, la performance d'endurance s'améliorait de 6 à 12 %. De plus, on a récemment observé que lors d'un exercice d'une intensité constante (80 % du VO_2max) devant être maintenue le plus longtemps possible, les sujets ayant consommé de petites doses d'EPO avaient enduré un effort 54 % plus long que les autres ! Ces résultats impressionnent, d'autant plus que le taux de globules rouges moyen des sujets était demeuré dans les valeurs acceptées par l'Agence mondiale antidopage.

> Lance Armstrong a déclaré, tout juste avant l'édition 2013 du Tour de France : « Impossible de gagner le Tour sans dopage ! » Malheureusement, la plupart des spécialistes lui donnent raison. Peut-on en dire autant de la course à pied aux Jeux olympiques ?

Ne soyons pas dupes : tous les champions coureurs ne sont pas propres, même si peu d'entre eux se sont déjà fait prendre la main dans le sac. Néanmoins, quand on la compare au cyclisme, la course à pied est probablement légèrement plus à l'abri du dopage, car :

› il y a beaucoup moins d'argent à gagner pour les coureurs d'élite que pour les cyclistes professionnels ;
› les coureurs d'élite ne compétitionnent pas en équipe et sont moins fréquemment encadrés par une escouade médicale que les cyclistes professionnels. Ainsi, les produits dopants leur sont moins accessibles et ils sont moins susceptibles de ressentir la pression comme les jeunes cyclistes professionnels, potentiellement encouragés à se doper pour le « bien » de l'équipe et pour faire comme les autres ;
› les coureurs d'élite ne font pas partie d'une équipe commanditée. Par conséquent, ils subissent moins de pression de la part des commanditaires pour gagner à tout prix et garder leur place au sein d'une équipe.

Malgré tout, l'appât du gain demeure un motif de dopage extrêmement fort, peu importe la discipline sportive. Lorsque des moyens, légaux ou non, existent pour améliorer la performance, il existera toujours des coureurs, des entraîneurs et des médecins sans scrupule prêts à les utiliser.

> Le Marocain Rashid Ramzi a été disqualifié après avoir remporté le 1500 m aux Jeux olympiques de Pékin, en raison d'un test positif à l'EPO. Cette disqualification a été largement moins médiatisée que celle des cyclistes dopés qui ont remporté le Tour de France.

Les tests antidopage, efficaces ou non ?

Bien que Lance Armstrong ait été testé à des centaines de reprises, il n'a jamais été officiellement convaincu de dopage au cours de sa fructueuse carrière. Connaissant aujourd'hui les multiples moyens illégaux qu'il a utilisés, pouvons-nous conclure que les contrôles antidopage ne sont pas efficaces ? Quelques athlètes se sont fait prendre, certes, mais combien ont pu se glisser à travers les mailles du filet ? Souvent encadrés par des scientifiques qui manquent gravement d'éthique, les athlètes dopés emploient en effet différentes astuces pour éviter de se faire prendre.

Voici quelques exemples qui permettront aux néophytes de mieux comprendre comment les athlètes d'endurance qui trichent ont su la plupart du temps éviter les sanctions :

- le dopage à l'EPO est accessible aux athlètes depuis la fin des années 1980 et il a été largement exploité dans les années 1990. Les athlètes qui en faisaient alors usage ne craignaient pas de se faire prendre, car aucun test ne pouvait le détecter ;
- bien que, depuis les Jeux olympiques de Sydney en 2000, des tests puissent détecter l'EPO synthétique, il existe toujours des moyens d'échapper à cette détection. En effet, la fenêtre à l'intérieur de laquelle cette substance dopante est détectable peut être très courte (ex. : de 12 heures à 2 jours après la prise), alors que son temps d'action sur la performance peut être beaucoup plus long (ex. : 1 à 3 semaines après la prise) ;
- contrairement au dopage sanguin homologue, la transfusion de son propre sang est encore aujourd'hui indétectable. D'ailleurs, certains athlètes combinent la prise d'EPO avec la transfusion. Quelques athlètes ont confirmé qu'ils se dopaient à l'EPO pendant la période de l'année où il n'y avait pas de compétition : leur sang, riche en globules rouges, était alors prélevé pour être réinjecté à un moment précis, juste avant la compétition d'envergure.

Afin de pallier les faiblesses des tests antidopage, le passeport biologique de l'athlète a été instauré récemment dans différentes disciplines sportives. Ce passeport contient les résultats des différents tests antidopage qui ont été faits au cours de l'année. Ainsi, il est possible d'analyser le profil biologique de l'athlète et de détecter des variations anormales qui révéleraient indirectement les effets du dopage. Dans ce cas, l'athlète peut se voir exclu d'une compétition et davantage surveillé par les autorités antidopage. Bien que ce système n'ait évidemment pas réussi à éradiquer le dopage, il le rend certainement un peu moins accessible.

> Dans une moindre mesure que le dopage sanguin, l'entraînement en altitude occasionne une augmentation du taux de globules rouges pouvant améliorer légèrement la performance d'endurance. C'est pourquoi certains athlètes dopés utilisent l'altitude comme alibi pour expliquer l'augmentation de leur taux de globules rouges. D'ailleurs, la cycliste québécoise Geneviève Jeanson avait invoqué le sommeil dans une tente simulant l'altitude pour expliquer des taux élevés de globules rouges avant d'être sanctionnée et d'admettre plus tard qu'elle s'était dopée à l'EPO.

L'EPO et ses acolytes, les risques pour la santé

L'un des risques majeurs du dopage sanguin est directement lié à l'objectif des tricheurs : l'augmentation de la quantité de globules rouges dans le sang. Comme le sang devient plus visqueux lorsque le nombre de globules rouges augmente, le risque de voir un vaisseau sanguin s'obstruer partiellement ou complètement s'accroît. Le risque de malaise cardiovasculaire est d'autant plus grand lorsqu'il y a déshydratation au cours de l'exercice : le sang peut devenir encore plus visqueux, un peu comme de la mélasse ! D'ailleurs, on suspecte l'EPO d'avoir été fatale à une vingtaine de cyclistes dans les années 1990, à une époque où certains athlètes devaient exagérer les dosages, étant donné qu'aucun test ne détectait cette hormone synthétique. Par ailleurs, comme le dopage à l'EPO doit être couplé à une supplémentation en fer, le risque de surdose de ce minéral augmente. À long terme, la prise d'EPO est aussi associée à un risque accru de maladies du système immunitaire. Enfin, en plus d'augmenter la viscosité du sang, la transfusion sanguine peut constituer un risque élevé pour la santé si l'une des étapes de conservation du sang prélevé n'est pas suivie rigoureusement.

> Le dopage à l'EPO n'est pas réservé aux êtres humains. Des tests ont révélé la présence de cette substance chez des chevaux de course ! Parions que dans ce cas, l'animal n'avait pas donné son accord !

LA RÉALITÉ EN BREF

Malheureusement, il y a peu de chances que les performances étincelantes des champions coureurs soient toutes sans tache. Le dopage, comme celui à l'EPO ou par transfusion sanguine, est bel et bien utilisé par certains athlètes de sports d'endurance, incluant les coureurs. La raison en est simple : en augmentant la disponibilité de l'oxygène, le dopage améliore de façon illicite la performance aérobie. De plus, le savoir-faire en matière de dopage, qui permet aux tricheurs d'éviter de se faire prendre, garde une longueur d'avance sur celui des autorités qui tentent de les prendre au piège. Les coureurs d'élite, tout comme les cyclistes de haut niveau, prétendent qu'ils sont propres, mais il faudrait faire l'autruche pour tous les croire sur parole. Se doper, ce n'est rien de moins qu'utiliser un moyen qui va à l'encontre de l'éthique sportive et surtout, qui met la santé en péril.

Vous avez aimé ce sujet ? Lisez :
> C'est en respirant mieux qu'on devient un bon coureur (p. 137)
> Un bon jus de betterave pour courir plus vite (p. 251)
> Un bon café pour courir encore plus vite (p. 256)
> Il doit bien y avoir un produit pour m'aider à améliorer mes temps (p. 269)

MYTHES ET RÉALITÉS
LES ÉQUIPEMENTS

Le coureur d'aujourd'hui peut utiliser toutes sortes d'équipements pour tenter d'améliorer ses performances. Différents accessoires peuvent aussi le garder motivé en rendant la course plus stimulante. Quels sont les équipements les plus utiles pour les coureurs ? Les chaussures minimalistes permettent-elles vraiment d'améliorer les performances ou de réduire le risque de blessures ? La montre GPS ou le cardiofréquencemètre sont-ils des accessoires quasi indispensables au coureur du XXIe siècle ? La course sur tapis roulant imite-t-elle fidèlement la course sur route ? Le fait d'écouter de la musique en courant peut-il réellement aider à maintenir une vitesse rapide plus longtemps ? Vous êtes sûrement impatient de connaître les réponses à ces questions et à d'autres qui pourraient vous permettre de vous équiper de manière optimale.

MYTHE ? | NOUS SOMMES NÉS POUR COURIR AVEC DES CHAUSSURES MINIMALISTES

Le débat fait rage depuis quelques années entre les fervents des chaussures minimalistes et la majorité des sportifs qui résistent à cette nouvelle vague ou hésitent en choisissant toujours des chaussures traditionnelles (maximalistes). Afin de réduire le risque de blessures, est-il préférable de courir avec une chaussure plus légère, plus souple et surtout beaucoup moins absorbante et surélevée au niveau du talon qu'une chaussure traditionnelle ? Sans prétendre détenir les connaissances qui pourraient clore le débat, voyons d'un peu plus près l'avis des spécialistes.

Courir comme nos ancêtres

D'une forme nécessaire de déplacement, la course s'est peu à peu transformée en une activité de loisir, et même, pour certains, en gagne-pain. Au cours de cette transition, les chaussures de course ont été inventées. En raison du boom qu'a connu la course à la fin des années 1970 et de la recrudescence de sa popularité au cours des dernières années, les manufacturiers ont conçu des chaussures traditionnelles de plus en plus spécialisées, censées être mieux adaptées aux pieds du coureur, afin qu'il se blesse moins.

Malgré les avancées technologiques qui ont transformé les chaussures, les recherches montrent que les coureurs se blessent au moins aussi souvent qu'il y a 30 ans : on estime qu'un coureur sur quatre est actuellement blessé et qu'environ 50 à 75 % de ceux qui pratiquent régulièrement cette activité physique le seront au moins une fois au cours de l'année.

L'un des problèmes que posent les chaussures traditionnelles est le suivant : elles sont tellement absorbantes au niveau du talon que certains coureurs peu prudents se laissent tomber lourdement au sol à chaque foulée.

De plus, certains s'exposent à des blessures en allongeant trop leurs foulées. Ainsi, comme ils attaquent le sol par le talon, le pied est alors trop en avant du genou et trop fléchi. Des foulées trop longues positionnent également le genou en extension lors du contact avec le sol, ce qui a aussi pour effet d'augmenter le risque de blessures (voir l'illustration ci-dessous). Pour remédier à ces problèmes liés à une technique de course déficiente, certains ont proposé un retour aux sources grâce aux chaussures minimalistes. Ces dernières favoriseraient une technique de course plus naturelle, ressemblant davantage à celle de nos ancêtres lointains qui se déplaçaient pieds nus.

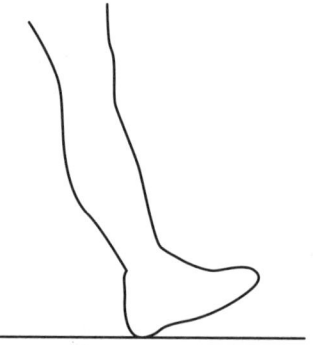

Les indigènes de la tribu semi-nomade des Tarahumara au Mexique sont reconnus pour courir sur de longues distances. Certains prétendent que « ceux qui ont les pieds légers » (une des traductions du nom de la tribu) seraient capables de courir plus de 300 km en 2 jours pour chasser ou pour se déplacer d'un village à l'autre. Courant avec des sandales très minces, ils ont bien malgré eux inspiré la vague minimaliste.

Moins de blessures grâce au minimalisme ?

Aucune étude scientifique n'a pu prouver hors de tout doute que l'utilisation de chaussures minimalistes pouvait réduire le risque de blessures à la course comparativement à l'utilisation de chaussures traditionnelles. Malgré tout, certains résultats d'études nous permettent de présumer qu'elles pourraient être, en certaines circonstances, plus appropriées pour prévenir les blessures.

Le Dr Lieberman de l'université Harvard a grandement contribué à populariser les chaussures minimalistes en montrant que la force d'impact est moins grande lorsque le coureur est pieds nus que lorsqu'il porte des chaussures traditionnelles. Cette diminution est attribuable à certains aspects techniques qui peuvent être différents lorsqu'on court pieds nus ou avec des chaussures minimalistes:

> le contact initial avec le sol se fait normalement par le milieu ou l'avant du pied;
> le déplacement du corps est plus horizontal, c'est-à-dire qu'à chaque foulée il y a moins d'oscillations vers le haut;
> pour une même vitesse de déplacement, les foulées sont plus courtes et plus rapides.

L'argument phare des adeptes du minimalisme est donc que le risque de blessures est moins important avec ce type de chaussures, étant donné que la force d'impact au sol est réduite. Bien que ce soit possible, il ne faut pas oublier que la force d'impact n'est qu'un des facteurs pouvant contribuer au risque de blessures.

En effet, la plupart des scientifiques s'entendent pour dire que la technique est un meilleur facteur de prédiction du risque de blessures que le type de chaussures. Mentionnons tout de même que le port de chaussures minimalistes oblige souvent le coureur à adapter sa technique et qu'il est alors possible que celle-ci devienne plus sûre. D'ailleurs, les résultats d'une étude canado-australienne publiée en 2013 indiquent que le fait de courir avec des chaussures minimalistes peut réduire les douleurs aux genoux, aux hanches et au bas du dos.

De plus, une chaussure plus souple et moins absorbante améliore la proprioception (perception du corps), car le pied peut capter davantage d'informations chaque fois qu'il prend appui au sol. Ainsi, le coureur a de meilleures sensations et peut modifier sa technique de façon avantageuse. Enfin, courir avec une chaussure minimaliste permet de renforcer les muscles du pied et de la jambe. On estime en effet qu'une utilisation progressive de ce type de chaussures pourrait réduire le risque de fasciite plantaire (douleur à l'enveloppe fibreuse située sous la voûte plantaire). Prenez toutefois garde: si la transition vers les chaussures minimalistes n'est pas progressive, le risque de fasciite plantaire augmente.

Soulignons qu'avec ou sans chaussures minimalistes, le risque de blessures augmente avec le nombre de kilomètres parcourus, comme en témoigne ce chiffre : 90 % des marathoniens se blessent au moins une fois au cours d'une année d'entraînement.

Les chaussures minimalistes pour tous ?

Certains sportifs doivent redoubler de prudence s'ils désirent courir avec des chaussures minimalistes ou pieds nus. En effet, le risque de blessures peut être plus important :

> chez ceux qui ont un surplus de poids marqué ;
> chez ceux qui doivent utiliser des semelles orthopédiques non compatibles avec les chaussures minimalistes ;
> chez ceux qui ont une voûte plantaire (cambrure du pied) très prononcée.

> Les propriétaires de chevaux ont-ils attrapé la fièvre du minimalisme ? De plus en plus de spécialistes du monde équin croient que les fers ne protègent pas les sabots des chevaux, mais pourraient leur être nuisibles et parfois même les blesser.

Les blessures dont il faut se méfier

Certaines blessures sont communes chez les nouveaux coureurs minimalistes. La plus insidieuse est la fracture de stress. Cette microfracture se produit fréquemment au niveau d'un métatarsien (os long du milieu du pied). Les coureurs devraient d'ailleurs être très attentifs à tout inconfort à cet endroit, car ce type de blessure, légèrement désagréable au début, n'est souvent pas assez douloureuse pour arrêter le sportif. Or, si la douleur augmente et qu'il s'agit d'une fracture de stress, elle peut prendre plusieurs semaines à guérir. En fait, bien que la force d'impact puisse être moins grande avec des chaussures minimalistes, les chercheurs croient qu'un contact par l'avant ou le milieu du pied avec ce type de chaussures se traduit par une absorption directe de l'impact par le métatarse, qui est un ensemble d'os plus fragiles que celui du talon.

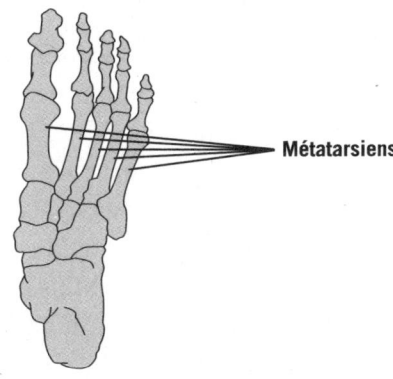
Métatarsiens

Les blessures au tendon d'Achille sont également communes chez ceux qui courent avec des chaussures minimalistes. En fait, le risque est accentué chez les coureurs qui prennent contact avec le sol par le milieu ou l'avant du pied. De plus, courir avec une chaussure dont le talon n'est pas surélevé impose une charge de travail plus grande aux muscles du mollet, ce qui accroît effectivement le risque de blessures au tendon d'Achille.

> Au moment d'écrire ces lignes, Joseph Michael Liu Roqueni, résidant à Mont-Saint-Hilaire au Québec, court pieds nus quelque part entre Montréal et la ville la plus au sud des Amériques, Ushuaïa, en Argentine. Ayant pris le départ en juillet 2013, il envisage de terminer son périple de 19 000 km en juillet 2015. Pour atteindre son objectif, il devra courir pieds nus l'équivalent de presque cinq marathons par semaine.

La transition vers le minimalisme

Une étude américaine publiée en 2013 a frappé durement les pieds des coureurs minimalistes. Cette étude portant sur 36 coureurs récréatifs qui utilisaient des chaussures traditionnelles avait pour but d'analyser si le risque de blessures était plus élevé quand ils passaient aux chaussures minimalistes ou s'ils continuaient à courir avec des chaussures traditionnelles. Après 10 semaines, les résultats d'imagerie par résonance magnétique ont indiqué que les 19 coureurs ayant fait une transition progressive vers des chaussures minimalistes avaient plus d'œdème (enflure) au niveau de la moelle osseuse que ceux ayant conservé leurs chaussures traditionnelles.

Les chercheurs en ont conclu que les coureurs désirant passer aux chaussures minimalistes devraient être extrêmement prudents et effectuer une progression de plus de 10 semaines.

Comme on vient juste de le voir, la transition vers l'utilisation de chaussures minimalistes devrait être progressive. Une première règle simple à retenir consiste à ne pas augmenter de plus d'une minute par séance la durée de course avec ce type de chaussures. Mais cette progression ne se limite pas à la durée. Le coureur doit également tenir compte du type d'exercice, de son intensité et de la surface sur laquelle il se déplace. De plus, il doit être à l'écoute de son corps. Tout inconfort physique ressenti pendant ou après une séance sert de signal d'alarme pour être encore plus progressif. Ajoutons qu'un coureur habitué à attaquer le sol par le talon se doit de modifier davantage sa technique que celui qui prend déjà contact avec le sol par l'avant ou le milieu du pied. Par conséquent, une prudence redoublée est de mise, puisqu'il doit s'adapter à la fois à une nouvelle chaussure et à une technique complètement différente.

Une transition progressive vers les chaussures minimalistes offre l'avantage d'alterner les chaussures utilisées. Les résultats d'une étude luxembourgeoise publiée en 2013 indiquent que le fait d'alterner les chaussures de course occasionne une diminution du risque de blessures, car il permet de varier les exigences sur le système musculosquelettique. Cette alternance de chaussures peut également être réalisée avec deux paires de chaussures traditionnelles.

Voici un exemple présentant une façon d'augmenter progressivement l'utilisation de chaussures minimalistes. Notez que des séances de course plus longues et plus intenses peuvent être réalisées avec des chaussures traditionnelles afin d'éviter une diminution des capacités de performance.

Semaines	1-2	3-4	5-6	7-8
Type d'exercice	Marche	Marche	Marche/course	Marche/course
Fréquence	3 x/sem.	4 x/sem.	3 x/sem.	4 x/sem.
Durée	30 à 45 min	45 à 60 min	2 min marche/ 1 min course Durée totale : 30 min	1 min marche/ 1 min course Durée totale : 30 min
Vitesse	Modérée	Modérée à rapide	Lente (course)	Lente (course)
Surface	Toute	Toute	Pelouse	Pelouse

Semaines	9-10	11-12	13-14	15-16
Type d'exercice	Marche/course	Course	Course	Course
Fréquence	4 x/sem.	4 x/sem.	4 x/sem.	4 x/sem.
Durée	1 min marche/ 2 min course Durée totale : 30 min	20 à 25 min	25 à 30 min	30 à 35 min
Vitesse	Lente à modérée (course)	Lente à modérée (course)	Modérée (course)	Modérée à rapide (course)
Surface	Pelouse/gravier	Pelouse/gravier/ terre	Pelouse/gravier/ terre/asphalte	Pelouse/gravier/ terre/asphalte

LA RÉALITÉ EN BREF

Les coureurs, les entraîneurs et les spécialistes peuvent continuer à en débattre. À ce jour, les recherches n'ont pu déterminer quelles chaussures, traditionnelles ou minimalistes, étaient le plus efficaces quant à la prévention des blessures lors de la course. Néanmoins, tous les spécialistes s'entendent pour dire que la transition vers l'utilisation fréquente de chaussures minimalistes devrait être très progressive : par exemple, il ne faudrait pas ajouter plus d'une minute par séance de course. En effet, une transition qui n'est pas progressive augmente de beaucoup le risque de blessures, comme la fasciite plantaire ou la fracture de stress au niveau de l'un des os du pied. Toutefois, faire le choix de courir avec des chaussures minimalistes peut obliger et aider le coureur à adapter sa technique de course afin qu'elle devienne plus sûre.

 Vous avez aimé ce sujet ? Lisez :

> J'atterris sur le talon pour mieux absorber les chocs (p. 118)
> On court plus vite avec des chaussures minimalistes (p. 292)

MYTHE ? | ON COURT PLUS VITE AVEC DES CHAUSSURES MINIMALISTES

En 2004, le fabricant Nike lance sur le marché la première chaussure minimaliste. Au fil des années, les coureurs intrigués en apprendront de plus en plus sur ce type de chaussure. Malgré tout, la plupart d'entre eux demeurent hésitants à les utiliser. On estime qu'environ 11 % des coureurs nord-américains en utilisent fréquemment ou constamment. Pourtant, les mordus du minimalisme croient fermement qu'en plus de réduire le risque de blessures[44], ces chaussures peuvent aider à améliorer la performance. Qu'en est-il réellement ?

Chaussures minimalistes ou maximalistes

Il existe une très grande variété de chaussures de course dites minimalistes, tout comme dites traditionnelles (maximalistes). Bien qu'il soit préférable d'éviter de mettre dans le même panier toutes les chaussures minimalistes d'une part et toutes les chaussures traditionnelles d'autre part, nous le ferons pour faciliter la compréhension.

Le physiothérapeute sportif Blaise Dubois est le spécialiste en matière de chaussures minimalistes au Québec. Aidé de son équipe, il a décidé de donner une cote aux chaussures de course. Une cote de 1 correspond au maximalisme extrême, soit une chaussure très lourde, peu flexible, très absorbante et très dénivelée du talon jusqu'aux orteils. Une cote de 100 signifie un minimalisme à l'état pur, ce qui consiste à courir pieds nus. Par exemple, les modèles minimalistes qui épousent la forme du pied et des orteils ont, en moyenne, une cote de 90.

---

[44]. Pour en savoir plus, lisez : « Nous sommes nés pour courir avec des chaussures minimalistes » (p. 285).

Moins d'efforts pour une même vitesse

Le coût énergétique de la course correspond à la consommation d'oxygène associée à une vitesse donnée. Si le fait de porter des chaussures minimalistes améliorait réellement la performance comparativement au port de chaussures traditionnelles, les chercheurs devraient mesurer une plus faible consommation d'oxygène, donc un effort moins important pour une même vitesse avec des chaussures minimalistes. De fait, selon plusieurs études, le coût énergétique pour les coureurs est de 1 à 7 % inférieur s'ils portent des chaussures minimalistes que s'ils portent des chaussures traditionnelles. En prenant la médiane, soit 4 %, on peut estimer qu'un coureur dont le temps est de 50 min sur 10 km avec des chaussures traditionnelles est hypothétiquement capable de franchir cette même distance en un temps approximatif de 48 min s'il porte des chaussures minimalistes.

Une question de poids

Puisqu'une chaussure minimaliste est ultralégère, il n'y a rien d'étonnant dans le fait que le coureur qui la porte fournisse moins d'effort pour une même vitesse que celui qui porte une chaussure plus lourde. En fait, le Dr Lieberman de l'université Harvard estime que le coureur augmente son coût énergétique de 1 % pour chaque 100 g supplémentaires qu'il porte aux pieds. En général, le poids de la chaussure traditionnelle provoque une dépense d'énergie supérieure de 2 %, puisque la paire de chaussures minimalistes pèse en moyenne 150 g, contre environ 350 g pour la traditionnelle. Pour un sportif courant 5 km en 20 minutes avec des chaussures traditionnelles, cela équivaut à une diminution possible d'environ 25 secondes s'il portait des chaussures minimalistes.

Notons que la légèreté n'est pas l'apanage des chaussures minimalistes. Les chaussures de course de performance, plus communément nommées *racer*, sont ultralégères sans posséder nécessairement les autres caractéristiques d'une chaussure minimaliste : par exemple, leurs semelles absorbent un peu plus les impacts et sont légèrement plus surélevées au niveau du talon que celles des chaussures minimalistes.

> Les chaussures de course de type *rocker shoes* (chaussures à berceau) ont une semelle arrondie et plus épaisse que celle des chaussures traditionnelles. Plus lourdes et plus instables, elles ne sont pas idéales pour les coureurs en quête d'économie d'effort. Originellement, elles ont été inventées pour simuler la marche pieds nus sur terrain mou. Elles seraient conçues afin d'augmenter l'activité musculaire, de réduire les maux de dos et d'améliorer la posture. Permettons-nous de douter de leur efficacité.

Une question d'expérience

L'expérience de course avec des chaussures minimalistes influence grandement le coût énergétique. Si vous n'avez jamais couru avec ce type de chaussures, il vous sera impossible de pulvériser votre propre record la première fois que vous les porterez. Les résultats d'une étude néerlandaise publiée en 2013 indiquent que des femmes inexpérimentées en course ont réduit leur coût énergétique de seulement 1 % en portant des chaussures minimalistes plutôt que traditionnelles. Par contre, si vous êtes habitué à les porter lors de vos entraînements, mais que vous n'osez pas le faire lors d'une compétition, vous devriez peut-être tenter le coup. Le Dr Lieberman a mesuré lors de ses tests une réduction du coût énergétique de 4 à 7 % chez des coureurs qui portaient régulièrement ce type de chaussures à l'entraînement.

Une question de technique et de ressort

Contrairement à ce que certains croient, la technique de course associée aux chaussures minimalistes n'a que peu d'effets sur le coût énergétique. En considérant seulement l'aspect technique, on a observé que, chez des coureurs expérimentés, une attaque du sol par l'avant du pied avec des chaussures minimalistes ne causait qu'une diminution de 0,7 % du coût énergétique, comparativement à une attaque du sol par le talon avec des chaussures traditionnelles. En outre, on émet l'hypothèse que le support de la voûte plantaire (cambrure du pied) qu'offrent les chaussures traditionnelles diminue l'effet de ressort du pied, limitant ainsi légèrement son efficacité.

Pourquoi ne pas courir pieds nus ?

Si le poids de la chaussure influence la performance, pourquoi alors ne pas courir pieds nus ? C'est la Sud-Africaine Zola Budd qui a battu le dernier record du monde de cette façon : en 1985, elle a établi une nouvelle marque mondiale sur 5000 m. Chez les hommes, la figure emblématique de la course pieds nus est Abebe Bikila. Or, de toute évidence, n'est pas Zola Budd ou Abebe Bikila qui veut. Sans une épaisse corne de protection, il est préférable de courir avec des chaussures pour éviter les lacérations et les douleurs à la plante du pied. À certaines périodes de l'année, les chaussures permettent aussi de se prémunir contre le froid ou l'asphalte brûlant.

Pour les uns, une chaussure minimaliste permet de simuler la course pieds nus, alors que d'autres – les puristes – refusent la validité de cette comparaison. Des chercheurs australiens concluent d'ailleurs, dans une étude publiée en 2013, que courir avec des chaussures minimalistes ne peut pas reproduire parfaitement la mécanique de course pieds nus. Courir pieds nus occasionne par exemple moins de mouvements au niveau du genou et davantage à la cheville que la course avec des chaussures minimalistes.

> Courant pieds nus, l'Éthiopien Abebe Bikila a établi un record du monde au marathon lors des Jeux olympiques de Rome en 1960. Il avait fait ses premières tentatives avec des chaussures, juste auparavant, mais sans succès : il courait moins vite et a même eu des ampoules. Avec le temps, il a reçu une commandite de chaussures, s'est habitué à celles-ci et a fini par pulvériser, une fois de plus, le record du monde du marathon par 1 min 43 s aux Jeux olympiques de Tokyo en 1964.

La recherche et la réalité

Bien que certaines études montrent que les chaussures minimalistes ont le potentiel d'améliorer la performance, il est important de demeurer critique face à ces résultats. En effet, la plupart de ces études ont employé des vitesses de course comprise entre 9 et 12 km/h. Pour des coureurs expérimentés, ces vitesses sont plutôt lentes, surtout si les distances à franchir sont courtes. On peut aussi questionner le confort de ce type de chaussures, puisque la force d'impact au sol augmente lorsque les athlètes d'élite atteignent des vitesses rapides. Dans ce cas, la technique doit être optimale et le corps parfaitement adapté à ce type de chaussures, ce qui peut prendre des années[45].

Voici un tableau résumant certains des avantages et inconvénients des chaussures minimalistes sur les chaussures traditionnelles.

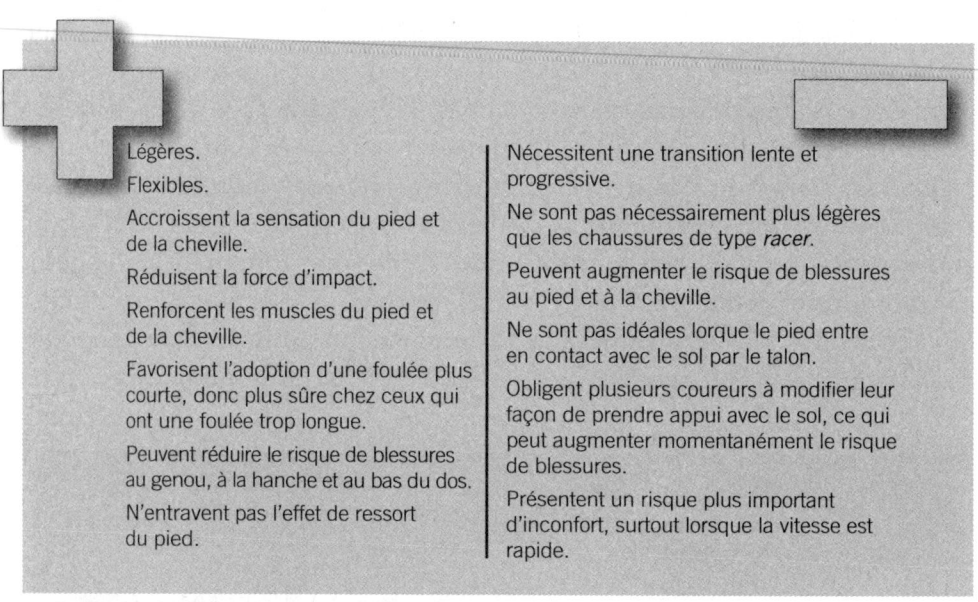

Légères.
Flexibles.
Accroissent la sensation du pied et de la cheville.
Réduisent la force d'impact.
Renforcent les muscles du pied et de la cheville.
Favorisent l'adoption d'une foulée plus courte, donc plus sûre chez ceux qui ont une foulée trop longue.
Peuvent réduire le risque de blessures au genou, à la hanche et au bas du dos.
N'entravent pas l'effet de ressort du pied.

Nécessitent une transition lente et progressive.
Ne sont pas nécessairement plus légères que les chaussures de type *racer*.
Peuvent augmenter le risque de blessures au pied et à la cheville.
Ne sont pas idéales lorsque le pied entre en contact avec le sol par le talon.
Obligent plusieurs coureurs à modifier leur façon de prendre appui avec le sol, ce qui peut augmenter momentanément le risque de blessures.
Présentent un risque plus important d'inconfort, surtout lorsque la vitesse est rapide.

LA RÉALITÉ EN BREF

En ce qui concerne la performance, les chaussures minimalistes peuvent avoir une longueur d'avance sur les traditionnelles. On a en effet observé que, lorsqu'un coureur portait des chaussures minimalistes, le coût énergétique était de 1 à 7 % moins élevé qu'avec des chaussures traditionnelles. L'expérience, la technique et l'effet de ressort au niveau du pied diffèrent selon le type de chaussures utilisé et sont des facteurs pouvant influencer le coût énergétique. De plus, le poids de la chaussure compte pour beaucoup : on estime que chacun des 100 g supplémentaires aux pieds coûte au coureur

---

45. Pour en savoir plus, lisez : « Nous sommes nés pour courir avec des chaussures minimalistes » (p. 285).

1 % d'énergie en plus. Si les secondes au chrono sont importantes pour vous, la chaussure légère est une option à considérer lors des compétitions. Mais si les chaussures minimalistes ne vous enchantent pas, choisissez plutôt des *racers*. Tout en étant ultralégères, elles sont un peu plus absorbantes et surélevées au niveau du talon que les minimalistes.

 Vous avez aimé ce sujet ? Lisez :
- Cours avec la même technique que le champion du monde (p. 108)
- Nous sommes nés pour courir avec des chaussures minimalistes (p. 285)

MYTHE? LA MONTRE GPS : UN GADGET INUTILE

Les amateurs de médias sociaux reconnaîtront sûrement ce qui suit : «Isabelle vient de débuter une session @*runtastic* à suivre en temps réel. Suivez ma progression et encouragez-moi.» Depuis quelques années, les montres GPS (*Global Positioning System* ou, en français, «géopositionnement par satellite») et les téléphones intelligents munis d'un GPS sont très populaires chez les coureurs et les coureuses. Est-ce que ce sont seulement des gadgets? Peuvent-ils réellement s'avérer utiles pour le coureur?

Les fonctions de base

Le GPS (montre ou téléphone intelligent) permet des localisations géographiques grâce à la réception de signaux satellites. Ainsi, les coureurs peuvent connaître la distance franchie au fur et à mesure de l'effort et après celui-ci. De plus, ils peuvent mesurer leur vitesse pendant l'exercice ainsi que leur vitesse moyenne (km/h) ou leur allure (min/km) pour toute la course. Avec ce type d'accessoire, il est également possible de transférer les données mesurées à un ordinateur.

Le prix

Aujourd'hui, les montres GPS sont accessibles et se vendent à un prix raisonnable, soit environ 100 $. Toutefois, certains modèles ont plusieurs fonctions ou caractéristiques qui peuvent faire grimper leur prix jusqu'à environ 600 $. En effet, certains modèles :

> mesurent l'altitude et les conditions météorologiques ;
> sont résistants à l'eau jusqu'à 100 m de profondeur ;

- sont vendus avec un accéléromètre ;
- sont vendus avec un cardiofréquencemètre ;
- sont également utilisables pour d'autres sports, comme le vélo ou la natation ;
- sont très légers ;
- sont dotés d'une pile longue durée ;
- sont dotés d'un écran tactile ;
- etc.

La précision

Les montres GPS obtiennent normalement des mesures relativement fiables de la distance franchie et de l'allure. Par contre, certains coureurs mettent souvent en doute leur précision après une compétition. Par exemple, après une course de 10 km, la montre GPS pourrait indiquer une distance parcourue de 10,2 km. Cette différence n'est pas nécessairement due à un manque de précision de la montre, mais plutôt au fait que la distance officielle du parcours correspond au chemin le plus court possible. Or, il est rare qu'un coureur puisse suivre ce chemin idéal. En fait, les coureurs les plus rapides, souvent en avant du peloton, obtiennent des mesures qui concordent mieux avec la distance du parcours, car ils ont davantage le loisir de prendre le chemin le plus court.

Certains aspects sont tout de même à considérer en ce qui concerne la précision des mesures du GPS. En voici quelques-uns :

- le téléphone intelligent est, en général, moins fiable que la montre ;
- une montre moins dispendieuse ou un vieux modèle peuvent obtenir des mesures moins justes ;
- certaines applications pour téléphones intelligents sont moins précises que d'autres ;
- en général, plus la distance franchie est grande, plus la mesure est précise si elle est exprimée en pourcentage. Par exemple, la mesure d'un sprint de 60 m sera moins précise que celle d'une course de 5 km ;
- il peut arriver que les signaux provenant des satellites soient bloqués par les arbres, les nuages, les grands bâtiments, les tunnels, etc. Dans ce cas, les mesures peuvent être légèrement faussées ;
- un parcours sinueux peut limiter l'exactitude des mesures.

L'accéléromètre

L'accéléromètre est un petit accessoire qui peut également mesurer la distance franchie, l'allure et la vitesse du coureur. Les plus récents modèles sont légers (environ 20 g) et précis. Contrairement au GPS, ils ne se basent pas sur des données satellites pour fournir leurs mesures. En fait, ce type d'appareil permet de mesurer l'accélération linéaire. Pour les besoins de la course, il est normalement accroché à la chaussure ou intégré à la ceinture du cardiofréquencemètre[46]. Les données captées peuvent être analysées après avoir été téléchargées sur un ordinateur. Souvent, il accompagne une montre GPS. Lorsqu'il est associé à un GPS, il fonctionne automatiquement si ce dernier ne capte plus les signaux satellites. Il est également possible d'activer seulement l'accéléromètre pour mesurer la vitesse de course. Notons qu'il est nécessaire de calibrer certains modèles d'accéléromètres pour obtenir des mesures plus précises.

L'accéléromètre est en certaines circonstances moins précis qu'une montre GPS pour mesurer la distance franchie, comme lorsque la longueur ou la fréquence des foulées varie. Néanmoins, il a comme avantage d'être très léger, d'estimer la cadence (nombre de foulées/minute) et la longueur moyenne des foulées, ainsi que de pouvoir être utilisé à l'intérieur, sur un tapis roulant ou à des endroits où les signaux GPS sont bloqués.

> Le téléphone intelligent est un peu comme le canif suisse: il a de multiples fonctions, dont le GPS. Si on désire un accessoire de meilleure qualité, il vaut mieux choisir une montre GPS. De plus, le téléphone intelligent est relativement lourd et ne permet pas d'observer les données mesurées pendant l'effort aussi facilement que la montre le permet.

Pour connaître les distances

La montre GPS demeure l'outil le plus pratique pour mesurer la distance parcourue au cours de chacun des entraînements. Ainsi, il est facile de planifier ses séances en fonction d'une distance à couvrir au lieu d'une durée. Il en va de même avec les entraînements par intervalles: on peut les planifier en fonction de distances d'effort et de récupération, sans avoir à courir

---

46. Pour en savoir plus, lisez: «Le cardiofréquencemètre: encore plus inutile que le GPS» (p. 304).

en rond sur une piste d'athlétisme. De plus, l'utilisation du GPS permet de connaître plus facilement les distances parcourues pendant une semaine, un mois ou une année d'entraînement. Ces informations sont pratiques pour planifier l'entraînement.

Pour connaître son allure

En connaissant son allure de course (min/km) pendant l'effort, on peut contrôler sa vitesse en fonction des objectifs de la séance. Par exemple, pour un entraînement par intervalles, la montre GPS permet au coureur d'ajuster sa vitesse de déplacement selon ce qui a été planifié. De plus, lorsqu'on désire analyser l'évolution des performances à l'entraînement, l'allure est une mesure très intéressante à utiliser. Elle permet aussi aux sportifs de se fixer des allures à suivre pour une compétition et d'essayer de les respecter lors de la course.

> Une nouvelle technologie sera probablement bientôt mise en marché. Il s'agit de tatouages temporaires sensibles au lactate (dérivé de l'acide lactique qui s'accumule lors d'un effort intense) dans la sueur. Les chercheurs croient qu'il sera possible d'estimer, à l'aide de ces tatouages, l'accumulation de lactate dans le corps au cours de l'exercice. Le sportif pourra faire la lecture des mesures sur un moniteur, comme une montre. En entraînement, l'utilité de la mesure de lactate demeure toutefois très controversée.

Pour connaître sa dépense calorique

Plusieurs coureurs désirent connaître la dépense calorique qu'occasionne leur entraînement. Les montres GPS et les accéléromètres permettent une estimation des calories dépensées pendant la course. N'oubliez pas qu'il n'est pas nécessaire d'avoir cette technologie pour l'estimer : vous n'avez qu'à connaître votre distance parcourue et votre poids.

Kcal ≈ distance parcourue (km) x poids (kg)

> Les entreprises intègrent depuis longtemps différentes technologies à leurs montres : en 1969, on a mis sur le marché la première montre à quartz (affichage numérique) ; en 1975, la première montre calculatrice ; en 1982, la première montre télévision ; en 1994, la première montre télécommande ; et en 2000, les premières montres avec caméra numérique et lecteur MP3. À ce rythme, nous verrons sûrement dans un avenir rapproché des montres avec laser, télex, détonateur de charge explosive, champ magnétique surpuissant ou grappin, comme en porte l'agent secret James Bond ! Pour les coureurs, à quand la montre qui mesure la consommation d'oxygène ?

Pour rester motivé

La montre GPS fournit des informations concernant l'effort réalisé qui peuvent aider certains coureurs à maintenir ou à augmenter leur motivation. Le simple fait de mesurer la distance ou l'allure, ou encore de pouvoir visualiser le parcours réalisé peut être stimulant. De plus, les différentes mesures permettent au coureur de mieux connaître ses capacités, et donc de se fixer des objectifs plus précis. Nous savons que des objectifs réalistes et mesurables, à court et à long terme, aident les coureurs à rester enthousiastes et à s'améliorer.

Ceux qui aiment partager leurs efforts sur les médias sociaux peuvent le faire grâce à différentes applications. Bien souvent sans que la personne en soit consciente, cette habitude la lie par une sorte de contrat : s'afficher comme coureur peut rehausser la motivation. Cette habitude peut s'avérer efficace pour le maintien à long terme des habitudes d'activités physiques.

Pour ne pas se perdre !

Lorsqu'on ne connaît pas l'endroit où l'on court, le GPS a l'avantage de pouvoir nous guider vers une destination précise ou nous aider à retrouver notre point de départ.

> La première montre munie d'un GPS était la Satellite Navi de Casio®, en 1999. Elle n'était pas destinée aux coureurs, mais aux amoureux de plein air qui avaient besoin d'un GPS léger, comme les alpinistes ou les pêcheurs.

Courir sans GPS, c'est bien aussi

Bien que le GPS constitue une avancée technologique dont le coureur puisse profiter, il demeure un accessoire d'entraînement. Ses utilisateurs réguliers devraient le laisser à la maison de temps à autre, ils pourraient ainsi se concentrer davantage sur leur «GPS intérieur», c'est-à-dire les sensations corporelles de leurs foulées et de leur vitesse de déplacement. De plus, courir pour le simple plaisir ne nécessite aucune technologie.

LA RÉALITÉ EN BREF

La montre GPS n'est pas un gadget inutile. Bien qu'elle ne soit qu'un accessoire d'entraînement et qu'elle ne doive pas être considérée comme indispensable pour la course, la montre GPS offre plusieurs avantages. Grâce à ses fonctions de base, qui permettent de mesurer la distance et l'allure de l'entraînement, elle peut s'avérer un accessoire pratique, utile et motivant. De plus en plus abordables et de bonne qualité, les montres GPS possèdent des fonctions susceptibles d'intéresser tous les types de coureurs. Ne l'oubliez pas : le GPS ne fournira jamais les efforts à votre place, mais il peut guider vos pas et votre entraînement dans la bonne direction !

> **Vous avez aimé ce sujet ? Lisez :**
> - Le cardiofréquencemètre : encore plus inutile que le GPS (p. 304)
> - Les bas de compression : les essayer, c'est les adopter (p. 312)

MYTHE? | LE CARDIOFRÉQUENCEMÈTRE :
ENCORE PLUS INUTILE
QUE LE GPS

Au début des années 1900, de gros instruments de laboratoire étaient nécessaires pour mesurer la fréquence cardiaque. Les temps ont bien changé. En 1983, la compagnie Polar® commercialise pour la première fois le cardiofréquencemètre. Cet appareil est composé d'une ceinture munie d'un transmetteur et d'électrodes qui se porte juste sous la poitrine, et d'un récepteur, qui prend généralement la forme d'une montre. Cet accessoire d'entraînement bien connu des coureurs n'est-il qu'un gadget ou peut-il être réellement utile ?

Le prix

On peut se procurer un cardiofréquencemètre de base en déboursant 60 à 100 $. Pour ce prix raisonnable, l'accessoire d'entraînement mesure, en battements par minute (bpm), la fréquence cardiaque en temps réel, ainsi que la fréquence cardiaque moyenne et maximale de la séance. De plus, il permet de cibler des zones de fréquence cardiaque à respecter durant la course. Toutefois, certains modèles de cardiofréquencemètre sont dotés de caractéristiques ou fonctions qui peuvent faire grimper leur prix. En effet, certains modèles :

> sont accompagnés d'un GPS mesurant la distance et la vitesse de course ;
> intègrent un accéléromètre mesurant la distance et la vitesse de course ;
> reçoivent exclusivement les données émises par leurs propres transmetteurs (limitation des interférences) ;
> estiment la dépense calorique ;

- > calculent un indice de la santé cardiovasculaire ;
- > proposent des entraînements personnalisés ;
- > permettent de transférer les données de la séance sur un ordinateur ;
- > mémorisent les données de plusieurs entraînements ;
- > etc.

La précision

Le transmetteur du cardiofréquencemètre possède un détecteur d'ondes électrocardiographiques qui mesure le temps entre deux contractions du cœur et le traduit en battements par minute. Les mesures d'un cardiofréquencemètre sont très précises si la ceinture est bien installée, si la lecture de la fréquence cardiaque n'est pas interrompue et s'il ne se produit pas d'interférence avec un autre cardiofréquencemètre. En fait, selon le Dr Léger (concepteur des tests de VO_2max Léger-navette et Léger-Boucher communément appelés « tests bip bip »), la différence de lecture entre un électrocardiogramme (ECG) et un cardiofréquencemètre est d'un peu moins de 1 battement par minute. Cette différence serait la même au repos qu'au cours de l'exercice. Notons cependant que, si la lecture se fait par l'entremise d'électrodes sur lesquelles il faut mettre les mains, comme celles sur les appareils cardiovasculaires, la mesure de la fréquence cardiaque est moins précise et plus difficile à obtenir.

> La fréquence cardiaque peut aussi être mesurée en palpant une artère (ex. : la carotide, au niveau du cou) avec l'index et le majeur. Toutefois, cette méthode demeure moins fiable et moins pratique que l'usage d'un cardiofréquencemètre, surtout lorsque le coureur est en action.

Les zones de fréquence cardiaque

Idéalement, une utilisation appropriée du cardiofréquencemètre pour contrôler l'intensité de l'entraînement en course nécessite de connaître sa fréquence cardiaque maximale. À partir de cette donnée, le coureur pourra déterminer des zones d'entraînement.

Il est préférable d'utiliser la fréquence cardiaque maximale réelle plutôt que celle qui est prédite à partir de l'âge. On peut la mesurer lors d'un test de course. Voici trois méthodes qui permettent de l'estimer :

1. Test lors duquel l'intensité augmente progressivement jusqu'à atteindre un effort maximal. Il peut s'agir d'un test de VO₂max comme le test Léger-navette.
2. Test d'effort maximal d'intensité constante, de 3 à 5 minutes.
3. Test d'effort maximal par intervalles sur piste, de 3 à 5 répétitions de 400 m, entrecoupées d'une minute de repos.

La fréquence cardiaque la plus élevée mesurée par le cardiofréquencemètre au cours du test correspond à la fréquence cardiaque maximale. Notons que ce type de test devrait idéalement être réalisé sous la supervision d'un kinésiologue.

Il est également possible d'estimer sa fréquence cardiaque maximale par différentes équations, dont voici deux exemples :

Fréquence cardiaque maximale prédite selon Astrand = 220 – âge
Fréquence cardiaque maximale prédite selon Tanaka = 208 – 0,7 x âge[47]

> La fréquence cardiaque au cours de l'effort peut également être déterminée selon l'équation de Karvonen. L'intérêt principal de cette équation réside dans le fait que le pourcentage utilisé dans l'équation est relativement proche de celui du VO₂max. Ainsi, un effort réalisé à 70 % de la fréquence cardiaque maximale selon Karvonen se rapproche d'une intensité correspondante à 70 % du VO₂max.
>
> **FC d'effort = % x (FC max – FC repos*) + FC repos**
>
> Par exemple, pour un coureur ayant une fréquence cardiaque de repos de 60 bpm et une fréquence cardiaque maximale de 190 bpm qui désire s'entraîner à 80 % :
>
> **FC d'effort** = 80 % x (190 – 60) + 60 = **164 bpm**
>
> * La FC de repos doit être mesurée en position allongée, idéalement au moment du réveil.

Les zones d'entraînement peuvent être déterminées à partir d'un pourcentage de la fréquence cardiaque maximale.

---

[47]. Cette équation est un peu plus précise que celle d'Astrand, car elle risque moins de sous-estimer la fréquence cardiaque maximale chez les personnes vieillissantes qui sont actives.

Voici un exemple pour un jeune coureur dont la fréquence cardiaque maximale est de 200 battements par minute.

Zones	Degré d'intensité	% de la FC max	FC (batt/min)	Exemples de vitesse (km/h)	Objectifs d'entraînement
1	Très léger	60	120	8	Échauffement et récupération
2	Moyen	60 à 70	120 à 140	9-10	Endurance aérobie longue durée
3	Moyen à élevé	70 à 80	140 à 160	11-12	Endurance aérobie
4	Élevé à très élevé	80 à 90	160 à 180	13-14	Endurance aérobie et VO$_2$max
5a	Très élevé	90 à 100	180 à 200	15-16	Endurance aérobie, VO$_2$max, capacité anaérobie
5b	Très élevé	90 à 100	180 à 200	17-18	VO$_2$max, capacité anaérobie
5c	Très élevé	90 à 100	180 à 200	19-20	Capacité anaérobie, vitesse

N.B. : À partir de la zone 5a, bien que la vitesse de course augmente, la fréquence cardiaque varie peu, puisqu'elle est près de sa valeur maximale.

Les limites de la fréquence cardiaque

Il existe différentes limites à l'utilisation de la fréquence cardiaque seule pour contrôler l'intensité de l'effort ou pour planifier une séance de course. Premièrement, la fréquence cardiaque peut plafonner alors que l'intensité continue d'augmenter. En effet, le principe qui veut que l'augmentation de la fréquence cardiaque soit proportionnelle à la vitesse de course n'est pas toujours valide. Cette relation est presque proportionnelle jusqu'à une vitesse correspondant à environ 85 à 90 % de la consommation maximale d'oxygène (VO$_2$max), mais, par la suite, la fréquence cardiaque tend à plafonner. Au-delà de ce niveau, elle permet difficilement de mesurer l'intensité de l'effort. Par exemple, la fréquence cardiaque pourrait être la même à 90, 95, 100, 105 ou 110 % de la vitesse de course qui correspond au VO$_2$max. Pire, lors d'un entraînement très intense par intervalles courts, comme dans les zones 5b et 5c du tableau, toute mesure de la fréquence cardiaque est inutile, puisqu'elle ne reflète pas l'intensité réelle du coureur.

La deuxième limite est liée à l'estimation de la fréquence cardiaque maximale à partir d'une équation. La grande majorité de la population voit sa fréquence cardiaque maximale surestimée ou sous-estimée jusqu'à 10 battements par minute. De plus, chez les sportifs plus âgés, la fréquence cardiaque maximale atteinte est souvent plus élevée que celle prédite. Pour ceux qui peuvent la mesurer sans risque (voir p. 35), la fréquence cardiaque maximale réelle est plus appropriée.

Une autre limite importante provient de la fluctuation quotidienne de la fréquence cardiaque. En effet, des facteurs tels que la chaleur, l'humidité, la consommation d'une boisson contenant de la caféine, le stress, la prise de médicaments, la fatigue physique, la digestion, la maladie et l'altitude peuvent la faire varier pendant l'effort. Prenons l'exemple d'un coureur désirant contrôler son effort en compétition grâce à la fréquence cardiaque mesurée pendant l'entraînement: il est fort possible que sous l'effet du stress lié à la compétition, les battements de son cœur soient plus rapides en début d'épreuve que lors de l'entraînement, et ce, malgré une vitesse identique.

Une dernière limite importante vient de la dérive de la fréquence cardiaque. Par exemple, lors d'un entraînement de course en continu, la fréquence cardiaque tend plutôt à augmenter, même si la vitesse de course ne change pas. Cette augmentation peut atteindre jusqu'à 25 % en fonction de la durée de l'effort, de la température, de l'humidité et du niveau d'hydratation du sportif. Ajoutons que cette dérive est également présente lors des entraînements par intervalles.

> En vélo et en natation, la fréquence cardiaque maximale est inférieure d'environ 10 battements par minute à celle de la course. Cette différence par rapport à la course s'explique en partie par le fait que le sportif n'a pas à supporter entièrement le poids de son corps. De façon plus spécifique en natation, la position horizontale et la pression exercée par l'eau sur le corps sont deux facteurs contribuant au retour du sang vers le cœur, ce qui explique également la fréquence cardiaque maximale plus basse.

Les avantages de la fréquence cardiaque

Il reste qu'utiliser le cardiofréquencemètre durant la course comporte bien des avantages. La mesure de la fréquence cardiaque est simple à utiliser et reflète assez bien l'intensité de l'effort aérobie. L'intérêt de son utilisation pendant l'entraînement ou la compétition augmente lorsqu'elle est employée conjointement avec d'autres moyens de contrôle, tels que la vitesse de déplacement et la perception de l'effort. En effet, plus il existe de moyens pour mesurer ou contrôler l'intensité de l'effort, plus le coureur a d'information sur ce qu'il a réalisé au cours de la séance et sur l'évolution de ses performances. Il pourrait ainsi mieux planifier son entraînement. En outre, lorsque le cardiofréquencemètre est porté fréquemment par le coureur, celui-ci apprend à mieux connaître ses fréquences cardiaques en fonction de différentes situations et intensités.

Selon certains chercheurs, il est possible d'établir un lien entre la fréquence cardiaque et un état de surentraînement. Il n'est pas clair que la fréquence cardiaque de repos puisse être reliée à un état de fatigue causé par le surentraînement, mais son augmentation pendant le sommeil pourrait l'être. De plus, il est possible que les coureurs surentraînés n'atteignent pas leur fréquence cardiaque maximale au cours d'un effort maximal. Finalement, certaines études indiquent qu'au cours d'efforts sous-maximaux, la fréquence cardiaque de sportifs surentraînés était plus basse que d'habitude (d'environ 5 battements) pour une même vitesse de déplacement. Si l'on veut être à l'affût des symptômes liés au surentraînement, le cardiofréquencemètre peut donc se révéler utile.

Il peut aussi s'avérer pertinent de mesurer la fréquence cardiaque en vue de contrôler l'intensité d'effort des individus présentant des facteurs de risque de maladies cardiovasculaires, ou qui sont en réadaptation cardiaque. Par exemple, il pourrait être conseillé à certains coureurs présentant des risques de maladies du cœur d'éviter des intensités entraînant la fréquence cardiaque au-delà de 85 % du maximum prédit.

> Un nouveau-né a une fréquence cardiaque comparable à celle d'un adulte qui court, soit de 120 à 160 battements par minute.

Les autres fonctions du cardiofréquencemètre : attention

Il est possible de mettre en doute l'utilité et la précision de certaines autres fonctions du cardiofréquencemètre.

Le test d'aptitude aérobie

Certains modèles de montres (ex.: Polar® FT60) intègrent un test mesurant un indice de la santé cardiovasculaire. Au dire du fabricant, cet indice peut être comparé à une mesure du VO_2max. Ce test peut prendre en compte différents critères tels que l'âge, le poids, le sexe, le niveau d'activité physique et la fréquence cardiaque de repos. Malheureusement, ce type de test n'est pas précis comme un test de VO_2max. Le coureur qui souhaite obtenir une mesure valide de son VO_2max devrait consulter un kinésiologue. Idéalement, le test devrait être constitué d'un effort maximal à la course, si le sportif ou la sportive ne présente pas de facteurs de risque de maladies cardiovasculaires (voir p. 31) ou de conditions particulières (ex.: grippé, enceinte).

La mesure de la dépense calorique

Il est possible d'estimer la dépense calorique au cours de l'effort de façon relativement précise à l'aide de la mesure de la consommation d'oxygène. Celle-ci augmente proportionnellement à la vitesse de course jusqu'à une intensité qui se rapproche du VO_2max. Par conséquent, la vitesse de course permet une estimation raisonnable de la dépense énergétique. Par exemple, si deux personnes de même poids courent à des vitesses différentes (ex.: 10 et 12 km/h), le nombre de calories dépensées par minute sera plus important chez celle qui court plus vite. Or, si ces deux coureurs ont la même fréquence cardiaque au cours de l'effort (ce qui est possible, même si leurs vitesses sont différentes), le cardiofréquencemètre indiquera la même dépense énergétique, alors que c'est inexact. En outre, comme on l'a vu, certains facteurs provoquent une hausse de la fréquence cardiaque (stress, chaleur, caféine, etc.), sans toutefois qu'il y ait augmentation conjointe de la dépense calorique. De toute évidence, une mesure de la dépense énergétique qui se base uniquement sur la fréquence cardiaque et sur le poids du coureur n'est qu'une estimation grossière.

> La fréquence cardiaque des mammifères est partiellement déterminée par leur taille. Avec un cœur de la grosseur d'une petite voiture, la baleine bleue a une fréquence cardiaque de trois battements par minute. Celle de l'éléphant est de 25 battements par minute. Ces grosses bêtes semblent plutôt calmes comparativement à l'oiseau-mouche, dont le cœur bat 1200 fois par minute!

Les plans d'entraînement

Plusieurs fabricants proposent des plans d'entraînement à ceux qui font l'acquisition d'un de leurs cardiofréquencemètres. Toutefois, l'entraîneur spécialisé ou le kinésiologue sont les mieux outillés pour personnaliser votre plan d'entraînement en fonction de vos objectifs, de vos possibilités, de vos capacités et de vos limites.

LA RÉALITÉ EN BREF

Le cardiofréquencemètre n'est pas qu'un gadget, c'est un accessoire d'entraînement relativement abordable et précis pour mesurer la fréquence cardiaque. La mesure de la fréquence cardiaque présente toutefois certaines limites qui doivent être prises en considération lorsqu'on l'utilise comme moyen de contrôle de l'intensité pendant la course. Quoique non essentielle, elle s'avère plus intéressante lorsqu'elle est combinée à d'autres moyens de contrôle de l'intensité d'effort, comme la vitesse de déplacement ou la perception d'effort. Finalement, une mise en garde est nécessaire : le cardiofréquencemètre n'est pas l'outil idéal pour estimer l'aptitude aérobie et les calories dépensées pendant la course.

Vous avez aimé ce sujet ? Lisez :
> La montre GPS : un gadget inutile (p. 298)
> Les bas de compression : les essayer, c'est les adopter (p. 312)

MYTHE? LES BAS DE COMPRESSION : LES ESSAYER, C'EST LES ADOPTER

Les vêtements de compression sont de plus en plus populaires auprès des sportifs, et les coureurs n'y font pas exception. Telle une seconde peau, les bas, les cuissards, les collants, les manches, le chandail ou la combinaison moulent et compriment le corps. La méthode de compression par les vêtements peut-elle aider le coureur à être plus performant ? Ou ne serait-ce qu'une mode passagère ? Les fabricants se remplissent-ils les poches en prêtant à leurs produits de fausses vertus ?

Les vertus alléguées

Les fabricants de vêtements de compression prétendent que leurs produits peuvent :

- améliorer la proprioception (perception du corps) ;
- améliorer la circulation sanguine ;
- accélérer le retour du sang vers le cœur ;
- augmenter la vitesse de déplacement du sang ;
- accélérer l'élimination de l'acide lactique ;
- améliorer la capacité du corps à réguler sa température ;
- améliorer la puissance et la force musculaires ;
- réduire le coût énergétique ;
- améliorer le VO_2max ;
- améliorer la performance en course ;
- accélérer la récupération.

À première vue, cela fait beaucoup! Regardons de plus près les résultats que les chercheurs ont obtenus en étudiant certains de ces effets. Nous accorderons une attention particulière à l'impact potentiel qui intéresse le plus les coureurs: l'amélioration de la performance.

La compression, pour mieux percevoir son corps?

Ce sont les récepteurs situés dans les muscles, les tendons, les articulations, l'oreille interne, mais aussi dans la peau, qui permettent de percevoir les parties de notre corps dans l'espace (proprioception). Ainsi, on a observé que les vêtements de compression pouvaient stimuler les récepteurs cutanés et améliorer la proprioception à certains angles de mouvement. Malgré l'intérêt de ce constat, il n'existe aucune preuve que cette amélioration puisse se traduire par une meilleure performance en course, ni dans n'importe quelle autre discipline sportive.

> Les vêtements de compression ne sont pas seulement vendus aux sportifs d'endurance, de force et de puissance, mais également à ceux pour qui la proprioception est importante. Rory McIlroy, qui a été nommé golfeur de l'année en 2012, endosse d'ailleurs les vêtements d'un chef de file de cette industrie.

La compression accélère-t-elle le retour du sang au cœur?

À ce jour, aucune étude n'a pu démontrer que le port de vêtements de compression pendant la course pouvait causer une accélération du retour du sang vers le cœur ou une augmentation de la circulation sanguine vers les muscles actifs. Notons toutefois que ces effets bénéfiques ont été observés au repos, principalement en position couchée. Ils pourraient alors contribuer à accélérer légèrement la récupération à la suite d'un entraînement intense, et ce, en réduisant, entre autres, l'inflammation[48].

---

48. Pour en savoir plus, lisez: « Bain froid et compression pour récupérer plus vite! » (p. 223).

La compression permet-elle d'éliminer l'acide lactique plus rapidement?

Comme nous l'avons vu dans le thème: « La fatigue en course à pied, ça se passe dans les jambes » (p. 195), ce n'est pas l'acide lactique, mais plutôt le lactate (dérivé de l'acide lactique) qui peut s'accumuler dans les muscles actifs. Certaines études indiquent que le port de vêtements de compression peut légèrement diminuer la concentration de lactate après une course à intensité élevée. Toutefois, une diminution plus rapide de la concentration de lactate n'est pas le reflet d'une récupération plus rapide. Ainsi, même si une baisse plus rapide de lactate a parfois été mesurée après l'exercice grâce à la compression, le coureur ne peut pas compter là-dessus pour améliorer ses performances.

La compression garde-t-elle au chaud?

Les fabricants prétendent que les vêtements de compression peuvent aider à maintenir la température du corps à un niveau optimal, qu'il fasse froid ou chaud. On ne sera pas surpris d'apprendre que la température de la peau augmente effectivement sous le vêtement de compression, puisque l'air passe moins entre le vêtement et la peau. Ainsi, lorsque la température extérieure est froide ou modérée (≈ 20 °C), les muscles sous les vêtements de compression peuvent être gardés davantage au chaud. Certains fabricants suggèrent que cela peut même favoriser la perte de graisse. Or, de toute évidence, la chaleur causée par ces vêtements n'a pas cet effet[49]. Plus d'études sont donc nécessaires pour cerner les effets des vêtements de compression: s'il s'avérait qu'ils peuvent contribuer à garder le corps à une température optimale, ils pourraient possiblement améliorer la performance en course dans certaines conditions.

La compression, pour un meilleur VO$_2$max?

Le VO$_2$max a été mesuré et comparé chez des coureurs de niveaux intermédiaire et avancé avec et sans le port de vêtements de compression. Les résultats indiquent que le VO$_2$max des participants était similaire, peu importe qu'ils aient porté ou non ce type de vêtements.

---

49. Pour en savoir plus, lisez: « Je sue à grosses gouttes, je maigris à vue d'œil! » (p. 151).

La compression, pour réduire le coût énergétique?

Plusieurs études montrent que le coût énergétique demeure inchangé, qu'on porte ou non des vêtements de compression. Certains chercheurs ont tout de même indiqué que ce type de vêtements pouvait réduire la difficulté de l'effort. Par exemple, des chercheurs français ont montré que le coût énergétique de coureurs expérimentés était environ 9 % plus bas à des vitesses de 10, 12 et 14 km/h lorsqu'ils portaient des collants de compression. Ainsi, ces coureurs dépensaient moins d'énergie pour une même vitesse de déplacement. Par contre, aucune différence n'a été observée à une vitesse de 16 km/h. Plus de recherches sont donc nécessaires pour confirmer que le port de vêtements de compression peut réduire le coût énergétique pendant la course.

> Souvent, les slogans des fabricants de vêtements sportifs de compression font la promotion du rêve plutôt que de la réalité. Que penser de celui de SKINS® : « Pour bénéficier de meilleures performances, sans la douleur » ?

La compression, pour courir plus vite?

La plupart des études portant sur le sujet concluent que la performance d'endurance n'est pas ou est très peu améliorée lorsque le sportif porte des vêtements de compression.

Voici tout de même les résultats isolés de quelques recherches où l'on a observé une meilleure performance :

› Des coureurs de niveau intermédiaire ont franchi la distance de 5 km à une vitesse de 2 % plus rapide lorsqu'ils portaient un collant de compression que lorsqu'ils n'en portaient pas. On peut se questionner ici sur les effets placebo ou motivationnels, car les coureurs ne portaient pas un collant qui simulait la compression en situation contrôle.

› La capacité à maintenir une vitesse donnée le plus longtemps possible a été mesurée chez 6 coureurs. Une augmentation moyenne de la durée d'effort de 13 % a été observée lorsque les participants portaient des bas de compression. Bien que cette hausse semble élevée, elle ne se traduit pas par un gain significatif lorsqu'il s'agit de franchir une distance donnée le plus rapidement possible (ex : 5 ou 10 km). Notons aussi que des résultats obtenus avec seulement 6 coureurs peuvent être critiqués.

> Aucune différence n'a été mesurée quant aux temps nécessaires pour franchir 10 km chez 12 coureurs expérimentés portant ou non des bas de compression. Toutefois, les coureurs devaient exécuter un test de saut vertical avant et après la course de 10 km. Lorsqu'ils portaient certains bas de compression, ils sautaient plus haut après la course (d'environ 4 %) que lorsqu'ils n'en portaient pas. On peut alors émettre l'hypothèse que le port de bas de compression pourrait légèrement aider les coureurs à accélérer en fin de course.

Une façon différente de se comprimer

Il existe un moyen très peu connu des coureurs qui a pour but d'améliorer la performance, le « préconditionnement ischémique ». Cette méthode sans risque consiste à provoquer, pendant un certain temps, une diminution de l'apport sanguin à un membre, à l'aide d'un brassard gonflable comme celui utilisé pour mesurer la pression artérielle. Voici la marche à suivre suggérée par des scientifiques du département de kinésiologie de l'Université de Montréal. Le procédé peut être amorcé environ 60 à 90 minutes avant une compétition :

> positionner le brassard autour d'un bras ;
> le gonfler à une pression de 170 à 220 mm Hg ;
> attendre 5 minutes en gardant le brassard gonflé (si l'inconfort est trop marqué, il est possible de réduire légèrement la tension) ;
> dégonfler le brassard et attendre 5 minutes de plus (il est normal de ressentir des picotements) ;
> répéter le procédé à trois reprises.

Peu de chercheurs ont employé cette méthode pour mesurer l'amélioration de la performance en course à pied. Néanmoins, les résultats d'une étude britannique publiée en 2012 sont encourageants. Lorsque les coureurs de niveau intermédiaire avaient effectué un préconditionnement ischémique, leur temps sur 5 km était, en moyenne, 34 secondes plus rapide que sans cette méthode.

Les mécanismes susceptibles d'expliquer pourquoi cette méthode pourrait améliorer la performance sont complexes et restent à examiner plus avant. D'autres études sont donc nécessaires pour préciser les effets du préconditionnement ischémique sur la performance en course.

> Afin d'augmenter leur crédibilité auprès des sportifs de masse, différents fabricants de vêtements de compression commanditent des athlètes connus. En 2013, la compagnie SKINS® annonce ainsi son partenariat avec Leanda Cave, qui a remporté en 2012 les titres mondiaux de l'Ironman et de l'Ironman 70.3 (demi-Ironman).

LA RÉALITÉ EN BREF

À la lumière des informations présentées dans ce thème, on peut affirmer que les bas, les collants ou les autres vêtements de compression ne sont pas essentiels au coureur. Leurs effets sur la performance en course, s'ils existent, demeures miniment. Toutefois, le coureur qui aime la sensation que procure ce type de vêtements, qui apprécie leur look ou qui croit en leurs vertus peut les porter sans craindre une diminution de performance ou une blessure. Ne soyez tout de même pas dupe des effets parfois exagérés que vous font miroiter certains fabricants.

Vous avez aimé ce sujet ? Lisez :
> Bain froid et compression pour récupérer plus vite ! (p. 223)
> La montre GPS : un gadget inutile (p. 298)
> Le cardiofréquencemètre : encore plus inutile que le GPS (p. 304)

MYTHE ? | COURIR SUR UN TAPIS ROULANT, C'EST VRAIMENT PAS LA MÊME CHOSE !

Les coureurs peuvent s'adonner à leur activité préférée dans une variété d'endroits : parc, montagne, forêt, rues ou piste d'athlétisme. Cependant, certains coureurs préfèrent le tapis roulant. Les uns pensent que la course sur cet appareil est plus facile, tandis que les autres croient qu'il n'y a pas de différence entre les deux. Qu'en est-il vraiment ? La course sur tapis roulant peut-elle se comparer à un réel déplacement ?

La machine

Lorsque le coureur s'élance sur un tel appareil, il reproduit du mieux qu'il peut sa technique de course habituelle tout en restant sur place, puisqu'il se propulse à une vitesse égale, mais dans la direction opposée à la courroie (tapis) qui défile sous ses pieds. La vitesse et la pente maximales permises par la plupart des tapis roulants que l'on retrouve dans les salles d'entraînement sont respectivement de 20 km/h et de 15 %. Notons que la vitesse maximale des modèles vendus pour la maison dépasse rarement 16 km/h.

> Les premiers tapis roulants ont été inventés vers 1875. À l'époque, ce sont des chevaux qui les actionnaient pour faire fonctionner des machines agricoles. Le tapis roulant tel que nous le connaissons aujourd'hui a été inventé en 1952 par le docteur Robert Bruce. Il l'utilisait pour évaluer les capacités cardiaques et pulmonaires de ses patients à l'effort.

Une différence : la technique de course

Plusieurs chercheurs ont étudié, chez des coureurs récréatifs, les différences entre la technique de course sur tapis roulant et celle avec déplacement. Une particularité apparaît de façon persistante : la cadence est plus rapide sur l'appareil. Comme les foulées sont généralement plus rapides, donc plus courtes, les coureurs qui attaquent par le talon prennent appui avec le pied plus à plat sur le tapis roulant que sur le sol. Une autre différence est observée sur l'appareil : le tronc est plus incliné vers l'avant. Hormis la cadence et l'inclinaison du tronc, les différences dépendent du coureur. En clair, cela signifie que chacun s'adapte à sa façon au tapis roulant et que les différences sont difficiles à prédire. Les chercheurs ont émis l'hypothèse que le coureur modifiait sa technique sur le tapis roulant parce qu'il le percevait comme une surface instable. On pense par ailleurs que ces différences s'estompent à mesure que le sportif s'habitue à courir sur ce type d'appareil.

Une différence : la résistance de l'air

Le coût énergétique de la course se définit par la quantité d'oxygène consommé, donc l'énergie dépensée, pour maintenir une certaine vitesse. Courir en se déplaçant fait intervenir un facteur qui n'existe pas sur tapis roulant : la résistance de l'air. En effet, plus le sportif court vite en se déplaçant, plus la résistance de l'air est grande. La logique voudrait donc que la course à l'extérieur occasionne une dépense d'énergie supérieure en raison de ce facteur. Bien que les chercheurs qui se sont intéressés à cette question n'obtiennent pas tous les mêmes résultats, la plupart ont mesuré une hausse de 3 à 5 % de la consommation d'oxygène pour maintenir la même vitesse lors d'une course avec déplacement que lors d'une course sur appareil. Ainsi, une vitesse de 10 km/h avec déplacement serait l'équivalent de 10,3 à 10,5 km/h sur tapis roulant. La conclusion d'une étude anglaise peut s'avérer fort pratique pour les coureurs qui s'entraînent à l'extérieur et sur tapis roulant : une course sur appareil avec une pente de 1 % équivaut, en matière de coût énergétique, à une course extérieure de même vitesse sur du plat. Ces résultats supportent la différence de coût énergétique de 3 à 5 %, puisqu'on sait qu'une pente de 1 % est presque équivalente, quant à l'effort, à une hausse de la vitesse de 0,5 km/h.

La vitesse du vent, qui peut souffler de face, de dos ou de côté, est un autre facteur qui peut influencer la dépense d'énergie lors de la course à l'extérieur. Quand le sportif court contre le vent, la résistance de l'air à vaincre devient plus grande. Par exemple, pour maintenir la même vitesse contre un vent de 15 km/h, la consommation d'oxygène s'élève de 5 % environ. Lorsque le vent est déchaîné et qu'il souffle à près de 65 km/h, la consommation d'oxygène augmente de 40 % si le coureur réussit à maintenir sa vitesse.

> Les cyclistes qui roulent en peloton voient leur effort réduit de 25 à 40 %. Courir dans le sillage d'une autre personne peut-il être aussi profitable ? Pour un athlète d'élite courant à haute vitesse derrière un autre (21 km/h), l'économie peut atteindre 7 %. Toutefois, à une vitesse modérée, comme 10 km/h, le coureur n'en profitera pas, à moins qu'il y ait un vent de face.

Une différence : la perception d'effort

Une étude des plus originales a comparé la vitesse de course de sportifs récréatifs sur une piste d'athlétisme et leur vitesse sur un tapis roulant. Les participants devaient courir à une vitesse donnée sur la piste, et ensuite, à l'aveugle, ajuster la vitesse du tapis roulant afin de tenter de courir à la même vitesse que sur la piste. Les résultats ont montré qu'ils couraient à une vitesse inférieure sur l'appareil, alors qu'ils croyaient courir à une vitesse identique et qu'ils percevaient un effort semblable. Les chercheurs de cette étude concluent donc que, pour une même vitesse, la course sur tapis roulant est perçue comme étant plus difficile que celle en déplacement. Par exemple, le coureur pourrait percevoir le même effort lors d'une course sur tapis roulant à 11 km/h que lors d'une course sur piste à 12 km/h.

Les avantages de la machine

Le tapis roulant est un appareil qui possède un grand nombre d'avantages. Il permet notamment :

- de courir sans avoir à affronter des conditions extérieures difficiles (froid, chaleur, vent, pluie, neige, surface enneigée ou glacée, pollution atmosphérique);
- de connaître sa vitesse de façon assez précise;
- de courir à une vitesse constante;
- de contrôler la pente;
- de courir sur une surface moins dure que le ciment ou l'asphalte;
- de courir en suivant la vitesse du tapis, ce qui peut être pratique en cas de manque de motivation;
- d'avoir à portée de main une bouteille d'eau ou de boisson sportive sans avoir à la transporter;
- de pouvoir arrêter de courir sans se soucier du retour au point de départ;
- de courir sans se soucier d'être heurté par une voiture ou un vélo;
- de pouvoir se divertir, en regardant la télévision, par exemple.

Les inconvénients de la machine

Le tapis roulant comporte toutefois quelques inconvénients:

- il n'est pas toujours disponible, comparativement à la route pour la course extérieure;
- il ne permet pas d'apprécier différents paysages et de profiter des bienfaits d'un entraînement en plein air;
- l'usage fréquent de cet appareil limite la familiarisation avec les sensations qui permettent de mieux gérer son rythme, puisque le coureur n'a qu'à suivre la vitesse choisie sur l'appareil;
- l'accélération ou la décélération rapide n'est pas possible;
- la course en pente descendante n'est pas possible sur la majorité des appareils;
- les exercices techniques d'échauffement tels que les *skips*, les genoux hauts ou les talons-fesses sont difficilement réalisables;
- les conséquences d'une chute sur l'appareil peuvent être plus graves que sur le sol, car le tapis continuera de rouler (il faut s'assurer qu'il n'y a pas de mur ou d'objets derrière l'appareil).

Les modèles de tapis roulant à la fine pointe de la technologie peuvent offrir aux coureurs et coureuses une foule d'accessoires et de fonctions qui permettent de joindre l'utile à l'agréable. Certains appareils sont munis d'un moniteur de fréquence cardiaque, d'un ventilateur, d'un système de branchement de téléphone intelligent ainsi que d'un écran où l'on peut regarder la télévision ou le défilement d'un paysage, ou encore naviguer sur Internet.

LA RÉALITÉ EN BREF

Courir sur un tapis roulant n'est pas si différent que courir en se déplaçant. Néanmoins, il peut être bon de savoir que certaines variations existent. Premièrement, bien que, sur un appareil, chaque coureur adapte sa technique de course de façon personnelle, certaines études ont mis en évidence des différences générales: le pied est posé plus à plat, car les pas sont plus courts, donc plus rapides, et le tronc est plus incliné vers l'avant. Cependant, plus on gagne en expérience avec le tapis roulant, plus ces différences s'amenuisent. Deuxièmement, la course sur tapis roulant occasionne une consommation d'oxygène légèrement inférieure, étant donné que la résistance de l'air n'entre pas en jeu. On estime que la vitesse sur tapis roulant doit être de 3 à 5 % plus rapide (environ 0,5 km/h) pour être équivalente à celle avec déplacement. Ou encore, il est possible d'incliner le tapis roulant de 1 % pour obtenir un degré de difficulté équivalent à une course avec déplacement sur le plat. Il faut aussi noter que le tapis roulant offre plusieurs avantages dont un contrôle assez précis de la vitesse et de la pente, ainsi qu'une surface qui peut être moins dure, ce qui en fait une option intéressante pour les sportifs.

Vous avez aimé ce sujet ? Lisez :
> Quand je m'entraîne en montée, mes performances grimpent en flèche (p. 75)

MYTHE ? | QUAND J'ÉCOUTE DE LA MUSIQUE EN COURANT, JE FILE COMME LE VENT !

Les écouteurs aux oreilles, le sportif court au rythme de la musique. L'utilisation de lecteurs numériques ou de téléphones intelligents lors de l'entraînement est aujourd'hui très populaire. En effet, ces appareils ont l'avantage d'être petits, légers et de pouvoir contenir un nombre important de pièces musicales. Mais quels sont les effets de la musique sur le sportif ? Court-il plus vite lors de l'entraînement ? Perçoit-il l'effort de la même façon ? Est-il plus motivé ? Doit-il choisir un certain type de musique pour être plus performant ? Afin de répondre à ces questions, nous nous concentrerons sur trois paramètres : la motivation, la distraction et le rythme.

La musique : source de motivation et d'inspiration

Écouter de la musique pendant qu'ils sont en action rend certains coureurs plus enthousiastes. En effet, la musique que nous aimons provoque différentes réactions émotionnelles telles que le plaisir, la joie ou l'apaisement de la colère. Si le choix de musique améliore l'humeur, l'expérience de la course à pied peut alors être perçue de façon plus positive. Le choix de musique motivante et inspirante est aussi varié que les goûts des sportifs. Toujours est-il que la motivation et l'inspiration que la musique génère peuvent provoquer un état positif aidant à maintenir ou à renforcer l'habitude de courir.

Cependant, une question demeure : l'augmentation de la motivation et de l'inspiration engendrée par la musique améliore-t-elle la performance lors de la course ?

La musique : source de distraction

On sait que la musique peut s'avérer une source de distraction. En effet, cette forme d'inattention peut occasionner une diminution de perception d'effort d'environ 10 % au cours d'exercices de faible intensité comme la marche rapide ou la course à vitesse lente. Cet effet sera d'autant plus marqué si l'exercice est perçu comme étant lassant. Toutefois, lorsque l'intensité augmente (au-delà de 60 à 70 % du VO_2max), la perception d'effort est sensiblement la même, avec ou sans musique. À l'opposé, le port de bouchons d'oreilles au cours de l'effort en a augmenté la perception chez les participants d'une étude : cette augmentation est peut-être due au fait que les sportifs n'avaient plus aucune distraction et que leur attention se portait davantage sur la fatigue ressentie.

La distraction au cours de l'exercice comporte aussi ses revers. Si elle est trop importante, elle peut provoquer une baisse de l'intensité de l'effort et donc réduire la performance aérobie. C'est le cas, par exemple, si le coureur qui s'entraîne sur tapis roulant lit ou regarde la télévision, ou encore s'il discute, ce qui exige une certaine attention.

Cela dit, est-ce qu'un niveau de distraction idéal, causé par la musique, permet d'améliorer la performance sportive lors de la course ?

> Meredith Fitzmaurice a réalisé un exploit inusité lors d'un marathon en Ontario le 22 septembre 2013. Inscrite au demi-marathon, elle manque par erreur le virage la menant vers l'arrivée du 21,1 km. Elle décide alors de poursuivre afin de doubler la distance et compléter le marathon. À sa grande surprise, elle remporte l'épreuve chez les femmes et termine en 10e position chez les hommes. Après la course, elle dira : « Je me suis trompée de parcours parce que j'écoutais ma musique, j'étais dans ma zone. »

La musique donne le rythme

Le corps humain est régi par différents rythmes, comme celui de la pulsation cardiaque, de la respiration ou de la marche. Il peut également suivre le rythme d'une musique. Celle-ci est régulièrement utilisée dans les cours de groupe, comme le *zumba*, le *step* ou même le *spinning*, afin de synchroniser les mouvements des participants.

Une étude britannique récente a montré qu'il était possible d'influencer l'intensité de l'effort en modifiant le rythme de la musique : une simple augmentation de 10 % du rythme a entraîné une augmentation de l'effort fourni. À l'opposé, une musique au rythme lent pouvait diminuer l'effort fourni.

Est-ce que cela signifie qu'une musique au rythme rapide, ou synchronisé avec le mouvement, peut améliorer la performance sportive lors de la course ?

Enfin ! La performance

Une trentaine d'études ont tenté de mesurer les effets de la musique sur la performance sportive : environ les trois quarts ont obtenu des résultats favorables. Dans un article scientifique récent, l'expert en la matière, Costas Karageorghis, affirme même que la musique doit être considérée comme une forme légale de dopage sportif qui peut améliorer la performance. Lorsque la musique possède un rythme suffisamment rapide et qu'elle correspond aux goûts du sportif, elle peut donc améliorer la performance lors de la course à pied. En fait, la musique au rythme rapide (environ 120 à 145 battements par minute) semble augmenter la motivation et la capacité à supporter l'intensité de l'effort perçu. Cela est d'autant plus vrai que la course est de longue durée et qu'elle est susceptible de provoquer une sensation d'ennui. Toutefois, lorsque le sportif est déjà très motivé, comme lors d'une compétition ou même pendant l'entraînement, les effets positifs de la musique sur la performance sont amoindris. En outre, l'amélioration de la performance est plus prononcée chez les coureurs moins expérimentés.

> Le triathlonien et ancien coureur cycliste français Laurent Jalabert a déclaré : « C'est une habitude d'écouter ma respiration. Si on ne l'entend pas, on maîtrise moins l'effort. On court au rythme de la musique plutôt que de son propre corps. »

D'autres chercheurs ont étudié l'effet de la synchronisation de la musique et du mouvement sur la performance sportive. Certains de leurs résultats se sont révélés intéressants. Une étude portant notamment sur des coureurs de 400 mètres, n'étant pas des athlètes de haut niveau, a montré qu'il était possible d'améliorer leur performance en synchronisant le rythme de la musique avec leurs foulées. De plus, lors de courses d'endurance, une musique synchronisée améliorerait la coordination motrice, en rendant les foulées plus économiques, donc l'effort plus aisé. D'ailleurs, l'ancien détenteur du record du monde du marathon, l'Éthiopien Haile Gebreselassie, a battu le record du monde du 2000 m en salle en 1998 en adaptant sa foulée au rythme de la chanson *Scatman* de Scatman John.

> Il est désormais interdit de faire usage de lecteur de musique numérique en compétition internationale de course à pied. Toutefois, l'écoute de musique avant ce genre de compétition est permise. Elle pourrait améliorer l'humeur, la concentration et le niveau d'activation, ce qui permettrait d'obtenir une préparation mentale et physique idéale pour la course. Est-ce la musique que le recordman du 100 mètres, Usain Bolt, écoute avant de s'élancer sur la piste qui lui donne des ailes ?

LA RÉALITÉ EN BREF

La musique peut améliorer la performance du coureur en améliorant l'humeur, en augmentant la motivation, en diminuant l'effort perçu ou en imposant un rythme aux mouvements. Cette amélioration de performance est davantage marquée chez les coureurs peu expérimentés. Mentionnons également que la musique peut être utilisée comme un outil de motivation et d'inspiration à l'entraînement, avec pour effet positif le maintien de l'habitude de courir. Toutefois, la prudence s'impose : le port d'écouteurs lorsqu'on court sur les routes présente des risques pour la sécurité.

Vous avez aimé ce sujet ? Lisez :

> La course : plus monotone que ça, tu meurs (p. 143)

REMERCIEMENTS

Nous tenons à remercier Magali Stoll pour son travail de révision linguistique, Bruny Surin pour avoir accepté d'écrire la préface de ce livre, Sylvain Lemaire pour nous avoir fourni les images d'exercices (Physigraphe), Paulette Bergeron pour la relecture, ainsi que toute l'équipe des Éditions de l'Homme, qui a grandement contribué à la réalisation de ce livre.

Nous tenons aussi à remercier ces spécialistes et à souligner leur précieuse contribution au contenu du livre : François Lecot, M. Sc. kinésiologue et coureur émérite, Alain Charlebois, B. Sc. kinésiologue et triathlonien chevronné, François Lalonde, Ph. D. kinésiologue et triathlonien Ironman, Patrick Gendron, B. Sc. physiothérapeute, et Émilie Reiss, B. Sc. physiothérapeute.

Nous remercions également, pour son soutien et son expertise, le centre de haute performance Perfmax®, spécialisé dans l'entraînement d'athlètes et de diverses clientèles. www.perfmaxclub.com

Suivez-nous sur le Web

Consultez nos sites Internet et inscrivez-vous à l'infolettre pour rester informé en tout temps de nos publications et de nos concours en ligne. Et croisez aussi vos auteurs préférés et notre équipe sur nos blogues !

EDITIONS-HOMME.COM
EDITIONS-JOUR.COM
EDITIONS-PETITHOMME.COM
EDITIONS-LAGRIFFE.COM

Achevé d'imprimer au Canada
sur papier Enviro 100 % recyclé